Nicole Zillien
Digitaler Alltag als Experiment

Science Studies

Nicole Zillien ist Professorin für Soziologie im Schwerpunkt Mediensoziologiean der Justus-Liebig-Universität Gießen.

Nicole Zillien

Digitaler Alltag als Experiment

Empirie und Epistemologie der reflexiven Selbstverwissenschaftlichung

[transcript]

Gefördert durch die Deutsche Forschungsgemeinschaft.

Bibliografische Information der Deutschen Nationalbibliothek
Die Deutsche Nationalbibliothek verzeichnet diese Publikation in der Deutschen Nationalbibliografie; detaillierte bibliografische Daten sind im Internet über http://dnb.d-nb.de abrufbar.

Umschlaggestaltung: Maria Arndt, Bielefeld
Druck: Majuskel Medienproduktion GmbH, Wetzlar
Print-ISBN 978-3-8376-4886-7
PDF-ISBN 978-3-8394-4886-1
https://doi.org/10.14361/9783839448861

Gedruckt auf alterungsbeständigem Papier mit chlorfrei gebleichtem Zellstoff.
Besuchen Sie uns im Internet: *https://www.transcript-verlag.de*
Unsere aktuelle Vorschau finden Sie unter *www.transcript-verlag.de/vorschau-download*

Inhalt

1. Einleitung: Die Verwissenschaftlichung des Alltagslebens

Das Leben in westlichen Gesellschaften ist bis ins Privateste hinein von wissenschaftlichem Wissen geprägt: Fragen beispielsweise zur eigenen Gesundheit, zu Körperbewegung und Schlafverhalten, zu Erziehungsstil und psychischer Belastung sowie nicht zuletzt zur individuellen Ernährung werden vielfach unter Rückgriff auf Ergebnisse der Wissenschaft angegangen. So lässt sich am Beispiel der Ernährung anschaulich aufzeigen, dass auch im Laienalltag wissenschaftliches Wissen eine relevante Bezugsgröße darstellt. Wissenschaftliche Erkenntnisse zu Ernährungsweisen und Diätvarianten, zu Vitamin- und Nährstoffmengen, zu Nahrungsmittelerzeugung und -handel sowie Informationen zum Kaloriengehalt spezifischer Lebensmittel sind im öffentlichen Diskurs omnipräsent (Mudry 2009; Nestle/Nesheim 2012; Lupton 1996; Nowotny 2016; Weingart 2003: 9).

Zugleich gestaltet sich der Stand der Wissenschaft jedoch aus alltagspraktischer Perspektive als komplexe Gemengelage (Nestle/Nesheim 2012: 101): Kontroverse Thesen kursieren beispielsweise, so die Deutsche Gesellschaft für Ernährung (2016), zum Einfluss des Fruktose- und Zuckerkonsums auf Stoffwechselkrankheiten, zu Ernährungsempfehlungen für Nahrungsfette, zur Speisesalzzufuhr sowie zur Einschätzung von Nahrungsergänzungsmitteln. Zudem gelten wissenschaftliche Erkenntnisse – nicht nur zur Ernährung – als multifaktoriell bedingt, konflikthaft und interdependent (Fauvel/Lake 2015: 33). Demnach ist es fraglich, wie sich »ein Laie über die diversen Theorien zum langfristigen Einfluss der Ernährungsweise auf die

Gesundheit auf dem Laufenden halten und diese Theorien auch noch miteinander in Einklang bringen (soll)« (Giddens 1996a: 163). Die Wissenschaften sind in Alltagsfragen offenbar kein »Lieferant zuverlässiger Erkenntnis, sondern eine Quelle von Unsicherheit« (Stehr/Grundmann 2010: 97). Wissenschaftliches Wissen erweist sich als fragile Ressource, die keine Garantie auf tragfähige Lösungen gibt. Das heißt, mit der Wissenschaft hält der wissenschaftliche Zweifel Einzug in den Lebensalltag der Menschen. Die »Verwissenschaftlichung der Ernährung« (Endres 2012) verdeutlicht dann en passant, dass die Wissenschaft in Alltagsfragen keine Patentrezepte liefert.

Dabei steht der Mensch, so behauptet es der Ernährungswissenschaftler Brian Wansink (2006), heute täglich vor etwa zweihundert ernährungsbezogenen Entscheidungen. Diese laufen zwar in weiten Teilen routinemäßig ab, rekurrieren jedoch im Zweifelsfall auf den Einsatz wissenschaftlichen Wissens (Nowotny et al. 2004: 273). Dieses kann jedoch erst dann als konkrete Handlungsressource fungieren, wenn es in individuellen Entscheidungsfragen eine eindeutige Antwort erlaubt – was es vielfach nicht tut. Auch die Verbreitung von Ernährungsexperten und -beratern, ernährungswissenschaftlichen Zeitschriften, Fernsehsendungen und Internetseiten ändert an den Unsicherheiten wissenschaftlichen Wissens nichts. Im Gegenteil: eben jene führen der interessierten Öffentlichkeit erst recht die Widersprüchlichkeit und Fragilität des verfügbaren wissenschaftlichen Wissens vor Augen. Das heißt, wissenschaftliches Wissen ist eine wenig robuste Entscheidungsgrundlage, die sich nur begrenzt zur konkreten Bewältigung anstehender Alltagsfragen eignet. Doch wie kann es den Laien der sogenannten Wissenschaftsgesellschaft dann gelingen, das als zentrale Bezugsgröße ihrer individuellen Lebensgestaltung definierte wissenschaftliche Wissen in ihrem Alltag zum Einsatz zu bringen? Wie lässt sich wissenschaftliches Wissen pragmatisch in eine entscheidungs- und alltagstaugliche Ressource übersetzen?

Diese für die vorliegende Untersuchung zentralen Überlegungen knüpfen an die historische Wissenschaftsforschung an, die sich ganz allgemein der Frage widmet, »wie wissenschaftliche Kontroversen, die unter konkreten historischen Umständen, im Rahmen gegebener theoretischer Voraussetzungen und mit den zur Verfügung stehenden wissenschaftlichen Mitteln als nicht entscheidbar angesehen werden müssen, dennoch zu einem – wenn auch vorläufigen – Abschluss gebracht werden« (Rheinberger 2007: 129) können. Für die spezifische Konstellation des Laienalltags in der sogenannten Wissenschaftsgesellschaft wird im Folgenden angenommen, dass die *reflexive Selbstverwissenschaftlichung* eine Möglichkeit ist, das unsichere Wissen der Wissenschaft zu einem entsprechenden Abschluss zu bringen.

Im Folgenden wird die These einer reflexiven Selbstverwissenschaftlichung in insgesamt fünf Kapiteln ausbuchstabiert. Die These der reflexiven Selbstverwissenschaftlichung besagt im Kern, dass Laien zur Beantwortung individueller Handlungs- und Entscheidungsfragen ihr eigenes Alltagsleben verwissenschaftlichen und diesen Verwissenschaftlichungsprozess wiederum mit (mehr oder weniger) wissenschaftlich-technischen Mitteln unter die Lupe nehmen. Laien machen ihr Leben somit zum Experiment. Auf diesem Weg zielen sie auf die Herstellung eines individuellen Problemlösungswissens, das auf die Wissenschaften rekurriert und zugleich in drängenden Alltagssituationen dienlich ist. Eine zentrale Rolle kommt in diesem Zusammenhang den digitalen Medien zu: Diese – so die These weiterhin – können dazu beitragen, die Fragilität und Unsicherheit des je relevanten wissenschaftlichen Wissens alltagspraktisch in den Griff zu bekommen. Mit der These der reflexiven Selbstverwissenschaftlichung wird demnach angenommen, dass Laien zunehmend dazu übergehen, unter Rückgriff auf digitale Medien in selbstexperimentellem Vorgehen ein Wissen herzustellen, das einerseits auf wissenschaftlich-technische Erkenntnisse rekurriert, sich jedoch andererseits durch die fortlaufende Rückbindung an die Intuition und Erfahrung des zugleich forschenden und beforschten Subjekts als alltagstauglich erweist.

Das nun folgende zweite Kapitel skizziert den erkenntnistheoretischen Ausgangspunkt der vorliegenden Arbeit und widmet sich hierbei den Erkenntnistheorien von Ludwik Fleck (1896-1961), John Dewey (1859-1952) und Gaston Bachelard (1884-1962). Insbesondere im deutschsprachigen Raum erfuhren die genannten Erkenntnistheorien in der Vergangenheit vergleichsweise wenig Beachtung: Die zentralen erkenntnistheoretischen Schriften der drei Autoren haben teils schwierige Rezeptionsgeschichten, wurden vielfach erst spät ins Deutsche übersetzt und gehören sicherlich auch heute (noch) nicht zum erkenntnistheoretischen Mainstream. Zugleich werden in jüngerer Zeit die Arbeiten von Fleck, Dewey und Bachelard insbesondere im Zusammenhang mit der neueren Wissenschafts- und Technikforschung als Wegbereiter charakterisiert (Egloff 2011; Bammé 2014; Wulz 2014). Dabei steht im Zentrum der zu Beginn des 20. Jahrhunderts ausformulierten Epistemologien jeweils die experimentelle Herstellung wissenschaftlichen Wissens. In einer erkenntnistheoretischen Zusammenschau wird sich im Folgenden zeigen, dass den drei Ansätzen gemeinsam ist, dass jeweils das durch experimentelles Handeln angestrebte Ziel der Unsicherheitsreduktion, der Einsatz wissenschaftlicher Technologien, die zur experimentellen Wissenserzeugung als notwendig angesehene Subjektivität des Forschers sowie ein interventionistisches Verständnis des Forschungshandelns verhandelt wird.

Diese im Rückgriff auf Fleck, Dewey und Bachelard herausgestellten Eckpunkte experimenteller Wissensherstellung werden im dritten Kapitel dann als erkenntnistheoretisches Gerüst zur weiteren Entwicklung der These einer reflexiven Selbstverwissenschaftlichung verwandt. Dabei wird insbesondere auf neuere Ansätze der Wissenschafts- und Technikforschung rekurriert, welche sich – wie zuvor die Arbeiten von Fleck, Dewey und Bachelard – sowohl erkenntnistheoretischen Fragen als auch der aktuellen Relevanz naturwissenschaftlich-technischer Entwicklungen widmen (Bauer et al. 2017, Beck et al. 2012, Lengersdorf/Wieser 2014, Sismondo 2010). In einer systematischen Auseinandersetzung mit diesen neueren Ansätzen wird die reflexive Selbstverwissenschaftlichung dann vorläufig als eine für die Wissenschaftsgesellschaft paradigmatische Form der Bearbeitung epistemologischer Unsicherheit definiert.

Diese Form der Unsicherheitsbearbeitung lässt sich, so wird weiterhin angenommen, am empirischen Beispiel der digitalen Selbstvermessung wie unter einem Brennglas beobachten. Im Zuge des digitalen Selbstvermessens produzieren Laien unter Rückgriff auf

Smartphone-Applikationen Daten zum eigenen Körper, analysieren diese Informationen und bringen das so erzeugte Wissen zur Alltagsbewältigung zum Einsatz. Als konkreter Gegenstand der empirischen Analyse dient die digitale Selbstvermessung der Ernährung, das sogenannte Diet Tracking. Die im Rahmen der vorliegenden Studie durchgeführte Untersuchung des Diet Trackings konzentriert sich dabei in einem ersten Schritt auf die in der ernährungsbezogenen Selbstvermessung eingesetzten »epistemischen Maschinerien der Wissenserzeugung« (Knorr-Cetina 2002: 13). Im Rahmen einer Artefaktanalyse zeigt sich, dass in die Selbstvermessungstechnologien Quantifizierungs- und Formalisierungsprozesse eingeschrieben sind, die die Zuschreibung von Objektivität an das hergestellte Wissen nahelegen.

Dieses Ergebnis wird in einem nächsten Schritt mit einer Untersuchung der Praktiken des digitalen Selbstvermessens verknüpft. In drei online-ethnographischen Fallstudien werden Forendiskussionen, Blogbeiträge und im Internet verfügbare Berichte zum ernährungsbezogenen Selbstvermessen einer detaillierten Analyse unterzogen. Diese Fallstudien verdeutlichen, dass die analysierten Selbstvermesser ihre Welt zum Labor machen: Sie erklären sich selbst und ihren Körper zum Forschungsgegenstand und unterziehen ihr zum eigenen Fall generiertes Wissen in fortlaufenden selbstexperimentellen Settings unter Rückgriff auf die entsprechenden Technologien immer wieder aufs Neue einer kritischen Prüfung.

Dieses empirische Ergebnis wird im vierten Kapitel dann zu einer Epistemologie der reflexiven Selbstverwissenschaftlichung verdichtet. Grundlegend ist hierbei, dass das Selbst der reflexiven Selbstverwissenschaftlichung sowohl forscherische Instanz als auch Gegenstand der Forschung ist. Der entsprechenden Verwissenschaftlichung des eigenen Alltagslebens ist dann eine spezifische Subjekthaftigkeit eigen: So ermöglicht die Erfahrenheit und Intuition der Selbstvermesser in besonderem Maße einen versierten Umgang mit dem Forschungsgegenstand – mit dem eigenen Alltag und Körper. Zugleich erfolgt durch die den Selbstvermessungstechnologien eingeschriebenen Quantifizierungs- und Formalisierungsprozesse eine spezifische

Distanznahme im experimentellen Prozess. Die reflexive Selbstverwissenschaftlichung bringt demnach in einer Wechselwirkung aus Objektivität und Subjektivität, in zeitgleicher Körperverdrängung und -aufwertung das unsichere Wissen der Wissenschaft für den individuellen Alltagsgebrauch je vorläufig zum Abschluss.

Im Fazit wird dann letztlich eine Brücke von der Verwissenschaftlichung des Alltagslebens zur Veralltäglichung der Wissenschaft geschlagen. Ausgehend von der These, dass die Gegenwartsgesellschaft vor dem Hintergrund epistemologischer Unsicherheit ganz allgemein Experimentalcharakter erhält (Groß et al. 2005; Nowotny/Testa 2009; Liburkina/Niewöhner 2017), wird abschließend überlegt, ob dieser Experimentalcharakter auch für die Wissenschaft von der Gesellschaft konstatiert werden kann.

2. Erkenntnistheoretische Ausgangspunkte

Die These der reflexiven Selbstverwissenschaftlichung nimmt die Wissensgenerierung expertisierter Laien in den Blick, die ausgehend von individuellen Problemlagen unter Rückgriff auf digitale Medien nach wissenschaftsorientierten und zugleich pragmatischen Alltagslösungen suchen. Als Ausgangspunkt der Entwicklung einer Epistemologie der reflexiven Selbstverwissenschaftlichung dienen im Folgenden die Erkenntnistheorien von Ludwik Fleck, John Dewey und Gaston Bachelard. Alle drei stellen jeweils die experimentelle Herstellung wissenschaftlichen Wissens ins Zentrum ihrer zu Beginn des 20. Jahrhunderts ausformulierten Epistemologien, weshalb sich, wie sich noch zeigen wird, ihre Überlegungen in unvergleichlicher Weise auf die experimentelle Wissenserzeugung von Laien in der Gegenwartsgesellschaft übertragen lassen.

Das frühe 20. Jahrhundert war geprägt durch eine umfassende Technisierung des Alltags, in welchen Massenmedien, Autos, elektrische Haushaltsgeräte, aber auch das Fließband Einzug hielten. Zugleich veränderte sich infolge des Ersten Weltkriegs und durch die fortschreitende Industrialisierung der Blick auf Wissenschaft und Technik: Die sogenannten Materialschlachten veranschaulichten ebenso wie die grassierende Arbeitslosigkeit die Ambivalenzen technischer Entwicklung und stellten das Fortschrittsdenken des 19. Jahrhunderts in Frage. Zeitgleich überschlugen sich die Entwicklungen in der Naturwissenschaft: Medizinische Experimente beispielsweise führten zur Entwicklung von Insulin und Penicillin; Einsteins Relativitätstheorie und die mit den Namen Planck, Schrödinger und Heisenberg verbundene Quantenforschung erschütterten die Annahmen der klassischen Physik. Die Erkenntnistheorien von Fleck, Dewey und Bachelard greifen diese Entwicklungen zeitgenössisch auf. Wenn auch als Leiter eines bakteriologischen Labors im polnischen Lemberg, als Philosophieprofessor in New York und als Gymnasiallehrer für Physik und Chemie im französischen Bar-sur-Aube berufsbiographisch und örtlich recht weit voneinander entfernt, waren Fleck, Dewey und Bachelard doch jeweils den allgemeineren Bedingungen der 1920/30er Jahre ausgesetzt. Dies spiegelt sich auf je eigene Art und Weise in ihren erkenntnistheoretischen Ausarbeitungen: So erarbeiteten beispielsweise alle drei ihre Ansätze ausgehend von den neueren Entwicklungen in der Physik, welche in epistemologischer Hinsicht Zweifel an der Möglichkeit subjektfreier Objektivität aufkommen ließen. Weiterhin verabschiedeten sie sich jeweils von der Möglichkeit »absoluter Wahrheit«, obwohl in der Wissenschaft sowie im Journalismus und der Öffentlichkeit das Objektivitätsideal deutlich dem Zeitgeist entsprach (Galison 2015: 62).

Auch wenn die im Rahmen der Epistemologien von Fleck, Dewey und Bachelard skizzierten Überlegungen zur experimentellen Herstellung (natur-)wissenschaftlichen Wissens fast hundert Jahre alt sind, erweisen sie sich zur systematischen Analyse der heutigen Wissensgenerierung von Laien als absolut zuträglich. Dies mag nicht zuletzt daran liegen, dass sich zu Beginn des 21. Jahrhunderts Tendenzen des vorherigen Jahrhunderts in einer digitalisierten Weise zu wiederholen scheinen: In der Jetztzeit finden beispielsweise die für das 20. Jahrhundert stehende Technisierung des Alltags, der Aufstieg der Statistik und die ambivalente Einstellung der Öffentlichkeit zur Wissenschaft ihr Pendant in der Digitalisierung des Alltags, der mit dem Begriff Big Data umschriebenen Datafizierung und einer (Internet-)Öffentlichkeit, die wissenschaftliches Wissen zur zentralen Referenz erklärt und selbigem zugleich mit umfassender Skepsis begegnet. So drängt sich heute die von Dewey bereits in den 1920er Jahren aufgeworfene Frage, »warum wir unser Vertrauen in eine Wissenschaft setzen sollten, die selbst eingesteht, dass sie unstabil ist« (Dewey 2013: 192f.) mit steigender Vehemenz auf. Die Fragilität und Konflikthaftigkeit wissenschaftlichen Wissens impliziert demnach für die Laien der Wissenschaftsgesellschaft ein konkretes Handlungsproblem.

Im Folgenden werden die Epistemologien von Fleck, Dewey und Bachelard nach der Einzeldarstellung der Ansätze in einer vergleichenden Analyse zu erkenntnistheoretischen *Eckpunkten der experimentellen Wissensgenerierung* verdichtet. Im Anschluss an diese Eckpunkte wird unter Bezugnahme auf aktuelle Überlegungen der neueren Wissenschafts- und Technikforschung eine Epistemologie der reflexiven Selbstverwissenschaftlichung entwickelt. Diese Epistemologie wird anschließend in drei Fallstudien, die die Wissensgenerierung von Laien im Zuge des digitalen Selbstvermessens analysieren, weiter geschärft und letztlich zu einem zeitdiagnostischen Konzept ausgearbeitet.

2.1. Ludwik Fleck: Von der Entdeckung zur Entwicklung wissenschaftlicher Tatsachen[1]

Erkenntnistheoretische Fragen beschäftigten den 1896 im polnischen Lemberg geborenen Mikrobiologen Ludwik Fleck ab den frühen 1920er Jahren. Fleck erarbeitete seine Erkenntnistheorie in insgesamt zehn Aufsätzen (1927, 1929, 1934, 1935, 1935b, 1936, 1939, 1946, 1947, 1960) und in seiner Monographie »Entstehung und Entwicklung einer wissenschaftlichen Tatsache« (1935), wobei er seine zentralen Ideen in den 1930er Jahren ausformulierte und in späteren Artikeln nicht mehr grundlegend veränderte (Fagan 2009: 274ff.). Da Flecks berufliche Tätigkeiten in dieser Zeit – beispielsweise als Leiter eines bakteriologischen Labors – umfassende Routinearbeiten vorsahen, verfasste er seine wissenschaftlichen Arbeiten weitgehend in den Abendstunden (Schäfer/Schnelle 1980: XVII). In epistemologischen Fragen lässt sich

1 Das Kapitel ist eine gekürzte und überarbeitete Variante des Artikels »Ludwik Fleck und die ›Verehrung der Zahl‹ – Beitrag zu einer Soziologie der Quantifizierung« (Zillien 2017) – an dieser Stelle möchte ich Springer VS für die erlaubte Wiederverwendung danken.

Fleck als Autodidakt verstehen, der sich weder einer Forschungstradition zuordnen lässt, noch eine eigene erkenntnistheoretische Schule begründete (Rheinberger 2006: 29). Heute gehört sein Hauptwerk jedoch – so zumindest Werner und Zittel (2014: 11) – »unbestritten zu den wirkmächtigsten Klassikern der Wissenschaftstheorie«[2].

Schon in der Zwischenkriegszeit fanden Flecks Schriften durchaus erste Beachtung (Werner/Zittel 2014: 11f.) – es blieb ihnen jedoch »keine Zeit für Resonanz« (Rheinberger 2006: 30). Der Zweite Weltkrieg stellte eine einschneidende Zeit im Leben des jüdischen Polen Fleck dar, der 1941 in das Ghetto seiner Geburtsstadt Lemberg deportiert wurde und als Laborarzt die Konzentrationslager Ausschwitz und Buchenwald überlebte, nach dem Krieg seine universitäre Karriere wiederaufnahm und 1961 in Israel starb, wo er zuletzt als Gastprofessor für Mikrobiologie an der Hebrew University in Jerusalem tätig gewesen war (Rheinberger 2006: 30f.).

Die wissenschaftliche Auseinandersetzung mit Flecks Erkenntnistheorie setzte erst wieder ein Jahr nach seinem Tod mit einem Verweis im Vorwort von Kuhns »The Structure of Scientific Revolutions« (1962) ein (Schäfer/Schnelle 1980: 9). Die Rezeption erfolgte dabei fast ausschließlich im Abgleich mit Kuhns Hauptwerk, das sich »streckenweise wie ein ›Remake‹« (Heintz 1993: 535) der 1935 publizierten Monographie von Fleck liest.[3] Einem breiteren Publikum wurde »Entstehung

2 Der direkte Vergleich mit der wissenschaftlichen Präsenz des ein Jahr früher erschienenen Werkes »Logik der Forschung« von Karl Popper veranschaulicht jedoch, dass Flecks Klassiker nach wie vor als vergleichsweise unbekannt angesehen werden kann (Schäfer/Schnelle 1980: VII).

3 Kuhn (1976, zuerst 1962: 8) hatte im Vorwort zu »Die Struktur wissenschaftlicher Revolutionen« ausgeführt, er sei durch Kollegen auf »Flecks fast unbekannte Monographie« gestoßen, diese nehme viele seiner Gedanken vorweg. Auch wenn Kuhn in seinem Hauptwerk Fleck an keiner Stelle explizit zitiert, sei er ihm (und anderen), so Kuhn weiter, »doch in mancher Hinsicht, die jetzt zu rekonstruieren oder zu bewerten zu weit führen würde, verpflichtet«. Diese Rekonstruktion und Bewertung haben dann später andere übernommen (zum Beispiel Cohen und Schnelle 1986; Carifio und Perla 2013). Viel später führt Kuhn selbst in seinem Vorwort zur ersten englischsprachigen Ausgabe von Flecks Monographie (1979: vii) aus, er sei 1949/50 über einen Verweis in

und Entwicklung einer wissenschaftlichen Tatsache« erst mit der Herausgabe der englischsprachigen Übersetzung im Jahr 1979 sowie der ein Jahr später folgenden deutschen Neuauflage bekannt.

Fleck hält hier fest, dass sich die moderne Naturwissenschaft zu Beginn des 20. Jahrhunderts durch eine technische und formelhafte Sprache sowie eine »spezifische Verehrung der Zahl« (Fleck 1935: 189) auszeichne. Korrespondierend dazu, so Fleck (1947: 165) in einer späteren Arbeit, beherrschten Statistik und Wahrscheinlichkeitsrechnung die Wissenschaftsdisziplinen von Physik bis Soziologie. Insgesamt strebe die moderne Wissenschaft auf diesem Weg nach »objektiver Wahrheit, Klarheit und Genauigkeit« (Fleck 1935: 187). Wissenschaftliche Urteile legitimierten sich somit durch eine Objektivität, die das strenge Einhalten methodischer Vorschriften, die Nutzung technischer Apparaturen und die Unabhängigkeit des Erkenntnisprozesses von der Person des Forschers vorsehe.

Aus den Erfahrungen seiner empirischen Laborarbeit heraus stellt Ludwik Fleck nun das skizzierte Erkenntnisideal seiner Zeit in Frage: Die Mitarbeit im polnischen Forschungslabor des Typhusspezialisten Rudolf Weigl, die Tätigkeit als wissenschaftlicher Assistent Weigls an

---

Hans Reichenbachs »Experience and Prediction. An Analysis of the Foundations and the Structure of Knowledge« (1938) auf Fleck gestoßen. In diesem Vorwort schreibt Kuhn auch, dass er oft nach seinen Bezügen zu Fleck gefragt worden sei: »I have more than once been asked what I took from Fleck and can only respond that I am almost totally uncertain. Surely I was reassured by the existence of his book, a nontrivial contribution because in 1950 and for some years thereafter I knew of no one else who saw in the history of science what I was myself finding there. Very probably also, acquaintance with Fleck`s text helped me to realize that the problems which concerned me had a fundamentally sociological dimension. That, in any case, is the connection in which I cited his book in my Structure of Scientific Revolutions. But I am not sure that I took anything much more concrete from Fleck`s work, though I obviously may and undoubtly should have« (xiv). Kuhn schreibt weiter, auch die Notizen in seiner deutschsprachigen Ausgabe würden darauf hinweisen, dass er bei Fleck in erster Linie sozusagen selbstbestätigend nach seinen eigenen, bereits vorhandenen Gedanken gesucht hätte – und plausibilisiert diese Art der Rezeption nicht zuletzt durch seine Schwierigkeiten mit der deutschen Sprache.

der medizinischen Fakultät der Universität in Lemberg sowie die Leitung diverser bakteriologischer Laboratorien stießen ihn auf den hypostatischen Charakter medizinischer Theorien und brachten ihn so zu der Überzeugung, dass wissenschaftliche Tatsachen keineswegs als vorgängig gegebene und fixierte Fakten zu denken seien, sondern vielmehr im wissenschaftlichen Austausch und aufwändiger Laborarbeit hergestellt würden – und somit sozial und historisch bedingt seien. Die »papierene, offizielle Gestalt« (Fleck 1929: 50) der modernen Wissenschaft verfüge über eine Objektivitätsvorstellung, die »in ihrer klassischen Bedeutung zu naiv« (Fleck 1960: 175) und forschungspraktisch zu kompliziert, das heißt, zu sehr einem theoretischen Ideal verpflichtet und somit praxisfern sei. Fleck setzt in seinen erkenntnistheoretischen Arbeiten den Vorstellungen der modernen Naturwissenschaft deshalb ein eigenes Wissenschaftsverständnis entgegen, welches das Ideal subjektfreier Objektivität mit der sozialen und historischen Bedingtheit wissenschaftlichen Wissens zu versöhnen sucht.

Ebenso wie die viel späteren Laborstudien leitet Fleck sein erkenntnistheoretisches Wissen aus der naturwissenschaftlichen Alltagspraxis ab, rekurriert dabei jedoch primär auf selbstethnografische Analysen und eine detaillierte Falluntersuchung. In seinem Hauptwerk »Entstehung und Entwicklung einer wissenschaftlichen Tatsache« (1935), das im Untertitel als »Einführung in die Lehre vom Denkstil und vom Denkkollektiv« bezeichnet wird, analysiert Fleck beispielhaft die Entwicklung des Syphilisbegriffs und geht dabei systematisch von der sozialen und historischen Bedingtheit wissenschaftlicher Erkenntnis aus. Wissen bestehe, das sei die »simple Wahrheit« (Fleck 1929: 46), eher aus Erlerntem als aus Erkanntem (Fleck 1929: 46). So präge ein Interdependenzgeflecht aus Sozialisation, Tradition und Schulung jeden Erkenntnisprozess (Fleck 1929: 46), was Fleck mit seinem Begriff des Denkstils auf den Punkt bringt.[4] Diesen definiert er als »gerichtetes Wahrneh-

4 Eine detaillierte Aufarbeitung zum Begriff des Denkstils findet sich bei Zittel (2012, S. 65): »Thinking-styles are understood as processes, circulations of ideas, and social practices, and the style-appropriate conditioning of perception, thinking and action of researchers, which results from these ideas and

men, mit entsprechendem gedanklichen und sachlichen Verarbeiten des Wahrgenommenen« (Fleck 1935: 130).

So müsse beispielsweise der Nutzer eines Mikroskops zum Gewinn jedweder Erkenntnis, wie der Mikrobiologe Fleck aus eigener Erfahrung weiß, »erst sehen lernen« (Fleck 1929: 47). Die Wassermann-Reaktion, ein von August von Wassermann und Anderen zu Beginn des 20. Jahrhunderts entwickelter serologischer Test zum Nachweis einer Syphiliserkrankung, sei beispielsweise »eine Kunst, deren Wert viel mehr davon abhängt, wer sie ausführt, als davon, nach welcher Methode sie ausgeführt wird« (Fleck 1929: 51). Wissenschaftliche Erkenntnis im Labor ist somit nur mit Erfahrenheit möglich: »Erst nach vielen Erlebnissen, eventuell nach einer Vorbildung erwirbt man die Fähigkeit, Sinn, Gestalt, geschlossene Einheit unmittelbar wahrzunehmen« (Fleck 1935: 121). Die ausschließlich persönlich zu erlangende Erfahrenheit stelle die Voraussetzung für selbständige Erkenntnis dar (Fleck 1935: 126) und entstehe im Fortlauf des Forschungsprozesses beziehungsweise im Ausführen einer Experimentalreihe:

> »Es gehört dazu immer ein ganzes System der Experimente und Kontrollen, einer Voraussetzung (einem Stil) gemäß zusammengestellt, und von einem Geübten ausgeführt. Eben dieses Voraussetzungsvermögen und die Übung, manuelle und gedankliche, bilden zusammen mit dem ganzen experimentellen und nicht experimentellen, sowohl mit dem klargefassten wie auch mit dem unklaren ›instinktiven‹ Wissensbestande eines Forschers das, was wir Erfahrenheit nennen wollen« (Fleck 1935: 126).

Nicht nur zur Entwicklung des Tests sei Erfahrenheit von Nöten, auch die spätere Testanwendung muss »von jedem Adepten praktisch erwor-

practices and which are, admittedly, undergoing constant transformation. Social interactions create a thinking-style. Thinking-style, in turn, creates the collective and the mentality it later comes to represent. The more frequent and denser the circulation of thoughts, the more consistent it becomes, and the more pronouncedly a particular style emerges. Yet this thinking-style is understood or experienced differently by each member of the thinking collective [...] Moreover, there can be no style-less thinking, acting and observing«.

ben werden« (Fleck 1935: 126). So ist zur adäquaten Durchführung der in der Forschung etablierten Wassermann-Reaktion eine spezifische Form der Erfahrenheit, das »serologische Fühlen« des Laborarbeiters (Fleck 1939: 365), unabdingbar. Auch wenn diese auf genauen statistischen Berechnungen basiert, »ist immer der erfahrene Blick, das ›serologische Fühlen‹ viel wichtiger als das Berechnen« (Fleck 1935: 72). Das »Postulat vom Maximum der Erfahrung«, das auf die Relevanz der Intuition, des Fühlens, der Erfahrenheit verweist, beschreibt Fleck gar als das oberste Gesetz wissenschaftlichen Denkens (Fleck 1935: 70).

Denkstile sind dabei das Ergebnis von Sozialisations- und Lernprozessen, welche innerhalb geschlossener Kollektive stattfinden, wobei Fleck für den »gemeinschaftlichen Träger des Denkstiles« (Fleck 1935: 135) den Begriff des Denkkollektivs prägt. Wie andere Begriffe von Fleck zeichnet sich auch dieser durch intendierte Vagheit aus: »Ein Denkkollektiv ist immer dann vorhanden, wenn zwei oder mehrere Menschen Gedanken austauschen« (Fleck 1935: 135). Das Denkkollektiv tritt als »drittes Ding zwischen Subjekt und Objekt« (Fleck 1947: 167). Erkenntnis entsteht im Sinne dieses »Drei-Komponenten-Modells« (Fleck 1935: 179) dann im Zusammenspiel von individuellem Subjekt, zu erkennendem Objekt und dem jeweiligen Denkkollektiv. Neben zufällig-fluiden Denkkollektiven existieren nach Fleck auch relativ stabile Denkkollektive in Form organisierter sozialer Gruppen (Fleck 1935: 135), wobei hierzu Fachdisziplinen wie beispielsweise die Physik, Philologie oder Ökonomie, Berufsgruppierungen wie Handwerker oder Kaufmannschaften sowie religiöse oder politische Gesellschaften gehören (Fleck 1936: 91).[5] Laborarbeit, die üblicherweise im Team und somit

---

5 Als konkrete Beispiele für Denkkollektive werden weiterhin die Gemeinschaft der Naturwissenschaften, die Denkgesellschaft der entwickelten schönen Künste (Fleck 1936: 115), die Gemeinschaft der Serologen (Fleck 1939: 364), die Gruppe von Menschen, die sich zur Kleidermode bekennen (Fleck 1936: 116), die alten Zünfte (Fleck 1935: 136), die Soldatendenkgemeinschaft (Fleck 1935: 141) oder die Matrosen (Fleck 1947: 157) genannt, wobei jeder Mensch selbstverständlich Mitglied nicht nur eines, sondern zahlreicher Denkkollektive ist, was im interkollektiven Austausch – eines dann neuerlichen, weniger stabilen Denkkollektivs – zu neuer Erkenntnis führt, wie Schnelle (1986) anmerkt:

Denkkollektiv bewerkstelligt wird, erfordert deshalb auch »orchestrale Einübung« (Fleck 1935: 127) – objektives Erkennen ist demnach eine soziale Tätigkeit.

Analytisch wird der je spezifische Denkstil eines Denkkollektivs durch die interessierenden Fragestellungen, die als legitim erachteten Urteile, die etablierten Methoden sowie gegebenenfalls auch durch die verwendete Technologie und Kommunikationsweise charakterisiert (Fleck 1935: 130). Die genannten Merkmale eines Denkstils formieren dabei ein mehr oder weniger kohärentes System aus einzelnen, schlüssig aufeinander verweisenden Elementen. Für den Eingeweihten lässt sich dann beispielsweise schon an der verwandten Sprache der jeweilige Denkstil mit seinen je korrespondierenden Elementen – den interessierenden Problemen, den als evident verstandenen Urteilen und Methoden – erkennen. Fleck geht hinsichtlich der Wirkkraft spezifischer Denkstile soweit zu behaupten, dass »jede formulierte Problemstellung [...] bereits die Hälfte ihrer Lösung« (Fleck 1935: 53) enthält.

Eine entsprechende Kohärenz der Denkstilelemente lässt sich mit der formelhaft-technischen und quantifizierten Ergebnisdarstellung, dem Erkenntnisideal subjektfreier Objektivität und den statistischen Methoden auch für den von Fleck beschriebenen wissenschaftlichen Denkstil der Moderne aufzeigen. Die beschriebene Kohärenz ist hinsichtlich des modernen Denkstils besonders plausibel, da dieser sich durch einen »besonderen Trieb zur entsprechenden Objektivierung geschaffener Denkgebilde« (Fleck 1935: 188f.) auszeichnet. Hinsichtlich dieser Objektivierung verfügt der wissenschaftliche Denkstil der Moderne insbesondere über zwei Mittel: das wissenschaftliche Gerät und die technischen Termini (Fleck 1936: 121f.).

»The members of such a collective are distinguished not only by intellectual similarities but just as much by divergent backgrounds. They bring these various orientations from other thought-collectives along with them into the thought-exchange [...] each member interprets the thought of the other somewhat differently, transforming it and bringing it into different relations with other thoughts and then bringing it back into the discussion in a changed form« (Schnelle 1986: 232).

So lenke das wissenschaftliche Gerät – Fleck nennt hier das ihm aus seiner Forschung wohlvertraute Mikroskop, aber auch die Waage oder das Fernrohr – das Denken automatisch auf die Gleise der Wissenschaft (Fleck 1947: 164): »Indem wir inmitten von Geräten und Einrichtungen leben, die sich aus dem heutigen wissenschaftlichen Denkstil herleiten, empfangen wir ständig ›objektive‹ Anstöße, so und nicht anders zu denken« (Fleck 1936: 122). Je robuster ein Wissensgebiet sei, je verfestigter ein Denkstil sich etabliert habe, desto denkstilgemäßer seien auch die je entwickelten und genutzten Technologien. In den Technologien ist demnach der Denkstil materialisiert, was zur Reproduktion desselben beiträgt: »Die allgemeine Anschauung, übertragen durch die Tradition, nimmt an jeder neuen Beobachtung teil. Auf diese Weise entscheiden frühere Entdeckungen über das aktuelle Ergebnis der Beobachtung und bedingen die zukünftigen Entdeckungen« (Fleck 1947: 165).

Unter anderem am Beispiel der Waage führt Fleck diesen Gedanken weiter aus (Fleck 1935: 167; Fleck 1936: 105ff.; Fleck 1947: 161ff.) und verdeutlicht, dass Technologien und Terminologie eines Denkstils direkt aufeinander verweisen. Selbst ein in unserem Alltag so selbstverständlicher Vorgang wie das Messen mittels einer Waage sei zugleich der Ausdruck eines spezifischen Denkstils sowie eine Festlegung auf denselben, was auch ein spezifisches Begriffsverständnis impliziert. Dies wird am Beispiel der Waage insofern deutlich, als dass ältere Begriffe von Gewicht oder Schwere mit dem physikalischen Messgerät nicht mehr vereinbar seien (Fleck 1936: 122). Die Vorstellung, dass eine Leiche aufgrund ihrer Schlaffheit schwerer sei als ein Lebender oder die Idee, der Trauernde sei schwerer als der Fröhliche, finden sich zwar in übertragenen Bedeutungen des Wortes noch wieder, sind aber durch die Gewichtsmessung der Waage nicht abgebildet (Fleck 1935a: 246). Diese fokussiert auf einen spezifischen Schwerebegriff: »Wenn der Physiker eine Waage verwendet, dann bedeutet das, dass das Kollektiv der Physiker mit dem Verlauf der Geschichte aus der Gemeinschaft der Phänomene, Eindrücke, Begriffe und früheren Anschauungen gewisse Elemente isoliert und zu einer konsequenten Ganzheit ausgebaut hat, wobei es den Rest verwarf« (Fleck 1947: 164). Somit kommt in der Verwendung einer Technologie ein spezifischer Denkstil zum Ausdruck, der wiederum im Gebrauch reproduziert und objektiviert wird: »Die wachsende wissenschaftliche Tatsache verwandelt sich von einem Denkprodukt in einen Gegenstand, wird unpersönlich, selbständig, wird zur Sache« (Fleck 1936: 120).

Die Standardisierung des Forschungshandelns geht weiterhin mit einer Normierung der Forschungskommunikation einher. Dies sei zum Beispiel der Fall, wenn in der wissenschaftlichen Begriffsbildung systematisch auf in ihrer Bedeutung festgelegte Stammwörter und Suffixe zurückgegriffen werde: »Solche Termini entscheiden von vornherein, dass der bezeichnete Gegenstand einen festen Platz im System der gegebenen Wissenschaft einnimmt, ihre Suggestion ist also besonders stark« (Fleck 1936: 122). Somit besitzt ein technischer Terminus innerhalb eines Denkkollektivs jeweils eine spezifische Bedeutung, einen »eigentümlichen Denkzauber« (Fleck 1936: 110). Fleck geht zudem davon aus, dass eine sprachliche Normierung sowohl durch wissenschaftliche Zeichen (wie beispielsweise chemische Formeln) als auch durch eine quantifizierte Darstellung, wie sie zum Beispiel in der Logik oder Mathematik erfolgt, die wahrgenommene Objektivität der dargestellten Erkenntnisse steigere: »In diesem Stadium ist die Objektivierung der Denkprodukte am stärksten: Sie nehmen die Merkmale einer vom Menschen vollkommenen Unabhängigkeit an« (Fleck 1936: 122).[6] Dass der naturwissenschaftliche Denkstil auch das Alltagsleben prägt, macht Fleck an sprachlichen Veränderungen wie beispielsweise den »Austausch des Begriffspaars ›oben-unten‹ durch ›Entfernung von der Erdmitte‹ oder des Begriffspaars ›warm-kalt‹ durch ›Temperatur‹ und ›Wärmemenge‹« (Fleck 1936: 119) fest. Alltagsbegriffe werden demnach durch denkstilgerechte Fachtermini ersetzt, wobei die genannten

6 Dies trete selbst in den Fällen ein, in denen der Name des Forschers Eingang in einen technischen Terminus findet. So werde die Durchführung der sogenannten Wassermann-Reaktion in der Forschungspraxis mit der Wendung »den Wassermann machen« umschrieben, was – anders als etwa die ebenfalls denkbare Wendung »die von Wassermann angegebene Reaktion machen« – den namensgebenden Forscher »von einem Schöpfer in einen Entdecker« (Fleck 1936: 120) verwandele.

Beispiele jeweils auf Maßeinheiten – auf Kilometer, Grad Celsius und Brennwert – und somit auf Quantifizierungen verweisen.

Weiterhin sind im Rahmen der Forschungskommunikation, so Fleck, die jeweiligen Publika relevant. Allen Denkkollektiven ist eine Struktur aus esoterischen und exoterischen Teilnehmern, sprich aus experten- und laienhaften Mitgliedern gemeinsam. Ein kleinerer Expertenkreis mit direktem Bezug zum spezifischen Denkstil lässt sich je in einer »stufenweisen Hierarchie des Eingeweihtseins« (Fleck 1935: 138) von den Novizen im Feld und den Laienkreisen unterscheiden. So ergibt sich in der modernen Wissenschaft eine Abstufung aus Spezialisten, allgemeineren Fachleuten, allgemeingebildeten Laien und dem breiten Publikum, wobei Fleck eine wechselseitige Abhängigkeit der Experten- und Laienkreise konstatiert: »Einerseits ist dies das spezifische Vertrauen der Laien zu den Eingeweihten oder Fachleuten, andererseits die spezifische Abhängigkeit eben derselben von der sogenannten öffentlichen Meinung und von dem sogenannten gesunden Menschenverstand« (Fleck 1936: 113). Diese wechselseitige Abhängigkeit trägt im intrakollektiven »Gedankenkreislauf« zur Objektivierung des verfügbaren Wissens bei. Dies geschieht einerseits dadurch, dass der Laie dem Wissen der Experten vertraut, wodurch »jedes Denkprodukt eines Fachmanns [...] auf seiner Wanderung zu den Laien die Eigenschaften höherer Gewissheit, höherer Unbedingtheit, größerer Selbstverständlichkeit und Gewichts (gewinnt)« (Fleck 1936: 113). Andererseits buhlt die Wissenschaft um das Vertrauen und die Anerkennung der Laienkreise, »unterstreicht, dass sie dem Allgemeinwohl dient, und schmeichelt der öffentlichen Meinung« (Fleck 1936: 115). Die moderne Wissenschaft gilt dann als demokratisch in dem Sinne, als dass das Wahrheitskriterium bei der Allgemeinheit liege, weshalb sich jede Erkenntnis »aus allgemeinen Berechtigungen, die allen zustehen, und allgemein angenommenen Formen herleiten« (Fleck 1935, S. 117) muss. Hier erfolgt somit abermals der Verweis auf das Erkenntnisideal subjektfreier Objektivität, welches der Forderung nach allgemeiner Überprüfbarkeit Genüge tun soll. Die Wissenschaftskommunikation gegenüber dem öffentlichen Laienpublikum vollzieht sich dann in einer spezifischen, popularisierten Weise. Je weiter das Wissen vom esoterischen Kreis nach außen in die exoterischen Kreise wandert, desto mehr Gewissheit wird ihm zugeschrieben, es wird »noch anschaulicher, noch einfacher [...] noch apodiktischer« (Fleck 1935: 152). Fleck hält somit fest, dass insbesondere die je verwendeten Technologien sowie die spezifische Kommunikationsweise der modernen Wissenschaft dazu beitragen, wissenschaftlichen Erkenntnissen »den Charakter einer Sache zu verleihen« (Fleck 1936: 121).

Analytisch führt Fleck an dieser Stelle den Begriff der »passiven Koppelung« ein, welcher jene Zusammenhänge eines Erkenntnisinhaltes umfasst, die weder sozial noch historisch erklärbar sind – und aus diesem Grund objektiv anmuten (Fleck 1935: 16). Zu Beginn eines Wissenschaftsprozesses befindet sich ein Forscher nach Fleck in einem tastenden, erst einmal als offen empfundenen Prozess, nirgends findet er in dieser Forschungsphase festen Halt (Fleck 1935: 124). Deshalb sucht er Orientierung, sucht »den Widerstand, den Denkzwang, dem gegenüber er sich passiv fühlen könnte« (Fleck 1935: 124). Die passiven Koppelungen bieten hier sicheren Grund (Fleck 1935: 56) – die technischen Begriffe und wissenschaftlichen Geräte stellen als »Widerstandsavisos« entsprechende Orientierungspunkte dar. Somit ist der Fortgang eines Erkenntnisprozesses auf die Herstellung passiver Koppelungen gerichtet »bis in der Frage die Antwort größtenteils vorgebildet ist und man sich nur für ein Ja oder Nein oder für ein zahlenmäßiges Feststellen entscheiden muss. Bis Methoden und Apparate den größten Teil des Denkens für uns von selbst ausführen« (Fleck 1935: 112). Fleck bringt es folgendermaßen auf den Punkt: »Erkennen heißt also vorerst, bei gewissen gegebenen Voraussetzungen die zwangsläufigen Ergebnisse feststellen« (Fleck 1935: 56). Der Laborforscher Fleck wusste aus seiner täglichen Wissenschaftsarbeit jedoch zu genau, dass das standardisierte wissenschaftliche Arbeiten eine Vielzahl an sozialen Entscheidungen und Aushandlungsprozessen sowie historischen Herleitungen impliziert. Allein schon hinter der Sprache eines Wissenssystems und den genutzten Technologien, so Fleck, stünden vorgängig soziale und historische Prozesse: »Der Konstrukteur des Apparates, der Lieferant der Materialien, aus denen sie produziert wurde, sind bei jeder Messung gegenwärtig, ähnlich wie der Schöpfer der Begriffe bei jedem Gedanken der Messung« (Fleck 1947: 166). Wenn in einem ausgearbeiteten Wissensgebiet beispielsweise die technologieinduzierten Erkenntnismöglichkeiten durch passive Koppelungen auf das (quantitative) Feststellen reduziert seien, wirkten die Messgeräte zwar eindeutiger und genauer, seien aber keineswegs entsubjektiviert und geschichtslos, da sie auf frühere denkstilgemäße Entscheidungen und demnach soziale Prozesse zurückgingen (Fleck 1935: 114).

Diese sozialen und historischen Voraussetzungen, die sich im Erkenntnisprozess ausmachen lassen, werden von Fleck als »aktive Koppelungen« bezeichnet: »Kein einziger Satz ist aus nur passiven Koppelungen aufzubauen, immer ist Aktives, oder wie man es unzweckmäßig nennt, Subjektives anwesend« (Fleck 1935: 68). Die im Sinne eines »demagogischen Postulats« geforderte allgemeine Überprüfbarkeit der Wissenschaft bestehe letztlich in der denkkollektiven Prüfung der Stilgemäßheit eines Wissens (Fleck 1935, S. 158): »Man muss annehmen, dass nur aus dem Grunde vorgefasster Meinungen heraus die Beobachtung distinkter Gegenstände möglich sei: Eine leere Seele vermag überhaupt nicht zu sehen. Es gibt keine anderen naturgetreuen Beobachtungen als die kulturgetreuen!« (Fleck 1935a: 247).

Da diese sozialen Prozesse nach dem Erkenntnisideal der subjektfreien Objektivität jedoch nicht thematisiert, sondern vielmehr im Gegenteil, aktiv bekämpft werden sollen, hält Fleck selbiges für inadäquat. Selbst die Soziologen Emile Durkheim und Wilhelm Jerusalem sowie der Ethnologe Lucien Levy-Bruhl, so Fleck, machten hier einen »charakteristischen Fehler: sie haben allzu großen Respekt, eine Art religiöser Hochachtung vor naturwissenschaftlichen Tatsachen« (Fleck 1935: 65). Fleck hingegen bringt diese religiöse Hochachtung nicht auf, zollt dem Objektivitätsideal im Sinne einer Orientierungsgröße aber durchaus Respekt.

Im Rahmen seiner eigenen medizinischen Forschung spielt Fleck auf der üblichen Klaviatur der modernen Wissenschaft: Er agiert auf den ersten Blick wie ein Mitglied des von ihm erkenntnistheoretisch analysierten Kollektivs der modernen Naturwissenschaft. Angeleitet ist sein wissenschaftliches Schaffen von einer reflektierten Orientierung am epistemischen Ideal der Objektivität. Seine aus der Praxis formulierten Zweifel am Erkenntnisideal subjektfreier Objektivität führen nicht zur Ablehnung desselben (Fagan 2009: 272). Entsprechend hält er fest, »dass man das Ideal der absoluten Wirklichkeit als Vision des nächsten Werktages hochschätzen, ja lieben soll, aber es darf nie als Maßstab des vorigen Tages verwendet werden« (Fleck 1929: 26f.). Fleck ist vielmehr auf ein objektives Wissen aus, das die Spuren des Wissenden nicht verwischt. Er schlägt somit für die moderne Wissenschaft eine sozialkonstruktivistische Variante alltagspraktischer Objektivität vor, die – wie im Folgenden gezeigt werden soll – in seiner eigenen Arbeit eine konkrete Umsetzung findet.

Flecks erkenntnistheoretische Publikationen finden eine bemerkenswert heterogene Bewertung; er selbst wird als »classical figure in sociology« (Schnelle 1986: 262), als Wissenschaftler, der die Wissenschaftstheorie »zwar virtuos und passioniert, doch quasi als Amateur« (Egloff 2011: 63) betreibt sowie als »Sokal before Sokal« (Hedfors 2006) charakterisiert. Auch sein medizinischer Forschungsbeitrag erfährt sehr unterschiedliche Einordnungen: Einerseits wird auf eine internationale Publikationstätigkeit und zahlreiche Preise verwiesen (z.B. Fagan 2009: 277), andererseits wurde schon früh auf Schwächen seiner medizinischen Arbeiten aufmerksam gemacht (Löwy 1988, Hedfors 2006, Amsterdamska et al. 2008). Teils werden in Flecks Werk ausgemachte Schwächen, Widersprüche und Inkonsistenzen den schwierigen Umständen seines Arbeitens auch schon in der Entstehungszeit seiner Erkenntnistheorie in den 1920/30er Jahren zugeschrieben (Amsterdamska et al. 2008: 937), teils werden diese aber auch schlicht auf eine fehlende formale Ausbildung sowie Unprofessionalität zurückgeführt (Harwood 1986; Hedfors 2006).

Schlünder (2005) hingegen ordnet die Widersprüchlichkeit und Vagheit von Flecks Begrifflichkeiten und Theorieansätzen anders ein; sie schreibt, es sei »von absoluter Dringlichkeit, sich klarzumachen, dass Flecks Widersprüchlichkeit keineswegs irgendeiner Hast oder einer schlechten philosophischen Ausbildung geschuldet ist« (Schlünder 2005: 59) – diese entspringe vielmehr »seiner Leidenschaft für wissenschaftliches Arbeiten und seiner Vertrautheit, seiner intimen Kenntnis wissenschaftlicher Praxis« (Schlünder 2005: 59). Schlünder nimmt demnach an, dass Fleck intendiert – und nicht aus Sachzwängen oder Unprofessionalität heraus – mit widersprüchlichen Ansätzen und vagen Begriffen arbeitet. Auch andere sehen in ihm einen »philosopher of vagueness« (Seising 2007: 63; Rheinberger 2006: 222; Sadegh-Zadeh 2008), was mit Flecks spezifischem Stil des wissenschaftlichen Arbeitens korrespondiert. Fleck selbst weist auf das »Fragmentarische der Darstellung« (Fleck 1935: 145) seines Denkkollektivbegriffs hin und führt hierzu in einer Fußnote weiter aus:

> »Wenn sehr exakte Wissenschaften, wie die Physik, sich nicht scheuen, mit statistischen Daten, z.B. mit Durchschnittszahlen oder Wahrscheinlichkeitswerten zu arbeiten, die keinem ›wirklichen‹ Erscheinen entsprechen, sondern einer hypostasierten Fiktion, – ja ein ›wirkliches‹ Erscheinen für viel weniger ›reell‹ betrachten als diese Fiktion – haben wir wohl keinen Grund, wegen der Einführung des Denkkollektivbegriffes Schaden zu fürchten. Wenn er der Erkenntnis nützt, wie ich hoffe, ist er legitimiert. Grundsätzliche Einwände [...] halte ich überhaupt für unzeitgemäß, denn mit philosophischen Grundsätzen ist es wie mit dem Gelde: sie sind sehr gute Diener, aber sehr schlechte Herren. Man soll sich ihrer bedienen, aber nie von ihnen blind leiten lassen. Man zieht die Grenze zwischen dem Gedachten und dem Existierenden zu scharf: dem Denken muss eine gewisse Objekte schaffende Kraft zuerkannt werden und den Objekten eine Herkunft aus dem Denken. Wohlverstanden: aus dem stilvollen Denken eines Kollektivs« (Fleck 1935: 147f., FN7).

Fleck beschreibt hier die seines Erachtens nach in der Physik übliche, zahlenbasierte Herstellung fiktiver Konstrukte, wobei seine pragmatisch-konstruktivistische Haltung deutlich wird. Dienen Begriffe der Erkenntnis, sind sie legitimiert, auch wenn sie vage bleiben. Sind philosophische Grundsätze von Nutzen, so soll man sich selbiger bedienen, ihnen aber nicht unbedacht folgen. Entlang dreier Beispiele – einer von Fleck durchgeführten Zitationsanalyse, seiner Forschung zur sogenannten »Leukergie« sowie öffentlichen Äußerungen zu Wissenschaftsthemen – wird im Folgenden sein Verständnis von Objektivität weiter veranschaulicht.

In einem ersten Schritt kommt hier Flecks methodologische Studie »Über spezifische Merkmale des serologischen Denkens« zur Auswertung, die Ilana Löwy (1988) Ende der 1980er Jahre wiederentdeckt hat. Der Serologe Fleck (1939) analysiert hier mit statistischen Mitteln die spezifische Sozialstruktur der serologischen Wissenschaftscommunity seiner Zeit. Zur statistischen Auswertung kommen die Zahl an thematisch Interessierten, die die Zusammensetzung des serologischen Denkkollektivs vermessen soll, die »soziale Dichte (d.h. die Zahl und die Lebhaftigkeit der wissenschaftlichen Beziehungen zwischen den Mitgliedern der Gemeinschaft)« (Fleck 1939: 364), welche er an der durchschnittlichen Anzahl der auf einer Artikelseite angegebenen Publikationen misst, sowie die Hauptlinien der serologischen Forschung, die Fleck »anhand der Register der wichtigsten Fachzeitschriften während eines Zeitraums von fünf Jahren« (Fleck 1939: 364) feststellt. Die zumindest nach heutigen Maßstäben nur sehr ungenau dokumentierten Zahlen weisen zusammengefasst auf eine Ausdifferenzierung und Spezialisierung der serologischen Forschung, eine fehlende Einbeziehung der Öffentlichkeit und eine Dominanz der Labortechnik im Fach hin, welche begrifflich, so Fleck, in denkstilgemäßen Fiktionen, das heißt, Konstrukten, die keinerlei Kontextualisierung erfahren, resultierten. Löwy (1988) kritisiert in ihrem Beitrag »Quantification in Science and Cognition«, dass Flecks statistische Ausführungen zum serologischen Denkkollektiv von seinen eigenen Erfahrungen als Serologe deutlich beeinflusst seien, was auf die Grenzen dieser an sich innovativen Untersuchung hinweise (Löwy 1988: 350f.). An dieser Stelle soll jedoch eine alternative Einordnung der Studie erfolgen: Das in der empirischen Arbeit dokumentierte Vorgehen wird nicht als kritikwürdig, sondern vielmehr als konsequent angesehen, da Fleck durch die Kombination aus innovativen statistischen Verfahren und serologischer Erfahrung seine erkenntnistheoretischen Ausführungen zur praktischen Ausführung bringt.

Um ein weiteres Schlaglicht auf den Zusammenhang von Erkenntnistheorie und wissenschaftlicher Arbeit zu werfen, bietet sich ein Blick auf Flecks medizinische Publikationen an. So fasst Ludwik Fleck seine Erkenntnisse zum im Falle diverser Entzündungszustände auftretenden Zusammenklumpen weißer Blutkörperchen – seine oben geschilderten Überlegungen zur Entwicklung technischer Termini offensichtlich beherzigend – unter den Begriff der »Leukergie« (leuk- = weiß, erg- = Tätigkeit) (Fleck 1952: 430) und behauptet, selbige durch den sogenannten »Fleck-Test« nachweisen zu können. Seine empirischen Studien zur Leukergie erfolgen dabei in weiten Teilen gemeinsam mit dem polnischen Mathematiker Hugo Steinhaus, da dem Phänomen in erster Linie statistisch begegnet werden soll. In diesem Zusammenhang schreibt Fleck in einem Briefwechsel aus dem Jahr 1948 an Steinhaus Folgendes: »Als ich die Leukergie in einem Fall der akuten Leukämie untersuchte, fand ich viele Gruppen mit 3-7 Myeloblasten (im Abstrich gab es davon 25 %) und ich sehe darin (oder möchte sehen) eine Bestätigung meiner Arbeit aus dem Jahr 1940, die eine Besonderheit des Antigens dieser Körperchen bewies« (Fleck 1947: 588). In diesem Schreiben an seinen Kollegen kommt Flecks reflexives methodologisches Denken zum Ausdruck: Der Austausch mit dem Mathematiker soll einerseits der weiteren, statistischen Absicherung des ausgemachten Phänomens der Leukergie dienen, andererseits unterzieht Fleck die eigene Wahrnehmung einer selbstkritischen Reflexion und verweist auf das Vorhandensein seines denkstilabhängigen Sehens.[7] Diese Kommunikation im Kollegenkreis unterscheidet sich deutlich von der öffentlichen Kommunikation des Mikrobiologen, wie in einem letzten Beispiel skizziert werden soll.

Im Unterschied zur im Briefwechsel dokumentierten reflexiven Haltung führt Fleck in einem Interview mit der polnischen Zeitschrift »Po Prostu«, die sich primär an junge Intellektuelle richtete, aus, dass die praktische Bedeutung der Leukergie in der Entwicklung eines Tests für Entzündungsprozesse liege, welcher »mit der Zeit [...] als

7 In einem Briefwechsel mit dem Immunologen Ludwik Hirszfeld wird in ähnlicher Weise die Herstellung wissenschaftlichen Wissens, die Objektivität-als-Praxis expliziert, wenn Fleck ein empirisches Phänomen begrifflich fixiert, um es für den wissenschaftlichen Diskurs handhabbar zu machen: »Darüber weiß ich jedoch noch nichts Sicheres, deshalb nannte ich den die Leukozyten ordnenden Faktor die Zytoordine – nicht um über seine Natur zu entscheiden, sondern um eine Verständigung darüber möglich zu machen« (Fleck 1945: 575).

ein unfehlbarer und verhältnismäßiger einfacher Parameter dienen (wird), um alle Arten von symptomlosen Entzündungen nachzuweisen« (Fleck/Lutowski 1950: 517). Fleck kommuniziert in dem Interview wissenschaftliche Erkenntnis als objektives Wissen, als unfehlbaren Test. Dass er entsprechende Testverfahren jedoch keineswegs als unfehlbare Produzenten objektiver Erkenntnis ansieht, zeigt ein an eine kleinere Fachöffentlichkeit gerichteter Beitrag, der 1934 in der polnischen Zeitschrift »Gesellschaftlich-ärztliche Neuigkeiten« erschien. Fleck (1934: 176ff.) beteiligte sich mit dem kurzen Artikel »Zur Frage der labormedizinischen Analytik« an einer Debatte zur Situation der Laborärzte, deren Spezialgebiet von anderen Medizinern systematisch als Hilfstätigkeit abgewertet würde. Dies setze eine Negativspirale in Gang, da der Arbeitsbereich für den Nachwuchs an Anziehungskraft verlöre. Die auf Laboranalysen angewiesenen Ärzte müssten sich nicht wundern, wenn sie von den schlecht ausgebildeten Labormitarbeitern »statt einer gründlichen Besprechung mit einem Facharzt [...] nur Ziffern bekommen, die mechanisch wie nach einem Diktat erstellt worden sind und die sie oft noch nicht einmal auswerten können« (Fleck 1934: 177). Flecks Kritik an der fehlenden Wertschätzung der Laborarbeit ist gleichzeitig als Kritik am epistemischen Ideal der mechanischen Objektivität zu lesen. Diesem Ideal zufolge diente die Beschäftigung unausgebildeter Laborarbeiter/innen als »unausgesprochene Garantie dafür, dass die von ihnen gesammelten Daten weder der Phantasie eines Wissenschaftlers noch seiner vorgefassten philosophischen Meinung zu verdanken waren« (Daston und Galison 2007: 362). Fleck kann dieser Idee jedoch nichts abgewinnen, für ihn ist die angenommene »Leere« der entsprechenden Laborarbeiter/innen keine vorteilhafte Neutralität, die »die Natur selbst zu Wort kommen ließ« (Daston und Galison 2007: 362), sondern vielmehr ein Manko, welches Erkenntnisgewinn vereitelt. Den entsprechenden Analysen fehlt demnach das, was Fleck in seinen späteren erkenntnistheoretischen Arbeiten als Erfahrenheit bezeichnen wird.

An dieser Stelle lässt sich als Zwischenfazit festhalten, dass Ludwik Fleck in der Auseinandersetzung mit dem Objektivitätsideal seiner Zeit aus seiner empirischen Forschungsarbeit heraus eine sozialkonstruktivistische Variante alltagspraktischer Objektivität entwickelt. Sein eigenes Schaffen richtet sich dabei einerseits am Erkenntnisideal subjektfreier Objektivität aus, was im quantitativen Arbeiten, der intensiven Nutzung der gängigen Technologien sowie der verwandten Fachsprache zum Ausdruck kommt. Andererseits wird diese Orientierung am Objektivitätsideal jedoch flankiert von einer reflexiven methodologischen Einstellung, welche im Austausch mit Kollegen explizit zur Sprache kommt. In seinen empirischen Arbeiten kombiniert Fleck demnach Statistik und Erfahrenheit, er argumentiert umfassend mit Zahlen und dokumentiert gleichzeitig im wissenschaftsinternen Austausch eine sozialkonstruktivistische Grundhaltung. Diese in seinen empirischen Arbeiten aufscheinende, vorderhand widersprüchliche Kombination aus Objektivitätsideal und sozialkonstruktivistischem Denken wird von Fleck jedoch nicht nur aus seiner Praxis abgeleitet und wiederum in selbige zurückgeführt, sondern auch erkenntnistheoretisch ausbuchstabiert. Die Objektivierungen wissenschaftlichen Wissens, die von Fleck als passive Koppelungen interpretiert werden, zeichnen dabei die Konstruktion wissenschaftlicher Erkenntnis vor. So sind es insbesondere die Prozesse der Objektivierung, die Materialisierungen durch technische Termini, Technologien und Tests, die in seinen Laborstudien erkenntnistheoretisch relevant werden und sich letztlich als Prozesse der Quantifizierung darstellen. Dies wird verbunden mit einer Konzeption des wissenschaftlichen Erkenntnisgewinns als emergenter Wechselwirkung von denkstilgeprägtem Subjekt und zu erkundendem Objekt. Erkennen, so Fleck, sei weder passive Kontemplation noch reine Feststellung gegebener Fakten, sondern vielmehr »ein tätiges, lebendiges Beziehungseingehen, ein Umformen und Umgeformtwerden, kurz ein Schaffen« (Fleck 1929: 48). Praktische Forschung bestehe aus einer wechselseitigen Formung von Forscher und Erkenntnisgegenstand (Fleck 1929: 53): »Beobachten ist also im Grunde dasselbe wie erschaffen, ›Subjekt‹ und ›Objekt‹ des Erkennens treten hierbei in Wechselbeziehung, überhaupt kann keinem von ihnen sinnvoll eine selbständige Existenz zugesprochen werden« (Fleck 1935a: 240). Subjekt und Objekt, so Fleck, sind nur analytisch zu trennen: »Versucht man in concreto das sogenannte Subjektive vom sogenannten Objektiven kritisch abzusondern, so findet man immer und immer wieder die [...] aktiven und passiven Koppelungen innerhalb des Wissens« (Fleck 1935: 68). Wissenschaftliches Wissen wird demnach in der fortlaufenden Auseinandersetzung des einem Denkkollektiv zugehörigen Forschers mit seinem Untersuchungsgegenstand erzeugt. Anschaulich beschreibt Fleck (1935) diese Wechselwirkung am Beispiel der Wassermann-Reaktion: Zur Entwicklung des Syphilis-Diagnosetests führten August Wassermann und andere Forscher eine ganze Reihe experimentalserologischer Untersuchungen durch und variierten hierbei den Einsatz der Reagentien, die Einwirkungszeiten, die Grenzwerte, das Ablesen der Messinstrumente. Die (vorläufige) Funktionsfähigkeit der Wassermann-Reaktion wurde so letztlich im »Aufeinandereinstellen der Reagentien und Ablesenlernen der Ergebnisse« (Fleck 1935: 96) erreicht – davor lag aber eine größere Zahl an individuellen sowie kollektiven Irrungen und Wirrungen:

> »Es ist also klar, dass die Ausschläge der Experimente nicht scharf waren, dass manche Experimente verwischte Ergebnisse lieferten, dass man sich oft erst entscheiden musste, ob man vom positiven oder vom negativen Ergebnis eines Experimentes zu sprechen habe. Es ist auch klar, dass Wassermann aus diesen verworrenen Tönen jene Melodie heraushörte, die in seinem Innern summte, für Unbeteiligte aber unhörbar war. Er und seine Mitarbeiter horchten und drehten an ihren Apparaten so lange, bis diese selektiv wurden und die Melodie auch den Unbeteiligten (Unvoreingenommenen) vernehmbar wurde« (Fleck 1935: 113).

In der praktischen Laborarbeit motivierte somit die Melodie in Wassermanns Kopf, das heißt, seine denkstilgebundene Erfahrung und Intuition, ein spezifisches »Drehen« am Experimentalsetting, welches entlang der je vorliegenden Ergebnisse und Zahlen so lange erfolgte, bis die Analysen zur Entwicklung einer »objektiven« Tatsache geführt hatten. In einer ganzen Reihe an Experimenten kristallisierte sich demnach im denkstilgeprägten Wechselspiel von Subjekt und Objekt, in der fortdauernden wechselseitigen Abstimmung, Umformung und Beeinflussung von Forschendem und Erkenntnisobjekt, in der Kombination aus Intuition und apparatetechnisch erzeugtem Zahlenmaterial, aus Erfahrung und Statistik eine wissenschaftliche Erkenntnis heraus, die sich zumindest für eine gewisse Zeit in Form eines Testverfahrens in der medizinischen Praxis bewährte. Hier zeigt sich das hemdsärmelige Wissenschaftsverständnis von Fleck, welches ein wissenschaftliches Wissen vorsieht, das weniger papiernen Idealvorstellungen gerecht werden als sich vielmehr in der Anwendung beweisen möchte. Die Entstehung wissenschaftlichen Wissens ist demnach ein permanenter Entwicklungsprozess, was Fleck durch den Vergleich mit einem Flusslauf zu veranschaulichen sucht: »Es ist eine ewige, vielmehr synthetische als analytische, nie fertig zu machende Arbeit, ewig, wie die Arbeit des Stromes, der sein Bett formt« (Fleck 1929: 54). Doch auch wenn der Beginn eines Forschungsvorhabens als »anfängliches Chaos« (Fleck 1927: 38) empfunden wird, erscheint das wissenschaftliche Projekt im Rückblick als zielorientiert, gradlinig und geplant. Fleck beschreibt diesen Umstand anschaulich für die Eigenwahrnehmung von August Wassermann, der die Entwicklung seines Diagnosetests ex-post in Gänze objektiviert: »Die Zick-Zacklinie der Entwicklung, deren alle Etappen er sicherlich lebhaft mitgefühlt hatte, verwandelte sich in einen geraden, zielbewussten Weg« (Fleck 1935: 101). Der kurvenreiche Fluss, der zur Entwicklung einer wissenschaftlichen Tatsache führt, wird demnach im Rückblick begradigt.

Dabei nehmen Wissenspraktiken im Fall von Quantifizierungen – das heißt, wenn der Untersuchungsgegenstand zeichenhaft abgebildet ist und sich numerisch darstellt – eine spezifische Gestalt an: Ein Erkenntnisgewinn findet dann in emergenter Wechselwirkung von Akteur und Zahl, von Intuition und Statistik statt. Eine entsprechende Theoriefigur beschreibt Fleck (1927) in seinem Beitrag »Über einige besondere Merkmale des ärztlichen Denkens« (1927), auf den abschließend rekurriert wird, um an einem medizinischen Beispiel zu verdeutlichen, wie sich eine Orientierung am Objektivitätsideal mit einer sozialkonstruktivistischen Grundhaltung verknüpfen lässt. Gleich in seiner ersten erkenntnistheoretischen Arbeit skizziert Fleck (1927) am Beispiel des ärztlichen Erkenntnisgewinns die Grundzüge seiner sozialkonstruktivistischen Variante alltagspraktischer Objektivität. Er schildert hier einleitend, dass es aufgrund der Komplexität individueller

Krankheitsbilder problematisch sei, in der Medizin zu objektiver Erkenntnis zu gelangen:

> »Während der Naturwissenschaftler typische, normale Phänomene sucht, studiert der Arzt gerade die nicht typischen, nicht normalen, krankhaften Phänomene. Und dabei trifft er auf diesem Weg sofort auf einen gewaltigen Reichtum und Individualität dieser Phänomene, die die Vielheit ohne klare, abgegrenzte Einheiten begleiten, voller Übergangs- und Grenzzustände. Es gibt keine genaue Grenze zwischen dem, was gesund ist, und dem, was krank ist, und nirgends trifft man wirklich ein zweites Mal auf dasselbe Krankheitsbild. Aber diese unerhört reiche Vielheit immerfort anderer und anderer Varianten muss gedanklich bezwungen werden, denn dies ist die Erkenntnisaufgabe der Medizin« (Fleck 1927: 37).

So sieht Fleck das grundsätzliche Problem des ärztlichen Denkens darin, in der Medizin »ein Gesetz für nicht gesetzmäßige Phänomene« (Fleck 1927: 37) auszumachen.[8] Zur Lösung dieser anspruchsvollen Aufgabe seien im »ursprünglichen Chaos irgendwelche Gesetze, Zusammenhänge, irgendwelche Typen höherer Ordnung zu finden« (Fleck 1927: 38). An dieser Stelle führt Fleck den Begriff der »Krankheitseinheit« (Fleck 1927: 38) ein.

Dieser lässt sich analytisch durch zwei Prozesse beschreiben: »auf der einen Seite durch spezifisches weitgehendes Abstrahieren, d.h. durch das Verwerfen einiger beobachteter Daten, auf der anderen Seite durch das ebenfalls spezifische Aufbauen von Hypothesen, d.h. durch das Vermuten nicht beobachteter Zusammenhänge« (Fleck 1927: 37). Einerseits werden demnach in der Medizin die existierenden Krankheitsbilder zu abstrakteren Klassifikationen zusammengefasst, wozu

8 Diese Fragestellung verweist auf eine althergekommene Auseinandersetzung bezüglich statistischer Methoden in der Medizin, die Poisson schon 1825 in Paris folgendermaßen formulierte: »Is it possible to reconcile the individual approach to a given patient with an abstract statistical point of view?« (Sheynin 1982: 243).

sie sich »vor allem der statistischen Zusammenstellung und des Vergleichs vieler ähnlicher Phänomene (bedient), d.h. dessen, was ich die statistische Beobachtung nennen möchte, die allein erlaubt, unter den vielen Individuen einen Typus zu finden. Die Rolle der Statistik in der Medizin ist enorm« (Fleck 1927: 38). Andererseits ordnet der Arzt mit dem Ziel der Diagnose und adäquaten Behandlung den hergestellten Klassifikationen das je vorliegende Krankheitsbild zu. Letzteres setzt nach Fleck ein hohes Maß an Intuition, das heißt Erfahrenheit im oben beschriebenen Sinn voraus. Ärzte ohne Erfahrenheit bleiben nach Fleck bei einer logischen, das heißt mechanischen Zuordnung des individuellen Krankheitsbildes zu einer vorliegenden Klassifikation stehen. Dabei verfüge jede medizinische Theorie »über eine exakte, logische, fast mathematische Begründung, meistens umso exakter, je kürzer ihre Lebensdauer ist« (Fleck 1927: 41). Die schlechten Mediziner hielten sich sklavisch an entsprechende Gesetze, die in der Form insbesondere in der Medizin vorkämen – nirgends sei es »mit einer solchen pseudologischen Erklärung leichter als in der Medizin, denn umso verzwickter die Menge der Phänomene, umso leichter ist es mit einem auf ganz kurze Sicht kontrollierbaren Gesetz, und umso schwieriger mit einer umfassenden Idee« (Fleck 1927: 41). Erfahrene Ärzte hingegen meiden die mechanische Zuordnung von individuellen Krankheitsbildern zu festgelegten Kategorien. Letztere dienen zwar als Orientierungsgröße, gute Ärzte rekurrieren aber auch auf ihre Intuition beziehungsweise Erfahrenheit und können deshalb die Beweggründe ihrer spezifischen Diagnosen häufig gar nicht konkret benennen (Fleck 1927: 38f.). Neben der zentralen Bedeutung, die die Statistik in der Medizin habe, sei die ärztliche Erfahrenheit demnach entscheidend (Fleck 1927: 38).[9]

9 Fleck schloss mit den Überlegungen zur Krankheitseinheit, wie Ilana Löwy (2011) herausarbeitet, an die Polnische Schule der Medizinphilosophie an. Schon 1898 beschrieb der polnische Philosoph Edmund Biernacki die Kluft, die sich zwischen den Klassifikationen der Medizin und der Reichhaltigkeit pathologischer Patientenzustände auftue (Löwy 2011: 303). Neu an Flecks Ausführungen war im Vergleich zu den polnischen Medizinphilosophen die zentrale Rolle, die er der Statistik zuwies (Löwy 2011: 303).

Der Begriff der Krankheitseinheit benennt demnach die Verwobenheit aus Statistik und Erfahrenheit, die letztlich eine adäquate Diagnose ermöglicht. Dieses Wechselspiel ist bei Fleck als fortlaufender Prozess konzipiert. Krankheitsphänomene seien, so Fleck (1927: 43), temporär und dynamisch zu fassen, der Krankheitseinheit kommt deshalb eine spezifische Zeitlichkeit zu: Diagnosepraktiken sind fortlaufend im Fluss, Krankheit wird »erst in temporärer Fassung zur konkreten Einheit« (Fleck 1927: 43). Die Krankheitseinheit stellt demnach ein fortlaufendes Wechselspiel von statistischer Klassifikation und intuitiver Zuordnung dar, welches der Herstellung einer medizinischen Diagnose dient: »Niemals ein status praesens, sondern erst die historia morbi schafft die Krankheitseinheit« (Fleck 1927: 43). Dieser prozessuale Begriff der Krankheitseinheit impliziert bereits die später von Fleck ausgearbeitete Theoriefigur der emergenten Wechselwirkung: Analytisch bezieht sich der Arzt im praktischen Diagnoseprozess zugleich auf Statistik und Intuition, auf das mechanische Gesetz und seine Erfahrung. Im Wissen um die Vagheit medizinischer Klassifikationen rekurriert der erfahrene Arzt in seiner praktischen Diagnosetätigkeit fortlaufend auf die »Gesetze für nicht gesetzmäßige Phänomene« – er hat die Melodie im Kopf und dreht solange an der klassifikatorischen Zuordnung des individuellen Krankheitsphänomens, an Diagnose und Behandlung, bis alle Elemente des Systems zusammenpassen.

Das von Fleck ausgearbeitete Konzept, so wird hier vorläufig resümiert, bringt demnach eine Wissensgenerierung im fortlaufenden Wechselspiel subjektivierten und objektivierten Wissens auf den Punkt. Die im Folgenden ausgeführte Erkenntnistheorie von John Dewey weist zahlreiche Parallelen zu Flecks Ansatz auf, wobei Dewey mit einer schrittweisen Darstellung den Prozess der Wissensherstellung stärker systematisiert und eine auch auf die Wissensgenerierung im Alltagsleben ausgeweitete Anwendung seines erkenntnistheoretischen Ansatzes vorsieht.

2.2. John Dewey: Von der Suche nach Gewissheit zur Herstellung von Sicherheit

Auch der amerikanische Philosoph John Dewey beschäftigt sich in seinen erkenntnistheoretischen Schriften mit der Praxis des naturwissenschaftlichen Experimentierens. Anders als Fleck war er jedoch kein praktizierender Naturwissenschaftler, sondern studierter Philosoph. Dewey wurde 1859 in Neuengland geboren und mit 25 Jahren mit einer Arbeit zu Kants Psychologie promoviert; 1894 erfolgte nach Dozenturen in Michigan und Minnesota ein Ruf an die neu gegründete Universität im in dieser Zeit in jeder Hinsicht pulsierenden Chicago. Hier baute er seine Laborschule auf und formulierte in den im Jahr 1903 gemeinsam mit Studierenden publizierten »Essays in Experimental Logic« erste erkenntnistheoretische Überlegungen. Nach einem Jahrzehnt in Chicago wechselte Dewey 1904 auf eine Philosophie-Professur an die Columbia University in New York City, wo er bis zu seinem einundsiebzigsten Lebensjahr lehrte und auch nach Beendigung seiner universitären Tätigkeit noch umfassend publizierte (Suhr 2005) – als er 1952 im Alter von 92 Jahren starb, konnte er auf ein insgesamt 13.000 Textseiten umfassendes Werk zurückblicken (Hickman 1990). Obwohl Dewey in der amerikanischen Philosophie mit Wittgenstein und Heidegger auf eine Stufe gestellt wird, konstatiert Suhr (2005: 7) für den deutschsprachigen Raum eine »relative Unbekanntheit« – in den Sozialwissenschaften werden nach wie vor in erster Linie Deweys pädagogische Arbeiten rezipiert.

Ausgangspunkt der erkenntnistheoretischen Überlegungen von Dewey sind die Unsicherheiten im Denken und Handeln des modernen Alltagslebens. In »Die Suche nach Gewissheit« (2013/dt. zuerst 1998, engl. Original 1929) führt Dewey aus, dass der Mensch zu Beginn des 20. Jahrhunderts über ein unvergleichlich großes Wissen verfüge, aber zugleich »wahrscheinlich niemals zuvor in der Frage, was sein Erkennen bedeutet, worauf es im Handeln und seinen Konsequenzen verweist, so unsicher und verwirrt gewesen« (Dewey 2013: 312) sei. Diesen Zusammenhang führt Dewey auf eine zu starke Entkopplung von Theorie und Lebenspraxis zurück. Alle gängigen Erkenntnistheorien seien in der abendländischen Tradition primär auf das kognitive Erkennen, auf das theoretische Abbilden unveränderlicher Erkenntnisgegenstände gerichtet. Vor dem Hintergrund des gängigen Dualismus von Verstandeserkenntnis und Sinneswahrnehmung implizierten die vorherrschenden Erkenntnisideale die »Idee eines höheren Reichs einer unwandelbaren Realität, von der allein wahre Wissenschaft möglich ist, und einer niedrigeren Welt der wandelbaren Dinge, mit denen es Erfahrung und Praxis zu tun haben« (Dewey 2013: 20f.). Der Erkenntnisgewinn im praktischen Handeln werde jedoch zu Unrecht abgewertet (Dewey 2013: 10). So verträten herkömmliche Ansätze üblicherweise die Ansicht, »dass die Forschungstätigkeit jedes Element praktischer Tätigkeit ausschließe, das in die Konstruktion des erkannten Gegenstands eingeht« (Dewey 2013: 27).

Die Kritik an der Theorie-Praxis-Kluft stellt dabei ein typisches Beispiel für Deweys Anti-Dualismus dar. Dichotomien wie Theorie und Praxis, Körper und Geist, Subjekt und Objekt, Natur und Kultur sowie Wissenschaft und Alltag implizieren in seiner Lesart letztlich immer »fruchtlose[...] Debatten über die Priorität einer dieser Instanzen« (Kertscher 2015: 41). So ist auch sein Plädoyer für die Praxis nicht mit einer Abwertung von Theorie verbunden – vielmehr zielt Deweys Konzept auf ein Denken in experimenteller Wechselwirkung. Wie in pragmatistischen Ansätzen allgemein werden hier Denken und Handeln nicht getrennt verhandelt – vielmehr wird angestrebt, die »produktive Beziehung zwischen Denken und Handeln fruchtbar zu machen« (Kertscher 2015: 36). So zielt der am naturwissenschaftlichen Experiment orientierte Ansatz von Dewey auf die Intervention, sprich auf Veränderungen des Forschungsgegenstands. Im Fortlauf des experimentellen Prozesses sollen sukzessive Modifizierungen letztlich dazu führen, dass sich die Menschen in der Welt besser zurechtfinden.

Vor diesem Hintergrund beschreibt Dewey in seinem erkenntnistheoretischen Grundlagenwerk »Logik. Die Theorie der Forschung« (2016/dt. zuerst 2002, engl. Original 1938) in insgesamt fünf Schritten eine allgemeine »Struktur der Forschung« (Dewey 2016: 132ff.).[10] Die aufeinander aufbauenden Phasen einer Untersuchung – beziehungsweise eines Forschungsprozesses, einer experimentellen Praxis oder auch einer Ermittlung –, die solange iterativ-zirkulär durchlaufen werden, bis eine Problemlösung vorliegt, werden im Folgenden idealtypisch skizziert und anschließend mit weiteren Ausführungen zu Deweys Erkenntnistheorie verknüpft.

Am Beginn einer jeden forscherischen Unternehmung steht nach Dewey eine »unbestimmte Situation«. Forschung dient demnach ganz allgemein der Klärung von Situationen, in denen eingeschliffene Routinehandlungen nicht (mehr) weiterhelfen, in denen Widersprüche und Widerstände auftreten. Forschung soll Fragen beantworten, Forschen und Fragen gelten Dewey als Synonyme. Das Wesen der unbestimmten Situation liegt folglich darin, »*fraglich* oder – in Begriffen der Wirklichkeit statt der Möglichkeit ausgedrückt – ungewiss, ungeklärt oder in der Schwebe, verworren zu sein« (Dewey 2016: 132). Konkret heißt dies, dass in der Ausgangssituation unklar ist, welches Handeln zu welchen Konsequenzen führen wird. Im experimentellen Vorgehen soll hierzu eine Klärung herbeigeführt werden. Mit der Feststellung, dass eine unbestimmte Situation vorliegt, ist jedoch das zu untersuchende Problem noch nicht analytisch umrissen – in diesem Sinne ist die unbestimmte Situation eine vorgängige und präkognitive Bedingung der Forschung.

10 Bereits mit der von Martin Suhr gewählten deutschen Übersetzung des Buchtitels »Logic. The Theory of Inquiry« als »Logik. Die Theorie der Forschung« geht dabei verloren, dass allein schon Deweys Wortwahl signalisiert, dass er die entsprechende Logik nicht nur auf die Wissenschaft bezogen haben möchte. Dewey spricht im Originaltext eben nicht von »research« oder »investigation«, sondern wählt den Begriff der »inquiry«, was neben wissenschaftlichen Analysen auch juristische Verfahren, politische Anfragen oder ärztliche Untersuchungen einschließen kann (Krüger 2000: 212). Strübing (2008) schlägt deshalb »Untersuchung« als adäquatere Übersetzung vor und Rammert (2007: 30) wählt die Übersetzung »experimentelle Praxis«. Einen breiten Experimentbegriff vorausgesetzt, mag dies die genannten Handlungsbereiche einschließen – eine wirklich treffende Übersetzung fällt jedoch schwer. Im Folgenden wird »inquiry« mit Forschung oder Untersuchung übersetzt, wobei im deweyschen Sinne stets von einem breiten Deutungsspektrum ausgegangen wird.

Die Fixierung der Problemstellung erfolgt erst im zweiten Untersuchungsschritt. Forschung findet in Deweys Verständnis stets im Hinblick auf ein konkretes Problem statt (Dewey 2013: 105). Forschung fokussiert somit in erster Linie ausgehend von praktischen Alltagsproblemen »nächstliegende, nicht letzte Fragen« (Dewey 2013: 48). Die Bestimmung dieses konkreten Problems ist insofern hochrelevant, als dass sie im weiteren Forschungsverlauf das entscheidende Kriterium für die Berücksichtigung beziehungsweise das Verwerfen von Tatsachen, Ideen und Hypothesen im experimentellen Vorgehen darstellt (Dewey 2016: 135).

Entlang der Problemdefinition erfolgt mit dem Ziel einer Problemlösung im dritten Schritt des Forschungsprozesses eine weitere Ausformulierung von Hypothesen. Dabei gibt es auch in unbestimmten Situationen nach Dewey Bestandteile des Untersuchungssettings, die bereits geklärt sind – diese bereits bekannten Untersuchungselemente gelten als die »Tatsachen« des Falls: »Sie bilden die Bedingungen des Problems, weil sie Bedingungen sind, mit denen gerechnet werden muss oder die bei jeder relevanten Lösung, die vorgeschlagen wird, in Rechnung gestellt werden müssen« (Dewey 2016: 136). Gänzlich unbestimmte Situationen lassen sich nicht experimentell bearbeiten. Die Tatsachen legen als faktische Bedingungen Vermutungen zu (Teil-)Lösungen nahe, die Dewey als »Ideen« bezeichnet: »Ideen sind vorweggenommene Konsequenzen (Voraussagen) dessen, was geschehen wird, wenn bestimmte Operationen unter beobachteten Bedingungen und im Hinblick auf sie ausgeführt werden« (Dewey 2016: 136). Ideen lassen sich nach dem jeweiligen Forschungsstand graduell unterscheiden und sind anfänglich üblicherweise eher vage. Als solche werden sie von Dewey als »Suggestionen« bezeichnet – diese »entstehen einfach, blitzen auf, fallen uns ein« (Dewey 2016: 137). An dieser Stelle ist die Forscherpersönlichkeit gefragt – Sensibilität und geistige Flexibilität leiten den Forscher »auf die richtige Fährte« (Jörke 2003: 81): »Genau dies ist die Quelle der Kreativität; der mehr oder weniger plötzliche Einfall, der den Forschungsprozess in die richtige Richtung führt« (Jörke 2003: 81). Im Sinne einer progressiven Problemlösung werden die Suggestionen und Ideen im zirkulären Abgleich von theoretischem Wissen und empirischen Beobachtungen dann auf »ihre Eignung als Mittel, die gegebene Situation zu klären« (Dewey 2016: 137) geprüft, was bereits als Teil der dann anstehenden Beweisführung gilt.

Eine erwogene Hypothese wird im Rahmen der im vierten Schritt anstehenden Beweisführung »in Beziehung zu anderen begrifflichen Strukturen entwickelt, bis sie eine Form erhält, in der sie ein Experiment anregen und lenken kann« (Dewey 2016: 140). Tritt im experimentellen Vorgehen wiederholt eine Diskrepanz zwischen der Hypothese und den Forschungsergebnissen auf, wird die Hypothese versuchsweise so modifiziert, dass sie experimentell verwertbar wird, das heißt, »geeignet, die Tatsachen des Falls zu interpretieren und zu organisieren« (Dewey 2016: 140). Das Zusammenwirken von begrifflichem Substrat, das heißt, von Tatsachen, Ideen und Hypothesen ermöglicht somit neue Beobachtungen, die wiederum zu neuem Tatsachenmaterial führen (Dewey 2016: 146): »Grund und Kriterium der Ausführung dieser Arbeit der Betonung, Auswahl und Anordnung ist, das Problem auf eine solche Weise einzugrenzen, dass reales Material bereitgestellt werden kann, um damit die Ideen zu überprüfen, die mögliche Formen der Lösung darstellen« (Dewey 2016: 146).

Es geht somit darum, zu einer tragfähigen Operationalisierung der Hypothesen zu kommen. Das Experiment lässt sich dann als »Verknüpfung prä-kognitiver Wahrnehmung erfahrungsbasierter Daten einerseits und Hypothesenentwicklung andererseits« (Bogusz 2013: 244) charakterisieren. Die durch Hypothesenbildung erreichte Abstraktion stellt in dieser Konstellation den systematischen Umgang mit komplexen Sachverhalten sicher, denn »Ab-straktion ist eine notwendige Vorbedingung für die Sicherstellung der Fähigkeit, mit komplexen Sachverhalten umzugehen, in denen es sehr viel mehr Variablen gibt und wo eine strikte Isolierung die speziellen Charakteristika des Stoffes zerstören würde« (Dewey 2013: 218). Die Hypothesenbildung dient demnach der Komplexitätsreduktion, sie verhindert, dass die Forscher von den sie umgebenden Realitäten überwältigt werden (Dewey 2013: 167).

Im Idealfall verweisen im Untersuchungsverlauf beobachtete Tatsachen auf eine Idee, die wiederum weitere Beobachtungen beziehungsweise modifizierte Ideen oder Hypothesen zur Folge hat, »bis die bestehende Ordnung sowohl vereinheitlicht wie vollständig ist« (Dewey 2016: 142) – sprich: bis das Experimentalsetting bis auf Weiteres funktioniert. Die experimentelle Untersuchung läuft somit im fünften und letzten Schritt auf eine Veränderung der Situation hinaus – die hergestellte Erkenntnis muss sich im naturwissenschaftlichen Experiment beziehungsweise im alltäglichen Problemlösungshandeln bewähren. Der prozessuale Charakter des experimentellen Erkenntnisgewinns sieht jedoch vor, dass die als Tatsachen verstandenen Elemente ihren ontologischen Status im Fortlauf der Forschungshandlung verlieren können. Das heißt, auch den Tatsachen des Falls wird letztlich nur hypothetischer Charakter zugeschrieben – auch sie müssen sich in der Prüfung bewähren. Wenn sie sich im Experimentalsetting nicht zu einem kohärenten Ganzen fügen, wenn sie als Hilfsmittel in der Beweisführung nicht funktionieren, werden sie ebenso fallen gelassen wie Suggestionen, Ideen oder Hypothesen. Selbst die »Tatsachen« haben demnach im experimentellen Setting keinen ontologischen Charakter (Dewey 2016: 143). Gleichzeitig ist das experimentelle Vorgehen stets an alltägliche Erfahrung rückgebunden: »Den Anfang und das Ende bilden die Dinge der groben Alltagserfahrung« (Dewey 2013: 220).

Dewey (2013: 89f.) schreibt dieser experimentellen Praxis zusammengefasst drei herausragende Merkmale zu: Erstens ist das Experimentieren ein offener Prozess, der Veränderungen in der Umwelt und im Verhältnis zu ihr bewirkt. Zweitens ist das Experiment kein zufälliges Geschehen, sondern vielmehr intentional durch Ideen und Hypothesen gelenkt. Und drittens entsteht im fortlaufenden Experiment jeweils eine neue empirische Situation, »in der Gegenstände auf verschiedene Weise aufeinander bezogen sind, und zwar so, dass die Konsequenzen der gelenkten Handlungen die Gegenstände bilden, die die Eigenschaft haben, erkannt zu sein« (Dewey 2013: 89). Das Ziel der entsprechenden Anstrengungen ist es demnach, durch die gesteuerte Veränderung einer unbestimmten Situation sukzessive zu einer Problemlösung zu kommen.

Demnach kombiniert der geschickte Forscher ausgehend von der »Welt des gesunden Menschenverstandes« (Dewey 2013: 174) nach der allgemeinen Struktur der Forschung im experimentellen Verlauf zirkulär zwei Operationen: »Die eine besteht in der sorgfältigen und analytischen Beobachtung, um genau zu bestimmen, was da ist, was unzweifelhaft gesehen, berührt und gehört wird« (Dewey 2013: 174). Entlang dieser Beobachtungen wird die unbestimmte Situation im experimentellen Handeln im Hinblick auf mögliche Problemlösungen fortlaufend modifiziert (Dewey 2016: 146). Die damit untrennbar verbundene zweite Operation »besteht im Durchsuchen des früheren Wissens, um Ideen zu finden, die benutzt werden können, um dieses beobachtete Material zu interpretieren und neue Experimente anzuregen« (Dewey 2013: 174). So werden im Experiment ausgehend von Alltagserfahrungen vor dem Hintergrund theoretischen Wissens fortlaufend Sinnesdaten analysiert, was zu neuen Ideen führt, welche wiederum weitere Experimente nahelegen, bis das ausgemachte Problem als gelöst angesehen wird (Dewey 2013: 174ff.).

Für diese im 5-Stufen-Modell skizzierte Struktur – die Dewey im naturwissenschaftlichen Experiment idealtypisch realisiert sieht – beansprucht er allgemeine Gültigkeit: Nicht nur das wissenschaftliche Forschen, sondern auch die »Forschung des gesunden Menschenverstandes« – das problemorientierte Alltagshandeln – lässt sich, so die Annahme, nach diesem Muster beschreiben (Dewey 2016: 80ff.; 127f.). Letztere wird dabei durchgeführt zur »Lösung eines Problems von Gebrauch und Genuss und nicht um ihrer selbst willen, wie in der wissenschaftlichen Forschung« (Dewey 2016: 81). Mit »Gebrauch und Genuss« ist, so Dewey, der gesamte Bereich der das Alltagsleben betreffenden experimentellen Praktiken umrissen – darunter fallen hinsichtlich des Gebrauchs zum Beispiel »Fragen der Nahrung, des Obdachs, des Schutzes, der Verteidigung usf.« (Dewey 2016: 84), wobei der Gebrauch entweder um des Konsums oder des Genusses Willen erfolgt. Aber auch das Erkunden von weniger Alltäglichem wie beispielsweise der Sterne oder der Vorfahren lässt sich mit diesen Begriffen fassen, da Dewey diese als Gegenstände des »magischen Gebrauchs« und des »Genusses in Riten und Legenden« ansieht (Dewey 2016: 84). Wissenschaftshandeln und Alltagshandeln lassen sich dann als Kontinuum verstehen, wobei ersteres sich durch einen höheren

Abstraktionsgrad und eine stärkere Systematisierung auszeichnet. Mit der Generalisierung des Modells zielt Dewey jedoch nicht auf eine strikte Anwendung naturwissenschaftlicher Methoden im alltäglichen Problemlösen – »ihm geht es vielmehr darum, die in diesen Methoden zum Ausdruck kommende Logik zu generalisieren und auf andere Handlungsbereiche auszudehnen« (Jörke 2003: 84).

Mit dieser Konzeption wendet sich Dewey jedenfalls gegen die vorherrschende Erkenntnistheorie, die er als »Zuschauertheorie des Erkennens« (Dewey 2013: 27) bezeichnet. Der Fokus gängiger Erkenntnistheorien liege fälschlicherweise darauf, im theoretischen Arbeiten eine als unveränderlich angesehene Wahrheit zu enthüllen, statt im empirischen Forschen die zur Bewerkstelligung anstehender Probleme notwendigen Erkenntnisse zu gewinnen. Das philosophische Denken in abendländischer Tradition empfindet Dewey in Zeiten der modernen Naturwissenschaft als überholt. Insbesondere erstaunt ihn, dass die Vorstellung einer »Unterlegenheit der Praxis gegenüber dem Intellekt« (Dewey 2013: 88) fortzubestehen scheint, wo doch die in den modernen Naturwissenschaften vorherrschende Methode – das naturwissenschaftliche Experiment – »das Tun zum Inneren der Erkenntnis« (Dewey 2013: 40) mache. Im Unterschied zum rein theoretischen besteht im praktischen, alltagsbezogenen Erkenntnisgewinn eine »direkte Verwicklung von Menschen in die unmittelbare Umwelt« (Dewey 2016: 81). Praktische – oder besser: pragmatistische – Erkenntnis zielt nach Dewey somit weniger darauf, das Wesen der Dinge zu begreifen; vielmehr soll forschend in alltägliche Vorgänge eingegriffen werden, um kontrolliert und gesteuert problemlösende Veränderungen bewirken zu können.

Darüber, wie das Ergebnis des experimentellen Forschens konkret zu bezeichnen ist, lässt sich Dewey umfassend in der »Logik« aus. So treffe an sich der Begriff der »Überzeugung« (*belief*) den Punkt: »In diesem Sinne ist das Ergebnis einer Forschung ein geklärter objektiver Sachverhalt, der so geklärt ist, dass wir bereit sind, danach zu handeln, sei es offen oder in der Phantasie. Überzeugung nennt hier die geklärte Situation des objektiven Substrats, zusammen mit einer Bereitschaft, auf eine gegebene Art und Weise zu handeln« (Dewey 2016: 20). Der

Begriff der »Überzeugung« bringt demnach das Vorläufige, das Aktive und das Prozesshafte in Deweys Erkenntnisbegriff zum Ausdruck. Zugleich ist jedoch der Begriff der Überzeugung, so Dewey, insbesondere dadurch belastet, dass er mit persönlicher Einstellung assoziiert werde, weshalb er letztlich zu vermeiden sei.

Auch den Begriff der Erkenntnis problematisiert Dewey, da er mit der gängigen Definition »als das Ergebnis kompetenter und kontrollierter Forschung«, als »Name für das Produkt kompetenter Forschungen« (Dewey 2016: 21) tautologisch und letztlich inhaltsleer sei. Deweys Erkenntnisbegriff behauptet jedoch als »eine beantwortete Frage, eine erledigte Schwierigkeit, eine aufgeklärte Verwirrung, einen widerhergestellten Zusammenhang, ein gemeistertes Problem« (Dewey 2013: 227) sowie »die zu Ende geführte Auflösung des in sich Unbestimmten oder Zweifelhaften« (Dewey 2013: 227) über diese Tautologie hinauszugehen, da das Prozesshafte herausgestellt wird – jedes Erkennen emergiert hier aus spezifischen Einzeluntersuchungen, die aufeinander aufbauen: »Was Erkenntnis in ihrer allgemeinen Bedeutung definiert, ist der konvergente und kumulative Effekt fortgesetzter Forschung« (Dewey 2016: 22). Somit verweist der Begriff der Erkenntnis explizit auf die Kontinuität und Potentialität von Forschungsprozessen, was impliziert, dass experimentelle Forschung eine andauernde Aufgabe darstellt (Dewey 2016: 22).

Aus dieser Überlegung heraus schlägt Dewey als präzisierten Erkenntnisbegriff jenen der »gerechtfertigten Behauptung« (Dewey 2016: 22f.) vor – ohne diesen jedoch in seinen Arbeiten konsequent zu verwenden. Deutlich wird in diesem Begriffsabgleich von Überzeugung, Erkenntnis und gerechtfertigter Behauptung jedenfalls, dass das Forschen in Deweys pragmatistischem Verständnis generell als prozessual und im Ergebnis als unsicher anzusehen ist. Während der Begriff der »Überzeugung« auf das Handlungspotential von Wissen verweist, stellt die »gerechtfertigte Behauptung« insbesondere auf die Vorläufigkeit des experimentellen Wissens sowie die Kontrollierbarkeit der Forschungssituation ab. Letztlich nutzt Dewey aber in seinen Ausführungen fast durchgehend den Begriff der Erkenntnis beziehungsweise des Erkennens, der in diversen Erläuterungen und Definitionen alle genannten Facetten von Überzeugung und gerechtfertigter Behauptung umfasst.

Eine Erklärung für die zeitgenössische Geringschätzung praktischen Erkenntnisgewinns sucht Dewey jedenfalls in dem primär als sensualistisch definierten Begriff von Erfahrung, der vorwissenschaftlich und unsystematisch sei. Ein solcher Erfahrungsbegriff ziele üblicherweise auf ein im unsystematischen Alltagshandeln erworbenes Wissen, welches »man ohne Kontrolle durch die Einsicht besaß, wenn dieser Erfahrungsbestand beim Umgang mit aktuellen Situationen sich als praktisch tauglich erwies« (Dewey 2013: 84). Empirisches Wissen erschöpft sich dann in der reinen Deskription funktionierender Lösungen, ohne systematische Überlegungen zu Ursachen oder Effekten vorzusehen.

Als Beispiel führt Dewey aus, ein praktischer Arzt könne durch Erfahrung über Diagnosefertigkeiten verfügen, ohne die Ursachen für das Entstehen einer Krankheit oder die Gründe für erfolgreiche Behandlungsarten zu verstehen (Dewey 2016: 54). Solche »Erfahrungen ohne Einsicht in Prinzipien« (Dewey 2016: 54) seien im Hinblick auf einen systematischen und kontrollierten Erkenntnisgewinn dann tatsächlich der reinen Theorie unterlegen. Dies gilt nach Dewey jedoch nicht für einen Erfahrungsbegriff, der die Herstellung empirischen Wissens im experimentellen Vorgehen vorsieht. Kontrolle, Regulierung, Ursache und Wirkung sind in der Konzeption experimenteller Erfahrung zentral. Das heißt, die experimentelle Erfahrung sieht eine kontinuierliche kontrollierte Veränderung des Forschungsgegenstands vor, wobei die erzeugten Resultate jeweils als Ausgangspunkt weiterführender Experimente dienen (Dewey 2013: 89). Das Erkennen wird dann definiert als eine Art des praktischen Handelns, »und zwar die Art der Interaktion, durch die andere natürliche Interaktionen der Steuerung unterworfen werden« (Dewey 2016: 109).

Als eingreifendes Handeln verändert die experimentelle Wissensgenerierung mit dem Ziel der Problemlösung dann sowohl die Erkenntnisgegenstände als auch die erkennenden Subjekte (Kertscher 2015: 40). Erkennen ist demnach instrumentell, »es bezeichnet eine vorübergehende Neuausrichtung und Neuanordnung des Wirklichen [...] es steht in einer Mitte zwischen einer relativ beiläufigen und zufälligen und einer relativ geklärten und bestimmten Erfahrung und Realität« (Dewey 2013: 295). Erkenntnisse, Hypothesen, Theorien, Methoden, Technologien sind im experimentellen Prozess Mittel, Instrumente, die der Lebensbewältigung dienen – in diesem Sinne bezeichnet Dewey seine Variante des Pragmatismus als Instrumentalismus (Dewey 2013: 298). Der Instrumentalismus versteht Theorien als »geistige Werkzeuge für die Prognose gewisser Phänomene; sie seien Regeln, mit deren Hilfe herausgefunden werden soll, was in bestimmten Fällen geschehen wird« (Hacking 1996: 55).

Ein spezifisches Merkmal des experimentellen Vorgehens ist hierbei, dass an die Stelle von Erfahrungsgegenständen abstrakte Daten treten (Dewey 2013: 101). Die allgemeinen Regeln sind dann üblicherweise statistisch generiert, beispielsweise als »Durchschnittswerte großer Mengen beobachteter Häufigkeiten« (Dewey 2013: 248). Diese stellen in der Untersuchung »geistige Werkzeuge oder Instrumente« (Dewey 2013: 207) dar, die der Hypothesenbildung dienen. Die datenmäßige Betrachtung erlaubt es dem Forscher, »hinter die unmittelbaren Qualitäten, die der Gegenstand der direkten Erfahrung präsentiert« (Dewey 2013: 107), zu gelangen.

Dies führt Dewey am Beispiel des Wassers aus: Solange das Wasser als der »glitzernde, wellige Gegenstand mit der Vielfalt von Qualitäten, die Auge, Ohr und Gaumen erfreuen« (Dewey 2013: 108) direkt erfahren wird, ist es innerhalb eines experimentellen Settings als Forschungsgegenstand – jenseits vom einfachen Erhitzen – nur schwerlich zu variieren, zu kontrollieren oder gar zu korrelieren. In formelhafter Abbildung als H_2O kann man das Wasser jedoch »allen möglichen anderen Arten der Kontrolle zuführen und anderen Verwendungen anpassen« (Dewey 2013: 108). Entsprechende Formeln, Konventionen und Maße erweisen sich dann als »intellektuelle Werkzeuge, durch die alle Arten von Dingen, auch wenn sie keinerlei qualitative Ähnlichkeit miteinander besitzen, verglichen und in dasselbe System gebracht werden können« (Dewey 2013: 128). Die Bedeutsamkeit der mit der experimentellen Erfahrung verbundenen Formelhaftigkeit und Quantifizierung liegt demnach in der Kommensurabilität, das heißt, der potentiellen »Übersetzbarkeit verschiedener Phänomene in die Begriffe der jeweils anderen« (Dewey 2013: 100). Dass im Zuge der experimentellen Erfahrung die »Gegenstände des Denkens [...] in Zahlen ausgedrückt« (Dewey 2013: 241) werden, ermöglicht deren Korrelation, Kontrolle, Variation – und somit potentiell die Herstellung neuer Erkenntnis.

Experimentelle Erfahrungen können dann zu einem umfassenderen Verstehen beitragen: »Wenn unsere Gefühle durch Verstehen aufgeklärt sind, sind sie Organe, mit denen wir den Sinn der natürlichen Welt ebenso wahrhaft erfassen wie durch Erkenntnis, jedoch mit größerer Fülle und Intimität« (Dewey 2013: 297). Ein solch aufgeklärter, zugleich rationaler und emotionaler Umgang mit Alltagsdingen erfordert einen experimentellen Zugang und somit »eine vermittelnde und vorübergehende Phase der Distanzierung und Abstraktion. Die kälteren und weniger intimen Erkenntnisvorgänge schließen ein zeitweiliges Absehen von den Qualitäten und Werten ein, an die unsere Neigungen und Genüsse gebunden sind« (Dewey 2013: 297).

Dass jedoch auch die abstrakten, quantifizierten Aussagen keinen unbedingten Faktizitätscharakter haben, sondern ebenfalls sozial und historisch bedingt sind, führt Dewey umfassend in einem »Die Funktion von Quantitätsaussagen im Urteil« (Dewey 2016: 238) überschriebenen Kapitel in seiner »Logik« aus. Anschaulich erläutert er hier, das Entstehen von Konventionen der Messung: »Aber in Wirklichkeit legen wir Maßstäbe [...] fest, um verschiedene Objekte und Ereignisse aus diese Weise intelligent miteinander vergleichen zu können, um Tätigkeiten, die mit konkreten Objekten und Angelegenheiten befasst sind, eine Lenkung zu geben« (Dewey 2016: 257). Das Messen dient somit, kurz gesagt, der »Erleichterung der Forschung« (Dewey 2016: 257). Die Quantifizierung menschlicher Erfahrung ist demnach eine wirksame Methode, die »Dinge zu denken« (Dewey 2013: 137, 161).

Zugleich verlieren jedoch durch die Transformation von Erfahrungsgegenständen in Zahlen selbige an qualitativen Merkmalen: Dewey führt hierzu aus, »dass die experimentelle Methode dadurch, dass sie Gegenstände auf Daten reduziert, die Erfahrungsdinge ihrer Qualitäten beraubt« (Dewey 2013: 139). Aus wissenschaftlicher Perspektive sei dieser Raub jedoch, »eine Bedingung der Kontrolle [...], die es uns ermöglicht, die Gegenstände der Erfahrung mit anderen Qualitäten auszustatten, deren Besitz wir den Gegenständen wünschen« (Dewey 2013: 139). Die Quantifizierung ist demnach die Grundlage der experimentellen Variation, welche wiederum die Bedingung für eine produktive Veränderung des Erfahrungsobjektes darstellt.

Zentral in diesem Zusammenhang ist der Einsatz von Technologien. Durch die Verwendung von Mikroskopen, Teleskopen, Spektroskopen oder Interferometern werden im Experiment, so Dewey, die »praktischen Mängel der Sinne« (Dewey 2013: 85) behoben und Abstraktionen forciert. So führt Dewey (2013: 127) aus, dass das »eigentlich Wichtige in der Geschichte der modernen Erkenntnis [...] die Verstärkung der aktiven Tätigkeiten mit Hilfe von Instrumenten, Geräten und Apparaten« sei. Durch die mit den Technologien verbundene Abstraktion lassen sich Beziehungen aufzeigen, die andernfalls unentdeckt blieben. Weiterhin sei der Technologieeinsatz »einer systematischen Variation von Bedingungen (dienlich), um auf diese Weise eine Reihe von Veränderungen in dem untersuchten Ding zu erzeugen« (Dewey 2013: 90). Diese systematische Variation quantifizierter Erfahrung wiederum ist die Grundlage experimenteller Wissenserzeugung.

Dewey folgt dabei nicht der verbreiteten Kritik, dass durch die in der experimentellen Betrachtung erforderte Abstraktion die Alltagswelt an Lebendigkeit verliere (Dewey 2013: 101). Vielmehr wird – wie oben bereits angedeutet – die zur experimentellen Wissensgenerierung notwendige Abstraktion als »die einzige Art Flucht aus der überwältigenden Wirklichkeit« (Dewey 2013: 163) verstanden. Das heißt, erst eine künstliche Simplifizierung der durch Komplexität charakterisierten Erfahrungswelt ermöglicht die experimentelle Analyse (Dewey 2013: 218). Die Quantifizierung und Formelhaftigkeit ist hierbei ein Hilfsmittel, welches sich jedoch im Fortlauf des experimentellen Vorgehens wieder mit dem »reichen qualitativen Gegenstand der gewöhnlichen Erfahrung« (2013: 134) versöhnt. Die durch Quantifizierung gewonnenen Möglichkeiten sind somit »oft ein Mittel zu einer späteren Rückkehr zu realen Handlungen, die eine auf andere Weise nicht erreichbare Reichweite und durchdringende Bedeutung haben« (Dewey 2013: 163).

Am Beispiel der ärztlichen Untersuchung wird deutlich, dass der von Dewey konzipierte Erkenntnisgewinn nicht auf das Eruieren allgemeiner Naturgesetze zielt, sondern vielmehr auf die ergebnisorientierte Untersuchung individueller Fälle (Dewey 2013: 234). Im Fall der medizinischen Diagnose stellt der Zustand des Patienten das ursprüngliche Erfahrungsmaterial dar, das durch »Abhorchen, Abklopfen, Messen des Pulses, der Temperatur, der Atmung usf.« (Dewey 2013: 175) analytisch beobachtet wird. Diese Beobachtungen haben für sich allein genommen jedoch keinerlei Bedeutung, sondern sind »im Lichte des systematisierten Wissens der Medizin« (Dewey 2013: 175) zu interpretieren. Ein Arzt weist dann Geschicklichkeit auf, wenn er erstens »nur diejenigen Aspekte oder Teile des Erfahrungsganzen, die als relevant dafür angesehen werden, zu einer Schlussfolgerung hinsichtlich der Natur des Leidens zu kommen« (Dewey 2013: 175) berücksichtigt. Für die ärztliche Diagnose heißt das konkret, dass »erst einmal aus der Masse an präsentierten Qualitäten diejenigen ausgewählt werden (müssen), die, im Unterschied zu anderen Qualitäten, Licht auf die Natur des Problems werfen« (Dewey 2013: 179). Zweitens müssen jene Qualitäten unter Rückgriff auf bestehende Theorien interpretiert werden, die »ihm dabei helfen können, die Natur des Problems und seine richtige Behandlung zu beurteilen« (Dewey 2013: 175). Dieses Vorgehen stellt insofern eine Umkehrung des wissenschaftlichen Denkens dar, als dass hier das Ziel der Analyse nicht darin besteht, allgemeine Gesetze zu ermitteln. Vielmehr steht im Vordergrund, durch den Rückgriff auf allgemeine Gesetze Erkenntnisse zum individuell beobachteten Fall zu erzeugen. So wird der individuelle Fall »zum Maß der Erkenntnis« (Dewey 2013: 206). Dem Arzt beispielsweise dienen allgemeine medizinische Gesetze dann als »Hilfsmittel, um seine Beobachtungen des besonderen Falles zu lenken« (Dewey 2013: 208), als »Bezeichnungen von Relationen, die hinreichend stabil sind, um die Möglichkeit von Voraussagen individualisierter Situationen – denn jedes beobachtbare Phänomen ist individuell – in Grenzen genauer bestimmter Wahrscheinlichkeit zu erlauben« (Dewey 2013: 207). Im zirkulären Zusammenspiel von allgemeinem Gesetz und empirischer Beobachtung wird letztlich eine handlungsleitende ärztliche Diagnose hergestellt.

Neben der ärztlichen Diagnose veranschaulicht Dewey seine erkenntnistheoretischen Überlegungen auch am Beispiel des richterlichen Urteils. Vor Gericht ist – entlang der Logik des 5-Stufen-Modells – im Wechselspiel eines durch Zeugen dokumentierten Tatbestands auf der einen und gesetzlichen Regeln auf der anderen Seite ein Urteil zu fällen (Dewey 2016: 150). Das individuelle Urteil erweist sich dann als handlungsanleitend – es ist nicht »Ziel an sich, sondern eine Entscheidungsdirektive für zukünftige Tätigkeiten« (Dewey 2016: 151). Aufgrund des Urteils erfolgt eine Bewährung, eine Geld- oder Gefängnisstrafe oder auch eine Freilassung des Beschuldigten: »Der Urteilsspruch selbst ist eine Aussage, die sich freilich von den Aussagen, die während des Verfahrens gemacht wurden, ob sie nun Tatbestände oder Rechtsbegriffe betreffen, darin unterscheidet, dass sie in Operationen wirksam sind, die eine neue qualitative Situation schaffen« (Dewey 2016: 151). Die während des Verfahrens getätigten Aussagen stellen wiederum fortlaufend modifizierte Mittel dar, die der sukzessiven Urteilsfindung dienen, während das Urteil selbst der Schaffung einer neuen Situation dient und als solches endgültig ist. Da Dewey von einer mit Präzedenzfällen argumentierenden amerikanischen Rechtsprechung ausgeht, lässt sich im Falle des Gerichtsurteils – wie bei der ärztlichen Diagnose – der Individualcharakter des Untersuchungsergebnisses herausstellen. Krüger (2000: 215) konstatiert, dass dieser Weg von der individuellen Problemsituation zur singulären Lösung das Spezifikum der deweyschen Logik ausmache. Ein experimenteller Prozess gilt als beendet, wenn die hergestellte Erkenntnis als singuläre Lösung zur individuellen Problemsituation fungiert. Das Präzedenzurteil – und gleiches gilt für die ärztliche Diagnose – sei dann »auf eine derart repräsentative Weise exemplarisch [...], dass es für andere künftige Fälle relevant und insofern universalisiert werden kann, ohne dadurch dem individuell (unteilbar) holistischen Charakter des als einzigartig erlebten Ausgangsfalles unangemessen zu werden« (Krüger 2000: 210).

Wissenschaftliches Wissen muss somit weder die Erfahrungswirklichkeit abbilden, noch »die Welt als Ganzes« (Dewey 2013: 296) umfassen. Vielmehr folgt die Wissensgenerierung eigenen Logiken, das heißt, »dass Erkenntnis sich strikt um ihre eigenen Angelegenheiten kümmert – die Verwandlung undurchsichtiger und ungeklärter Situationen in solche, die besser beherrscht und bedeutungsvoller sind« (Dewey 2013: 296). In diesem Sinne ist die experimentelle Praxis eine »Kunst der Beherrschung« (Dewey 2013: 102). Dabei gelingt das Durchführen von Experimenten, die »die Welt, in der wir leben, auf irgendeine Weise, in kleinerem oder größerem Umfang, neu einrichten und rekonstruieren« (Dewey 2013: 141), nur, wenn sowohl bei der Auswahl angemessener Sinnesdaten sowie begrifflicher Theorien Geschicklichkeit an den Tag gelegt wird (Dewey 2013: 173). Im Zuge der Wissensgenerierung ist demnach die Auswahl der zu berücksichtigenden Sinnesdaten theoriegesteuert wie sich gleichermaßen die theoriegestützte Analyse als datengetrieben darstellt – Empirie und Theorie bedingen sich wechselseitig, keins der beiden Elemente funktioniert im experimentellen Forschungsprozess für sich allein (Dewey 2013: 176). Zur Durchführung eines wirksamen Experiments ist zudem Urteils- sowie Handlungsfähigkeit vonnöten, was Dewey mit dem Begriff der Intelligenz umschreibt. Intelligentes Problemlösen erfordert somit – vor dem Hintergrund eines experimentellen Settings – Vorstellungsvermögen und Prognosefähigkeit, um durch die »Auswahl und Anordnung von Mitteln, […] bestimmte Konsequenzen zu bewirken« (Dewey 2013: 214).

Neben der angestrebten singulären Problemlösung zielt der experimentelle Erkenntnisgewinn deshalb auch stets auf einen Fortschritt hinsichtlich der eingesetzten Technologien und Verfahren (Dewey 2013: 127) – das Untersuchungsziel besteht somit auch »in der Verbesserung der Methoden und in der Bereicherung der Erfahrungsgegenstände« (Dewey 2013: 296). Dewey geht soweit, für die experimentelle Naturwissenschaft von einem »Supremat der Methode« zu sprechen. Während Theorien und Begriffe stets hypothetisch, vorläufig und im Rückblick vielfach falsch seien, bilde das fortlaufend verbesserte Methodeninstrumentarium ein beständiges Element im experimentellen Forschungsprozess (Dewey 2013: 192f.). Aus diesem Grund konstatiert Dewey auch im Übergang von der Philosophie zur experimentellen Naturwissenschaft einen erkenntnistheoretischen Paradigmenwechsel. Während das Philosophieren in abendländischer Tradition als kognitive Suche nach absoluter Gewissheit umschrieben wird, stellt das naturwissenschaftliche Experimentieren eine erfahrungsbasierte »Suche nach Sicherheit durch praktische Mittel« (Dewey 2013: 29) dar.

Verbreitet sich das experimentelle Denken, so müsste demzufolge nach und nach »die Suche nach Gewissheit zur Suche nach Methoden der Kontrolle (werden); das heißt, nach Methoden, um die Bedingungen der Veränderung mit Hinblick auf ihre Konsequenzen zu regulieren« (Dewey 2013: 131). Dieser Gedanke der sukzessiven Verbesserung der Methoden findet sich weiter ausgearbeitet in der Erkenntnistheorie von Gaston Bachelard. Ebenso wie John Dewey und Ludwik Fleck nimmt – wie im nächsten Kapitel näher erläutert wird – der französische Wissenschaftshistoriker und -philosoph zu Beginn des 20. Jahrhunderts die experimentelle Herstellung naturwissenschaftlichen Wissens in den Blick.

2.3. Gaston Bachelard: Vom alten zum neuen wissenschaftlichen Geist

Gaston Bachelard, der 1884 in der Nähe von Paris geboren wurde, beschritt als Postangestellter zunächst einen weniger akademischen Berufsweg, der ihn jedoch über eine Tätigkeit als Physik- und Chemielehrer letztlich auf eine Professur für Geschichte und Philosophie der Wissenschaften an die Sorbonne führte. Obwohl er als universitärer Lehrer einen sehr guten Ruf genoss, erschien er vielen in der wissenschaftlichen Community, so mutmaßt zumindest Kopper (1978: 177), als Autodidakt und disziplinärer Außenseiter. Die Erkenntnistheorie von Bachelard wird im Folgenden insbesondere im Rückgriff auf die Monographien »Der neue wissenschaftliche Geist« (1988, frz. Original 1934), »Die Bildung des wissenschaftlichen Geistes. Beitrag zu einer Psychoanalyse der objektiven Erkenntnis« (2016/dt. zuerst 1987, frz. Original 1938) sowie »Die Philosophie des Nein. Versuch einer Philosophie des neuen wissenschaftlichen Geistes« (1978, frz. Original 1940) skizziert.

Ein Ausgangspunkt der erkenntnistheoretischen Überlegungen von Bachelard ist, dass unmittelbare Alltagserfahrungen wissenschaftliche Erkenntnis tendenziell vereiteln (Bachelard 2016: 59ff.). Das heißt,

Bachelard verneint mit seiner Erkenntnistheorie jede Möglichkeit der sensualistischen Generierung wissenschaftlichen Wissens. An zahlreichen historischen Beispielen zeigt er auf, dass insbesondere die erste, unmittelbare, methodenfreie Alltagserfahrung voreilige Gewissheiten vermittele, welche »die objektive Erkenntnis eher hindern als fördern« (Bachelard 2016: 306). Durch die sinnliche Erkenntnis, so Bachelard, kommt es zu »innerer Befriedigung, nicht zu rationaler Evidenz« (Bachelard 1971: 133). Als ein Beispiel für das epistemologische Hindernis des anfänglichen Realismus nennt Bachelard die Empfindungen des Geruchs- und Geschmackssinns in der chemischen Analyse: »Wie der Geruch vermag auch der Geschmack dem Substantialismus eine erste Sicherheit zu bieten, die sich dann als erstes Hindernis für die chemische Erkenntnis erweist« (Bachelard 2016: 187). Neben dem Erkenntnishindernis der ersten Erfahrung erläutert Bachelard in »Die Bildung des wissenschaftlichen Geistes« weitere Erkenntnishindernisse, die sich aus Verallgemeinerungen (Bachelard 2016: 103ff.), Metaphern (Bachelard 2016: 127ff.), Substantialismen (Bachelard 2016: 158ff.) und Animismen (Bachelard 2016: 225ff.) sowie Formen der Quantifizierung (Bachelard 2016: 306) ergeben.

Erkenntnishindernissen, die sich im historischen Rückblick in der Forschung zur Ernährung erkennen lassen, widmet Bachelard dabei ein eigenständiges Kapitel. So zeigt er im Kapitel »Der Mythos der Verdauung« (Bachelard 2016: 251ff.) auf, inwiefern die ernährungsbezogenen Vorstellungen verschiedener Epochen den wissenschaftlichen Erkenntnisfortschritt erschweren. Die im 18. Jahrhundert populäre »Mühlen-Theorie des Magens« beispielsweise behauptet, dass sich Nahrungsmittel in den Mägen von Läufern leichter zersetzten, da sie einer großen Reibung ausgesetzt seien (Bachelard 2016: 194). Solche, das allgemeine Denken prägende Vorstellungen zur Ernährung erschwerten den wissenschaftlichen Fortschritt – und das nicht nur in ernährungsbezogenen Fragen. So wollten Alchimisten zu Beginn des 18. Jahrhunderts chemische Reaktionen dadurch in Gang setzen, dass sie diese mit Brot und Milch fütterten (Bachelard 2016: 258). Auch die Härtung des Stahls wurde unter dem Einfluss mystischer Ideen durch die Zugabe von Fetten, Tierteilen oder Knoblauch voranzutreiben gesucht. Bachelard zeigt historische Arbeiten auf, in denen gar die ganze Welt als »gewaltiger Verdauungsapparat« verstanden wird. Resümierend schreibt er, dass sich in der Geschichte der (Ernährungs-)Forschung eine Vielzahl solcher Bilder finde, die zeitgenössisch aus wissenschaftlicher Perspektive nutzlos seien, »dem vorwissenschaftlichen Geist aber durchaus erklärungskräftig genug erscheinen« (Bachelard 2016: 260). Doch die epistemologischen Hindernisse im Ernährungsbereich sind nach Bachelard noch vergleichsweise gering ausgeprägt: »Verglichen mit dem Mythos der Zeugung ist der Mythos der Verdauung blass« (Bachelard 2016: 269). Zu den zahlreichen in »Libido und objektive Erkenntnis« (Bachelard 2016: 269ff.) angeführten Erkenntnishindernissen konstatiert Bachelard in einem eigenen Kapitel zu den Erkenntnishindernissen in der Forschung zur Fortpflanzung zusammenfassend, dass hier insbesondere eine »unsolide Vulgarisierung« abstraktes Denken verhindere. Auch wenn die Analyse von Erkenntnishindernissen ein wissenschaftshistorisches Vorgehen voraussetzt beziehungsweise nur im Rückblick funktioniert, schwingt stets die Annahme mit, dass auch das Wissen von heute schon morgen gestrig sein kann – so ist sich Bachelard beispielsweise hinsichtlich der analytischen Angemessenheit der in der Ernährungsforschung seinerzeit aktuellen kalorischen Messungen unsicher, »ob die gegenwärtig gebräuchliche Übersetzung des Wertes von Nahrungsmittel in Kalorien der Realität angemessener ist als diese einfachen Bilder« (Bachelard 2016: 256). Die Ausführungen zu den zahlreichen Erkenntnishindernissen untermauern jedenfalls Bachelards Position, dass wissenschaftliches Wissen sich nicht durch unmittelbare Anschauung, sondern vielmehr gegen die alltägliche Erfahrung, »gegen das, was in uns und außerhalb unserer Selbst Anstoß und Weisung der Natur ist, gegen die Vereinnahmung durch die Natur, gegen die bunten und vielgestaltigen Tatsachen« (Bachelard 2016: 59) bildet.

Mit Bachelard müssen wir dann zwar »nach den Wurzeln unseres Erkennens zurückfragen, doch nur, um uns davon zu lösen« (Lepenies 2016: 22). Alltägliche Erkenntnis dient lediglich als Abgrenzungsfolie für den wissenschaftlichen Erkenntnisgewinn. In diesem Sinne erfordert empirische Forschung einen »epistemologischen Bruch«: Wissenschaftliches Erkennen bedingt demnach, dass die kontra-intuitiven, verworrenen Erscheinungen der Natur und des Alltagslebens systematisch erfasst, abstrahiert und geordnet werden. »Weil der erste Blick niemals auch der beste ist« (Bachelard 1988: 18), ist die wissenschaftliche Analyse auf methodische und technische Vorkehrungen angewiesen: Durch Mathematisierung und Abstraktion wird »der anfängliche Realismus ausgeräumt« und so im epistemologischen Bruch ein Wissensfortschritt erzeugt (Bachelard 1988: 65).

In der impliziten Annahme einer »Überlegenheit der abstrakten und wissenschaftlichen Erkenntnis über die unmittelbare und intuitive« (Bachelard 2016: 169) kommt unter anderem zum Ausdruck, dass Bachelard seine Wissenschaftsphilosophie unter dem Einfluss der zeitgenössischen Entwicklungen in der Physik verfasst: Mit Blick auf die Quanten- oder Hochenergiephysik plausibilisiert sich die Annahme, dass Alltagserfahrungen als Ausgangspunkt wissenschaftlicher Erkenntnis wenig dienlich sind. Wissenschaftliche Erkenntnis arbeitet sich in Bachelards Konzeption vielmehr produktiv an der Alltagserfahrung ab – die Kluft zwischen der vertrauten und der wissenschaftlichen Bedeutung eines Erkenntnisgegenstands trägt zum Erkenntnisfortschritt bei: »Eine wissenschaftliche Erfahrung ist demnach eine Erfahrung, die der gewohnten Erfahrung widerspricht« (Bachelard 2016: 44). Bachelard versteht somit das experimentelle Vorgehen der Naturwissenschaft als epistemologische Orientierungsgröße und formuliert davon ausgehend eine »prozessuale Alternative zu den Begründungs- und Fundierungsszenarien, welche die Wissenschaftsphilosophie des zwanzigsten Jahrhunderts bestimmen« (Pravica 2015: 13). Erkenntnisfortschritte der modernen Naturwissenschaft sind somit nur unter Rückgriff auf klare Rationalismen, Gesetze, Theorien denkbar, welche sich ihrerseits wiederum nur in ihrer empirisch-experimentellen Anwendung belegen lassen (Bachelard 1978: 20).

Neben diesem Wechselverhältnis von Theorie und Empirie verweist Bachelard auch auf die soziale Verfasstheit wissenschaftlichen Wissens: Die Gemeinschaft der Wissenschaftler tritt quasi zwischen den Forscher und das fokussierte Erkenntnisobjekt – Wissenschaft erfordert somit einen diskursiven Austausch zur »Angleichung der Geister«. Dies verdeutlicht er im Vergleich der wissenschaftlichen Wissensgenerierung mit einer einerseits radikal individualisierten sowie andererseits ausschließlich an der Gesellschaft orientierten Erkenntnisproduktion.

Erstere, die radikal individualisierte Erkenntnisproduktion, sei nicht auf Angleichung angewiesen und könne deshalb »Erkenntnis im Pittoresken und Suggestiven suchen; die Welt wäre unsere Vorstellung« (Bachelard 1988: 17). Zweitere erfordere hingegen, dass »Erkenntnis im Allgemeinen, Nützlichen, Konventionsgemäßen (zu) suchen (sei); die Welt wäre unsere Konvention« (Bachelard 1988: 17). Die wissenschaftliche Erkenntnisproduktion hingegen zeichne sich dadurch aus, dass sie die »Doppelbedeutung des Objektivitätsideals« (Bachelard 1971: 16), das heißt, die »zugleich reale und soziale Bedeutung der Objektivierung« (Bachelard 1988: 16) umzusetzen habe. Diese Umsetzung sei überindividuell, finde stets jenseits des unmittelbaren Objekts statt und habe zwingend durch die erforderliche Diskursivität und experimentelle Zeitlichkeit Projektcharakter: »Wir rufen die Geister zur Übereinstimmung auf, wenn wir eine wissenschaftliche Neuigkeit verkünden und dabei im selben Zug einen Gedanken und eine Erfahrung vermitteln, die wir in einer Verifikation miteinander verknüpfen: Die wissenschaftliche Welt ist also unsere Verifikation« (Bachelard 1988: 17). In einer Synthese aus rationalen, technischen und sozialen Merkmalen entsteht somit im wissenschaftlichen Vorgehen eine spezifische Form bachelardscher Objektivität: »Wenn man ein einziges dieser drei Merkmale der modernen szientifischen Kultur vergisst, betritt man das Reich der Utopie« (Bachelard 1971: 155). Wissenschaftliche Objektivität ist nicht »etwas Gegebenes, sondern etwas in einem Prozess der Objektivierung Hervorgebrachtes, das Ergebnis einer doppelten Anmessung: der Phänomene und der Geister« (Rheinberger 2007: 43).

Der neue wissenschaftliche Geist abstrahiert von Dualismen wie Idealismus und Empirismus, Theorie und Praxis. Stattdessen macht er eine »Doppeldeutigkeit wissenschaftlicher Verifikation (aus), die sich stets zugleich im Bereich der Erfahrung und im Bereich des Denkens bewegt, stets zugleich den Bezug auf die Realität und den Bezug auf die Vernunft umfasst« (Bachelard 1988: 9). Bachelard lässt somit als Fundament wissenschaftlicher Erkenntnis weder die den Idealismus charakterisierende Unmittelbarkeit des denkenden Subjekts, noch die für den Empirismus konstatierte Annahme, »im Strom der Sinnesdaten einen unverstellten Zugang zur Wirklichkeit« (Brühmann 1980: 84) zu finden, gelten. Das heißt, die Generierung wissenschaftlichen Wissens entzieht sich sowohl einer essentialistischen als auch einer phänomenologischen Argumentation. Diese antidualistische Haltung untergräbt jede »imaginäre Sicherheit einer erkenntnistheoretischen Begründung des Wissens« (Brühmann 1980: 84). Vielmehr überwindet der »neue wissenschaftliche Geist« die in Opposition gebrachten Ansätze, um in einem epistemologischen Raum »zwischen Theorie und Praxis, zwischen Mathematik und Erfahrung« (Bachelard 1978: 20) Wissen zu generieren.

Theorien sind demnach in einem tentativen experimentellen Vorgehen zu überprüfen, wobei die erforderliche Experimentalanordnung zugleich einer theoretischen Unterweisung bedarf. Wissenschaftliche Tätigkeit erfolgt somit in einer »Synthese der metaphysischen Gegensätze«: »Wenn sie experimentiert, muss sie auf Vernunftgründe zurückgreifen; wenn sie von Vernunfterwägungen ausgeht, muss sie experimentieren. Anwendung ist stets Überschreitung« (Bachelard 1988: 9). Die Annahme, dass Anwendung mit Überschreitung einhergeht, bringt dabei zweierlei auf den Punkt: Erstens verweist der in Bachelards Ausführungen zentrale Begriff der »Anwendung« auf die praxisbezogene Konzeption der Erkenntnisproduktion (Pravica 2015: 137ff.). Naturwissenschaftliche Erkenntnis entsteht in einem Prozess, das heißt, in der experimentellen Zeitreihe des Labors. Eine adäquate Analyse der Herstellung wissenschaftlichen Wissens kann nur durch die Beobachtung des konkreten wissenschaftlichen Tuns erfolgen. Bachelard rät somit an, »erst einmal genau hinzusehen, was in den Laboratorien geschieht und wie es in ihnen zugeht« (Rheinberger 2007: 38). Dass die Anwendung stets Überschreitung impliziert, verweist weiterhin auf den transzendenten Charakter experimentellen Arbeitens: Die mit Instrumenten arbeitende Wissenschaft transzendiert die Alltagserfahrung. Das heißt, der »subjektive Erkenntnisvorgang (muss sich) in einem Akt phänomenotechnischer Veräußerung und Überbietung gewissermaßen selbst überlisten, um zu jenen Erkenntnissen zu gelangen, der der antizipierenden Einbildungskraft nicht zugänglich, weil jenseits der Alltagserfahrung angesiedelt sind« (Rheinberger 2006: 32). Moderne Wissenschaft ist deshalb durch technische Instrumente geprägt, sogar »konstitutiv instrumentell vermittelt« (Rheinberger 2007: 39). Im wissenschaftlichen Experiment, so Bachelard, »muss man die Phänomene sortieren, filtrieren, reinigen, in die Gussform der Instrumente gießen; ja sie werden auf der Ebene der Instrumente erzeugt« (Bachelard 1988: 18). Dies kommt im Begriff der »Phänomenotechnik« zum Ausdruck, der auf das experimentelle Setting in einem umfassenderen Sinne zielt, aber insbesondere den technischen Laborinstrumenten einen zentralen Stellenwert zuweist. Unter Einsatz der Phänomenotechnik gelingt nach Bachelard im experimentellen Forschen ein vorderhand paradoxer Schulterschluss von Theorie und Empirie, von Technik und Wahrnehmung: Die wissenschaftliche Erkenntnis widersetzt sich der Alltagserfahrung, ist aber zugleich in der experimentellen Analyse der empirischen Erfahrung zugänglich (Pravica 2015: 117). Beispielhaft führt Bachelard das Vermessen der Körpertemperatur durch ein Thermometer an: »Man sieht die Temperatur auf einem Thermometer; aber man empfindet sie nicht« (Bachelard 1978: 24). Das heißt, die Temperatur in Grad Celsius lässt sich als solche zwar an der Säulenhöhe ablesen, aber nicht unmittelbar erfahren – dabei geht es nicht um die Frage, inwiefern die Säulenhöhe mit der empfundenen Wärmeintensität korrespondiert (Olesen 1997: 240). Bachelard bringt vielmehr zum Ausdruck, dass einerseits eine voraussetzungslose, unmittelbare, theoriefreie Erfahrung keinerlei Erkenntnis hinsichtlich der Temperatur in Grad Celsius ermöglicht. Und andererseits selbst das »subjektive Empfinden« immer schon durch sozioepistemische Praktiken vorstrukturiert ist. So fährt Bachelard fort, dass man ohne eine Theorie nie wisse, »ob das, was man sieht und das, was man empfindet, demselben Phänomen entspricht« (Bachelard 1978: 24). Bachelards Annahme ist somit, dass das theoriegenerierte Messinstrument die wissenschaftliche Erkenntnis konstruiert. Dies verweist jedoch keinesfalls auf eine Beliebigkeit der Konstruktion wissenschaftlichen Wissens, sondern vielmehr darauf, dass die Wissenschaft voranschreitet, »indem sie das vorliegende Wirkliche vom Konstruierten her erklärbar macht«

(Olesen 1997: 240). Dazu gehört auch, dass den Instrumenten im Konstruktionsprozess ein objektivierender Charakter zukommt, was Bachelard am Beispiel des Morgentaus ausführt: Dieser falle weder – wie es die erste Erfahrung nahelege – vom Himmel, noch träte er aus den Pflanzen hervor, sondern sei vielmehr durch »das grundlegende Gesetz der Hygrometrie rationalisiert, das den Dampfdruck mit der Temperatur verbindet« (Bachelard 1971: 136). In diesem Zusammenhang vermittele das Hygrometer »eine Objektivitätsgarantie, die aus einer einfachen ›natürlichen‹ Beobachtung weniger leicht zu gewinnen ist« (Bachelard 1971: 136). Aus Perspektive der Forschenden führt der Einsatz der Phänomenotechnik und der durch diese generierte epistemologische Bruch, so Diaz-Bone (2008: 58), dann zur »Konstruktion einer selbstreflexiven Beobachtung«: So wird durch den Einsatz der Phänomenotechnik eine distanzierte Beobachterposition ermöglicht, welche jedoch zugleich die »methodologische Sorge zum Zuge kommen (lässt), ob die Strategien, Techniken und Praktiken nun ihrerseits eine Realisierung derselben Theorie sind, die eingesetzt werden soll, um die Phänomene mit zu konstruieren. Die bachelardsche Epistemologie bereitet damit die Selbstanwendung der Analyseprinzipien [...] vor: der epistemologische Bruch wird reflexiv« (Diaz-Bone 2008: 58).

Wissenschaftliche Instrumente und Theorien sind in diesem experimentellen Zirkel in doppelter Hinsicht verwoben: Instrumente stellen »verdinglichte Theoreme« (Rheinberger 2006: 40) dar, die in ihrer Verwendung zugleich die erzeugten Erkenntnisse prägen; die eingesetzten Instrumente stellen Erkenntnisse her, »die allenthalben die Prägemale der Theorie zeigen« (Bachelard 1988: 18). In diesem Sinne lernt die Phänomenotechnik aus dem, was sie konstruiert (Bachelard 1988: 18).

Dieser von Bachelard mit dem Begriff der »Rekurrenz« belegte Konstruktionsprozess wissenschaftlicher Erkenntnis stellt sich dann zugleich als retrospektiv und nach vorne hin offen dar: »Der wissenschaftliche Geist ist seinem Wesen nach eine Korrektur von Wissen, eine Erweiterung des Rahmens von Erkenntnis« (Bachelard 1988: 171). Mit dem epistemologischen Bruch beginnt somit im Experiment eine permanente Prüfung und Neuorientierung der je aktuellen Wahrheit, die sich als solche durch die Doppelrolle »einerseits als Richterin über die Vergangenheit, andererseits aber auch als Angeklagte in einem Dauertribunal« (Rheinberger 2006: 45) auszeichnet. Die im Zeitreihenexperiment des Labors versinnbildlichte »Selbstberichtigungsdynamik« (Pravica 2015: 155) besteht in einem steten Abgleich mit früherem Wissen, in einem Vorgang permanenter Korrektur. Im Zusammenspiel »der empiristischen Registration von Daten und der rekurrenten Konstruktion von Regeln« (Brühmann 1980: 166) ist dann jede aktuelle Erkenntnis in einem »fortlaufenden Berichtigungs- und Orientierungsprozess« (Rheinberger 2006: 43) dem Risiko ausgesetzt, zukünftig als »Irrtum der Vergangenheit« (Rheinberger 2006: 45) zu enden. Im Vergleich zur je aktuellen Theorie werden die Schwächen, Fehlinterpretationen, Leerstellen und Ungenauigkeiten vorheriger Ansätze überhaupt erst erkennbar: »Wahrheit erscheint erst auf einer Folie der Kritik von Fehlern« (Brühmann 1980: 138). Irrtümer haben somit in der fortschreitenden Analyse einen produktiven Charakter.[11]

Jedes empirisch belastbare Resultat wiederum kann als weiteres Element des experimentellen Settings zur fortschreitenden Härtung der Wissenserzeugung beitragen. In der experimentellen Anwendung findet historisch betrachtet dann eine Verfeinerung der methodischen Instrumente statt, die mit einer genaueren Definition des Untersuchungsgegenstandes einhergeht: »Am Ende ist es mehr seine Messmethode als der Gegenstand der Messung, die der Wissenschaftler beschreibt. Das Messobjekt ist kaum mehr als ein bestimmter Approximationsgrad der Messmethode. Der Wissenschaftler glaubt mehr an den Realismus der Messung als an die Realität des Gegenstandes« (Bachelard 2016: 309). Bachelard selbst spricht von einer kopernikanischen Wende der Objektivität: »Nicht das Objekt bezeichnet die Genauigkeit, sondern die Methode« (Bachelard 1971: 138). Objektivität

11 Hier lässt sich vorderhand eine Verbindung zu Poppers Falsifikationismus aufmachen. Im Unterschied zu Poppers Konzept einer deduktiven Falsifikation sieht Bachelard jedoch die permanente Reorientierung des experimentellen Settings als das Herzstück der Rekurrenz an. Empirische Analyse, so Rheinberger, setzt bei Popper immer schon falsifizierbare Hypothesen voraus, während im bachelardschen Experiment empirisches Wissen immer erst im Rückblick Klarheit erhält (Rheinberger 2007: 60).

ist somit eingeschrieben in die je tätige Phänomenotechnik, welche den Scheiternsfall des Forschens ebenso verhindert wie den finalen Abschluss (Pravica 2015: 145).

Erkenntnis entsteht dann in einem offenen »Prozess der schrittweisen Komplikation theoretischer Konstruktionen durch die Einbeziehung neuer Variablen beziehungsweise die Berücksichtigung von Korrektionsverfahren im Experiment« (Brühmann 1980: 135). Experimentelle Settings sind somit ständig in Bewegung. Die wissenschaftliche Methode, so Bachelard, sucht das Risiko, sie gibt sich in die »Gefahr der Erwerbung«: »Es scheint, dass der wissenschaftliche Geist, durch ein bedeutendes Paradox, in der seltsamen Hoffnung lebt, dass die Methode selbst ein totales Scheitern erfahren wird. Denn ein Scheitern, das bedeutet ein neues Faktum, eine neue Idee« (Bachelard 1971: 142). Je robuster das Methodeninstrumentarium wird, desto eher sichert es zwar das erworbene Wissen, nimmt damit aber zugleich nicht mehr den »Rang einer Entdeckungsmethode« ein – und verliert somit aus wissenschaftlicher Perspektive an Reiz, da sie kein neues Wissen mehr zu erzeugen in der Lage ist (Bachelard 1971: 142).

Stößt ein wissenschaftliches Instrument solcherart an seine Grenzen, erfordert dies konzeptionelle Veränderungen in der experimentellen Anordnung: »Nur eine Umwälzung der begrifflich-technischen Anordnungen kann dann die Genauigkeit noch steigern, nur durch die Formulierung neuer theoretischer Probleme und durch Innovationen der Instrumente können dann noch neue Phänomene entdeckt werden« (Brühmann 1980: 136). Das heißt, der Erkenntnisgewinn im Zeitreihenexperiment erfordert Variationen: »Er läuft nicht einfach in sich zurück, sondern ist differentiell angelegt« (Rheinberger 2007: 41). Oder in den Worten von Bachelard: »Zur Klarheit der Anschauung gelangt man auf diskursivem Wege, über eine fortschreitende Klärung, indem man die Begriffe zur Anwendung bringt und die Beispiele variiert« (Bachelard 1988: 144).

Im experimentellen Vorgehen werden dann sowohl die je vorherrschenden Wissensbestände als auch die angewandten Methoden in Frage gestellt. Diese Instabilität führt dazu, dass das untersuchte Objekt zur zentralen Orientierungsgröße im Forschungsprozess wird:

»Eine solche Wissenschaftsphilosophie hatte sich ganz am jeweils untersuchten Phänomen auszurichten, ja jeder einzelne signifikante Fragenkomplex, jedes Experiment oder jede Gleichung erforderte eine spezifische philosophische Reflexion« (Rheinberger 2006: 41). Demnach widmet sich der »neue wissenschaftliche Geist« weder der empirischen Vielfalt, noch der ganzheitlichen Erscheinung – vielmehr zielt die Wissenschaftskonzeption von Bachelard auf »das organische, hierarchisch geordnete Phänomen, das das Zeichen eines Wesens und einer Form trägt und als solches dem mathematischen Denken zugänglich ist« (Bachelard 2016: 117). Die Voraussetzung eines experimentellen Projekts ist deshalb die präzise Formulierung eines Ausgangsproblems. Nur mit einer wissenschaftlichen Fragestellung lässt sich die Erkenntnisstufe der unmittelbaren Erfahrung überwinden: »Hat es keine Frage gegeben, kann es auch keine wissenschaftliche Erkenntnis geben« (Bachelard 2016: 47). Während vorwissenschaftliche, vielfach nicht durch präzise Fragestellungen charakterisierte Untersuchungen auf empirische Vielfalt zielen, befragt die wissenschaftliche Analyse eine konkrete, potentiell mathematisierbare Erscheinung: »Sie versucht, deren sämtliche Variablen zu objektivieren, die Empfindlichkeit der Variablen zu erkunden. Sie bereichert das Verständnis des Konzeptes und bereitet die Mathematisierung der Erfahrung vor« (Bachelard 2016: 69f.). Moderne Naturwissenschaft bewährt sich dann in der experimentellen Analyse, der variierten Erkenntnisproduktion: »In der Tat gelangt man so, auf halbem Weg zwischen dem Konkreten und dem Abstrakten, in einem Übergangsbereich, in dem der Geist Mathematik und Erfahrung, Gesetze und Tatsachen zu versöhnen strebt, zur *anschaulichen* Quantität« (Bachelard 2016: 37).

Die Quantifizierung stellt somit ein zentrales Element der wissenschaftsbezogenen Überlegungen von Bachelard dar, was ihn jedoch nicht davon abhält, die erkenntnistheoretischen Schwierigkeiten derselben zu verhandeln. Als ein epistemologisches Hindernis der Quantifizierung umschreibt er die in der numerischen Darstellung vielfach auftretende übertriebene Präzision, welche er als »eines der deutlichsten Zeichen für einen nicht-wissenschaftlichen Geist« (Bachelard 2016: 308) ansieht. Für ganze Disziplinen zeigt Bachelard an historischen, aber auch zeitgenössischen Beispielen auf, dass in empirischen Analysen vielfach die Exaktheit in der Darstellung der Messergebnisse die Validität und Reliabilität der eingesetzten Messinstrumente bei weitem übertrifft (Bachelard 2016: 312f.). So existierte nach Bachelard (2016: 314) in der Frühphase der Temperaturmessung eine ungeheure Vielfalt an Thermometern, deren bis auf die Nachkommastellen ausgewiesenen Messungen teils erstaunliche Unterschiede aufwiesen. Die übertrieben präzise Vermessung sei ein charakteristisches Vorgehen des reinen Empiristen, der sich auf das Wirkliche stürze und sich in außergewöhnlichen Präzisierungen vermeintlich bestätige (Bachelard 2016: 309): »Der Realist nimmt den betreffenden Gegenstand gleich in die Hand. Weil er ihn besitzt, beschreibt und misst er ihn. Er schöpft die Messung bis zur letzten Dezimalstelle aus« (Bachelard 2016: 308). Der Wissenschaftler hingegen gehe vorsichtiger vor, nähere sich dem unbestimmten Gegenstand in einem tentativen Prozess und versuche, nach und nach die Messmethoden zu klären.

Neben dem Erkenntnishindernis der übertriebenen Präzision und der Schwierigkeit der Instrumentenentwicklung thematisiert Bachelard weiterhin die Annahme umfassender Wechselwirkungen als ein mit der Quantifizierung verbundenes Erkenntnishindernis. Vorwissenschaftliches Denken fokussiere zu wenig auf ein konkretes Untersuchungsobjekt und nehme für spezifische Phänomene zu leichtfertig die Annahme wechselseitiger Determinationen vor: »Nichts ist der Wissenschaftlichkeit feindlicher als die beweislose und hinter allgemeinen und ungenauen Bemerkungen verschanzte Behauptung von Kausalbezeichnungen zwischen verschiedenen Erscheinungsbereichen« (Bachelard 2016: 318). Die wissenschaftliche Analyse meistere dieses Problem der fehlenden Fokussierung durch den »Willen zu Vernachlässigung« – diese gezielte Komplexitätsreduktion findet sich in der physikalischen Experimentanordnung anschaulich realisiert: »Ein Komplex von Schirmen, Hüllen, Immobilisatoren hält das Phänomen unter Verschluss. Dieser ganze eingebaute Negativismus, der eine moderne physikalische Apparatur ausmacht, widerspricht den eingängigen Behauptungen von der Möglichkeit unbegrenzter Wechselwirkungen zwischen den Erscheinungen« (Bachelard 2016: 322).

Insofern sei jeder Determinismus partiell, partikular und regional: »Er wird von einem speziellen Gesichtspunkt aus begriffen, in einer festgelegten Größenordnung, innerhalb ausdrücklich oder stillschweigend fixierter Grenzen« (Bachelard 1971: 165). Ein Wissenschaftler, der davon ausgehe, dass alles auf alles wirke, würde »sich seines Apparate-Bewusstseins berauben, er würde die Grundlage seiner technischen Gewissheiten verlieren« (Bachelard 1971: 166). In der naturwissenschaftlichen Forschung – so Bachelard – stellt sich das »Prinzip der Vernachlässigbarkeit« somit als unabdingbar und vorteilhaft dar, was jedoch nicht immer erkannt werde.

Dies hängt nicht zuletzt mit einer verbreiteten »Feindseligkeit gegenüber der Mathematik« (Bachelard 2016: 330) zusammen, die Bachelard insbesondere für die vorwissenschaftliche Epoche aufzeigen kann und vielfach auf Verständnisschwierigkeiten sowie die impulsive Annahme verweist, Forschung müsse sich durch Unmittelbarkeit auszeichnen (Bachelard 2016: 331). In Bachelards Konzeption der modernen Naturwissenschaft ist jedoch das ab-strakte, zahlenhafte Denken ein Kernbestandteil des wissenschaftlichen Vorgehens: »Kurz, der erste Grundsatz einer Erziehung zur Wissenschaft scheint mir im intellektuellen Bereich jene Askese des abstrakten Denkens zu sein. Sie allein vermag uns zu einer Beherrschung der experimentellen Erkenntnis zu führen« (Bachelard 2016: 342). So streben Bachelards wissenschaftshistorische Analysen letztlich den Nachweis an, dass im naturwissenschaftlichen Forschen »die Abstraktion den Geist befreit, dass sie dem Geist Luft verschafft, dass sie ihm Schwung verleiht« (Bachelard 2016: 38).

Der experimentelle Forschungsprozess ist bei Bachelard technisch festgeschrieben und zugleich nach vorne hin offen. Diese Vorstellung naturwissenschaftlichen Experimentierens findet sich ähnlich auch bei Fleck und Dewey und ist bei weitem nicht die einzige Parallele der drei Ansätze, die im nun folgenden systematischen Vergleich die Grundlage einer weiteren Ausarbeitung der reflexiven Selbstverwissenschaftlichung darstellen.

2.4. Eckpunkte der experimentellen Wissensgenerierung

Im systematischen Vergleich der drei Erkenntnistheorien werden auf den folgenden Seiten zentrale Eckpunkte der experimentellen Wissensgenerierung herausgearbeitet. Dabei weisen die Epistemologien von Fleck, Dewey und Bachelard hinsichtlich einiger Aspekte unzweifelhaft Unterschiede auf – im Folgenden geht es aber darum, in erster Linie die Gemeinsamkeiten der Ansätze herauszustellen, um so in acht verdichteten Punkten ein möglichst lebendiges Bild der experimentellen Wissensgenerierung zu zeichnen. Dieses dient dann wiederum als Ausgangspunkt für eine Ausarbeitung der reflexiven Selbstverwissenschaftlichung, das heißt, die im Folgenden skizzierten Eckpunkte schärfen letztlich den Blick für die Analyse der Wissensgenerierung von Laien in der Jetztzeit.

In einer Zusammenschau der Epistemologien von Fleck, Dewey und Bachelard lässt sich die experimentelle Wissensherstellung durch die folgenden Punkten skizzieren: (1) das Ziel der Unsicherheitsreduktion, (2) die Vorgehensweise des Experimentalismus, (3) der damit verbundene technologische Materialismus, (4) die angestrebte Verbesserung des methodischen Vorgehens, (5) die durch Quantifizierung und Formelhaftigkeit realisierte Abstraktion des Wissens, (6) die Subjektivität des Forschenden, (7) ein konstruktivistischer Wissensbegriff und (8) das eingreifende Handeln, sprich: die Intervention. Die genannten Eckpunkte werden in Rückbezug auf die Ansätze von Fleck, Dewey und Bachelard nun zusammenfassend skizziert und dann mit Blick auf die neuere Wissenschafts- und Technikforschung als zentrale Elemente einer reflexiven Selbstverwissenschaftlichung weiter ausbuchstabiert.

2.4.1. Ziel der individuellen Unsicherheitsreduktion

Als das zentrale Ziel der Herstellung von wissenschaftlichem Wissen gilt in den Ansätzen von Fleck, Dewey und Bachelard jeweils die Reduktion von Unsicherheit. Die Herstellung dieses Wissens zur singulären Problemlösung startet in den »obskuren und verwirrenden Erfahrungssituationen« (Dewey 2013: 127), den »bunten, vielgestaltigen Tatsachen«

(Bachelard 2016: 59) des Alltagslebens, die sich durch Überkomplexität und Unsicherheit auszeichnen und erst einmal »nirgends festen Halt« (Fleck 1935: 124) bieten. Wissenschaftliches Beobachten setzt somit in einem »Chaos« (Fleck 1927: 38), in einer »unbestimmten Situation« (Dewey 2016: 132) an, die »nach und nach (und keineswegs geradlinig) einem geordneten Erfassen Platz macht« (Hoffmann 2013: 127). Insbesondere Dewey richtet dabei »den Blick auf die Alltagspraxis, in der Leute mit der Realität ›zurechtkommen‹ und ›fertig werden‹ müssen« (Habermas 1998). Ein solches, auf Problemlösung zielendes Forschen – die »Forschung des gesunden Menschenverstandes« (Dewey 2016: 80ff.) – lässt sich besonders gut an individuellen Alltagssituationen veranschaulichen, was die Fallstudien aus der Medizin, die sich bei Fleck, Dewey und Bachelard zum Beispiel zur ärztlichen Untersuchung (Fleck 1927; Dewey 2013), zur Ernährung oder Reproduktion (Bachelard 2016) finden lassen, plausibilisieren. Das Erkenntnisinteresse liegt in solchen Situationen in der Herstellung konkreten, problemlösenden Wissens, so dass sich in den entsprechenden Fallstudien von Fleck, Dewey und Bachelard vielfach eine Verknüpfung von »theoretisch-experimentellen und therapeutisch-praktischen Momenten« (Schäfer/Schnelle 1980: XIX) findet. Entsprechend sieht Fleck das »medizinische Denken in ständiger Spannung zwischen dem Wunsch zur theoretischen Vereinheitlichung, die nur über die Abstraktion zu erreichen ist, und der Notwendigkeit zur Konkretisierung der Aussagen, die eine Vielheit von konkurrierenden Ansätzen erzwingt« (Schäfer/Schnelle 1980: XXI). Die jeweils beschriebene experimentelle Praxis der Wissensgenerierung erweist sich hier als geeigneter Ansatz, da das Experiment zwingend »an Einzeltatsachen in konkreten Zusammenhängen verrichtet werden muss« (Rheinberger 2007: 43) und in den betrachteten Settings zudem unter dem Handlungs- und Erfolgsdruck der an individuellen Alltagslösungen orientierten Betroffenen steht. Bachelard, der sich vehement für eine Spezialisierung der Wissenschaft ausspricht, sieht dabei einen zentralen Vorteil der experimentellen Überprüfung wissenschaftlicher Annahmen am konkreten Fall darin, dass »ein Denken, das auf eine Spezialisierung abzielt, (ganz offensichtlich) unter dem guten Zeichen der Berichtigung« (Bachelard 1971: 159) steht. Problemlösende

Forschung zielt somit auf die individuelle Anwendung und konkrete Überprüfung: Durch eine experimentelle Umformung der individuellen Problemlage wird fortlaufend eine neue, variierte Situation geschaffen, was im Idealfall durch das sukzessive Korrigieren im Zeitverlauf dazu beiträgt, »eine problematische Situation auflösen zu helfen« (Dewey 2013: 237).

2.4.2. Experimentalismus

Fleck, Dewey und Bachelard vertreten somit jeweils einen praxisorientierten Ansatz, der – orientiert am naturwissenschaftlichen Laborexperiment – eine experimentelle Wissensherstellung vorsieht. In diesem Zusammenhang ist den Ansätzen eine antidualistische Grundhaltung gemein: So wie Fleck eine »demoralisierende Kluft zwischen Theorie und Praxis« (Fleck 1960: 179) als Antriebsfeder seiner Erkenntnistheorie definiert, kritisiert auch Dewey, dass üblicherweise eine »scharfe Trennung zwischen der Welt, in welcher der Mensch denkt und erkennt, und der Welt, in der er lebt und handelt« (Dewey 2013: 291) vorgenommen werde. Das heißt, sie verorten die eigenen Ansätze im Schnittfeld von Praxis und Theorie – beziehungsweise, in den Worten von Bachelard, am »Kreuzungspunkt zwischen Realismus und Rationalismus« (Bachelard 1988: 15). Ausgehend vom naturwissenschaftlichen Zeitreihenexperiment zielen die Ansätze auf eine fortlaufende Wechselseitigkeit: »Sinnliche und rationale Faktoren konkurrieren nicht länger um den ersten Platz. Sie sind Verbündete, die kooperieren, um Erkenntnis möglich zu machen« (Dewey 2013: 172). Die entsprechende Wechselwirkung von Theorie und Praxis erläutert Bachelard (1988: 9) unter dem Begriff der »Dialektik«: In diesem dialektischen Forschungshandeln wird der Erkenntnisgegenstand ebenso umgeformt wie der Forscher (Fleck 129: 48); experimentelles Handeln läuft auf Operationen hinaus, »die schließlich die Existenz einer neuen, integrierten Situation mit einer zusätzlichen Bedeutung bestimmen und dadurch die angewandten Ideen überprüfen oder beweisen« (Dewey 2013: 237). Das Herstellen neuen Wissens bedingt die kontrollierte Variation von Situationen im Experiment, was den Einsatz von Technologien nahelegt.

2.4.3. Technologischer Materialismus

Als zentrales Element der experimentellen Wissensgenerierung gilt in allen drei Ansätzen die wissenschaftliche Technologie, die als materiales Artefakt das Denken und Handeln prägt. So wie Fleck (1947: 165) davon ausgeht, dass sich in Technologien ein spezifischer Denkstil materialisiert, sieht Bachelard (1988:18) selbige als »materialisierte Theorien« an. Technologien stellen einerseits verhärtete Wissensbestände dar, die andererseits wiederum die experimentelle Hervorbringung neuen Wissens prägen. Technologien sind, so Fleck (1935: 16), Widerstandsavisos, die im Sinne passiver Koppelungen im Anfangschaos der empirischen Analyse Orientierung geben, aber auch der jeweiligen »Denkstimmung« (Fleck 1935: 187) geschuldete Zwänge implizieren. Im Fortlauf des Experiments entsteht ein »System der Experimente und Kontrollen« (Fleck 1935: 126) beziehungsweise die »Phänomenotechnik« (Bachelard 1988: 18), die in ihrer doppelten Verschränkung aus der Gemachtheit und Wirkmacht von Technologien stets vorläufig geltendes Wissen generiert. Die Verfeinerung des methodischen Vorgehens ist dabei ein zentrales Anliegen der entsprechenden Forschung.

2.4.4. Angestrebte Verbesserung der Methoden

Methodische Fortentwicklungen gelten Fleck, Dewey und Bachelard nicht als Nebenprodukt, sondern vielmehr als eines der zentralen Ziele experimentellen Arbeitens. Dewey (2013: 223) beispielsweise spricht vom »Supremat der Methode« und hält fest, dass anders als das fragile Wissen der Wissenschaft der experimentelle Methodenapparat eine spezifische Robustheit aufweise: »Was bleibt und nicht über Bord geworfen wird, sondern ständig erweitert wird, ist das System der konkreten Erkenntnis und der exakten Kontrollen, das mittels dieser nicht länger haltbaren Begriffe konstruiert worden ist« (Dewey 2013: 192f.). In diesem Sinne glaubt, so Bachelard, der Wissenschaftler dann auch eher an »den Realismus der Messung als an die Realität des Gegenstandes« (Bachelard 2016: 309). Ein mit den eingesetzten Technologien und Methoden verbundener Effekt ist jedenfalls die abstrakte

Darstellung des Wissens, die insbesondere durch Quantifizierung und Formelhaftigkeit realisiert wird.

2.4.5. Abstraktion

Eine experimentelle Wissensherstellung erfordert nach Fleck, Dewey und Bachelard die abstrakte Darstellung direkter Sinneserfahrungen. So sieht Dewey mit der von der einfachen Erfahrung abgegrenzten experimentellen Erfahrung »eine vermittelnde und vorübergehende Phase der Distanzierung und Abstraktion (vor). Die kälteren und weniger intimen Erkenntnisvorgänge schließen ein zeitweiliges Absehen von den Qualitäten und Werten ein, an die unsere Neigungen und Genüsse gebunden sind« (Dewey 2013: 297). Bachelard macht diesen Aspekt zu einem zentralen Argument seiner Erkenntnistheorie: Erst der »epistemologische Bruch« ermöglicht die adäquate Wissensgenerierung im Experiment. Das Denken der modernen Naturwissenschaft bewährt sich demnach nicht in der sensualistischen Wahrnehmung oder direkten Anschauung – stattdessen wird das als kontraintuitiv charakterisierte wissenschaftliche Wissen in der »Askese des abstrakten Denkens« (Bachelard 2016: 342) gegen die Alltagserfahrung hergestellt, um abschließend an eben jene wieder rückgebunden zu werden (Dewey 2013: 220). Diese Ausführungen von Bachelard und Dewey zur Notwendigkeit einer zeitlich begrenzten Abstraktion von sensualistischer Erfahrung im experimentellen Prozess stehen vordergründig im Widerspruch zu Fleck, der es in seinem frühen Aufsatz »Zur Krise der ›Wirklichkeit‹« (1929) als wenig zweckmäßig ansieht, eine »erste Wirklichkeit« lebendiger Erfahrung von einer »zweiten Wirklichkeit« wissenschaftlicher Erfahrung zu unterscheiden (Fleck 1929: 53). Doch auch Fleck versteht das abstrakte Denken der modernen Naturwissenschaft als Bedingung wissenschaftlichen Erkenntnisgewinns, verhandelt selbiges jedoch unter dem Vorzeichen seiner soziologischen Denkstiltheorie (Werner/Zittel 2014: 64, FN III). Das hat zur Folge, dass er eben keine zweite, durch Abstraktion charakterisierte Wirklichkeit von einer durch Wahrhaftigkeit und Lebendigkeit geprägten, wie auch immer gearteten ersten Wirklichkeit unterscheidet. Vielmehr ist der abstrakte, naturwissenschaftliche Denkstil eine der zahllosen, sozial und historisch bedingten Varianten möglicher Wirklichkeitsauffassung – in diesem Fall jene, die sich durch die Orientierung am Objektivitätsideal, die Zahlenhaftigkeit sowie technisch-formelhafte Sprache auszeichnet. Letztlich wird demnach in den Arbeiten von Fleck ebenso wie bei Dewey und Bachelard der abstrakte Charakter wissenschaftlichen Wissens wertgeschätzt, wobei – besonders ausgeprägt bei Bachelard – »der Mathematik [...] die Rolle eines erkenntnistheoretischen Garanten aufgebürdet« (Brühmann 1980: 182) wird. Wie dann jeweils der Bogen vom vorderhand positivistisch anmutenden Erkenntnisideal zur konstruktivistischen Grundhaltung gelingen kann, lässt sich beispielhaft an den Ausführungen von Dewey zum Begriff der Daten veranschaulichen: Die aus dem Lateinischen stammende Bezeichnung als das »Gegebene«, so merkt Dewey an, träfe nicht den Punkt – Daten würden besser als das »Genommene« bezeichnet, denn »als Daten werden sie aus diesem totalen ursprünglichen Stoff, der den Anstoß zum Erkennen gibt, ausgewählt; sie werden für eine bestimmte Absicht unterschieden: um Zeichen oder Beweismaterial zu liefern, um ein Problem zu definieren und zu lokalisieren und auf diese Weise einen Hinweis zu seiner Lösung zu geben« (Dewey 2013: 179). Daten werden demnach einerseits als sozial und historisch bedingt und andererseits in einer instrumentellen Weise als Fixum angesehen. Die Abstraktion durch Quantifizierung oder Formelhaftigkeit ist dann »ein positives Mittel für die kontrollierte Konstruktion neuer Objekte und die Schaffung neuer Qualitäten« (Dewey 2016: 256). Eine ähnliche Kombination aus Abstraktion und Vagheit findet sich auch im Falle des »Gesetzes für nicht gesetzmäßige Phänomene« (Fleck 1927: 37) oder dem von Bachelard (2016: 330) formulierten »Prinzip der Vernachlässigbarkeit«. Analytisch wird jeweils ein weitgehendes Abstrahieren mit mehr oder weniger vagen Vermutungen kombiniert (Fleck 1927: 37). Die Erkenntnistheorien von Fleck, Dewey und Bachelard sind somit einerseits dem Objektivitätsideal verpflichtet und stellen sich zugleich jeweils als Philosophie der Vagheit (Seising 2007: 63), »Epistemologie der Ungewissheit« (Bogusz 2013: 314) oder »Philosophie des Ungenauen« (Canguilhem 1979: 8) dar. Indem die Abstraktion zur Grundbedingung wissenschaftlicher Erkenntnisproduktion und zugleich die Vagheit, Ungewissheit und Ungenauigkeit zur erkenntnistheoretischen Position erklärt wird, wird sowohl die Orientierung am Objektivitätsideal als auch die Subjektivität experimentellen Forschens herausgestellt.

2.4.6. Subjektivität des Forschenden

Insbesondere Fleck und Dewey arbeiten in ihren Erkenntnistheorien heraus, dass das Herstellen wissenschaftlichen Wissens ein virtuoses Einbringen des Forschers in den experimentellen Prozess erfordert. Die in der wissenschaftlichen Sozialisation und möglicherweise langjährigen Ausübung wissenschaftlicher Forschungstätigkeit persönlich angeeignete Fertigkeit, »Sinn, Gestalt, geschlossene Einheit unmittelbar wahrzunehmen« (Fleck 1935: 121), bezeichnet Fleck (1935: 126) als »Erfahrenheit«. Die Erfahrenheit des Immunologen August von Wassermann befähigte selbigen beispielsweise zur experimentellen Herstellung eines brauchbaren Tests zur Serodiagnostik der Syphilis. Fleck findet hierzu in seiner Analyse des Wassermann-Tests die eingängige Metapher der im Inneren des Immunologen summenden Melodie, entlang derer er und seine Kollegen das experimentelle Setting solange variierten, bis die Melodie auch für Andere hörbar war – sprich: bis der Wassermann-Test funktionierte. Dewey (2013: 214) bezeichnet diese Kompetenz zur Durchführung eines wirksamen Experiments als »Intelligenz«, welche Vorstellungsvermögen, Prognose-, Urteils- und Handlungsfähigkeit umfasst (Dewey 2013: 214) und einen Forscher in die Lage versetzt, experimentelle Settings im Zeitverlauf so zu variieren, dass neues Wissen entsteht. Ohne die entsprechenden Fähigkeiten kann es dazu kommen, »dass ein ungeübter Forscher einer vorgefassten Idee zubilligt, seine Entscheidungen zu kontrollieren statt als Hypothese zu dienen, so wie manche Menschen fragmentarische Beobachtungen sammeln, ohne den Versuch zu unternehmen, ihre Bedeutung herauszufinden« (Dewey 2013: 176). Ersteres würde im Fall einer zu starken Theorieorientierung, zweiteres im Fall einer zu simplen Empiriearbeit auftreten – und beides würde auf fehlende Erfahrenheit beziehungsweise Intelligenz verweisen. Neben kognitiven sind dabei auch körperliche Fertigkeiten von Belang, denn »wenn Erkennen eine Form des Tuns ist, dann bezieht es, genau wie andere Formen des Tuns, mit Recht körperliche Organe mit ein« (Dewey 2013: 231). Relevant in diesem Zusammenhang ist, dass Erfahrenheit und Intelligenz jeweils in einem fortdauernden Prozess wirken, der wiederum die entsprechenden Fähigkeiten beeinflusst: Das wissenschaftliche Arbeiten ist demnach ein rekursiver Lernprozess – in vielfacher Hinsicht wird demnach im experimentellen Vorgehen ein Wissen-im-Werden produziert

2.4.7. Konstruktivistischer Wissensbegriff

Ein zentraler Aspekt der drei Epistemologien ist das konstruktivistische Verständnis wissenschaftlichen Wissens: Fleck, Dewey und Bachelard gehen jeweils davon aus, dass wissenschaftliches Wissen nicht entdeckt, sondern vielmehr hergestellt wird. Sie sprechen von der »Entstehung und Entwicklung der wissenschaftlichen Tatsache« (Fleck 1935), der »Konstruktion des Urteils« (Dewey 2016: 149) sowie von wissenschaftlichen Phänomenen, die »auf der Ebene der Instrumente erzeugt« (Bachelard 1988: 18) werden. Die entsprechende Herstellung wissenschaftlichen Wissens findet im fortlaufenden Prozess des experimentellen Handelns statt, welches als instabil und unabgeschlossen angesehen wird: »Das Wissen ruht eben auf keinem Fundamente; das Getriebe der Ideen und Wahrheiten erhält sich nur durch fortwährende Bewegung und Wechselwirkung« (Fleck 1935:70). Ergebnisse sind dann »bestenfalls Zwischenresultate, auf keinen Fall aber Endpunkte, an denen sich Hypothesen so oder so, negativ, positiv, ohne einen signifikanten Effekt, ein für allemal entschieden haben« (Hoffmann 2013: 139). Experimentelle Forschung ist ein infiniter Gestaltungsprozess, der Klarheit verschaffen soll. Das hergestellte Wissen zielt demnach jeweils auf eine »funktionale Schließung durch temporäre Unbestimmtheitsreduktion« (Bogusz 2013: 242). Deweys Begriff der »Überzeugung« als Bezeichnung für eine durch experimentelles Forschen »geklärte Situation des objektiven Substrats, zusammen mit einer Bereitschaft, auf eine gegebene Art und Weise zu handeln« (Dewey 2016: 20) bringt diesen Wissenstyp beispielhaft auf den Punkt – als noch treffender kann die Formulierung der »gerechtfertigten Behauptbarkeit« (Dewey 2016: 22f.) angesehen werden. Die Formulierungen zielen jeweils auf einen pragmatistischen Wahrheitsbegriff, der in kritischer Haltung zur »papierene(n), offizielle(n) Gestalt« (Fleck 1929: 50) der zeitgenössischen Erkenntnistheorie unter wissenschaftlicher Objektivität den »stilgemäßen Denkzwang« (Fleck 1935: 131) versteht.[12] Es entsteht somit ein sozial und historisch bedingtes, in seiner reflexiven Herstellung am Objektivitätsideal orientiertes und zugleich durch Vagheit und Unabgeschlossenheit charakterisiertes Wissen, das sich fortlaufend in der experimentellen und somit interventionistischen Umformung individueller Problemsituationen zu bewähren hat.

2.4.8. Intervention

Die experimentelle Wissensgenerierung lässt sich dann weder als passive Kontemplation noch als rein-empirisches Feststellen gegebener Fak-

12 Vor diesem Hintergrund stellt sich bezüglich der fleckschen Denkstiltheorie die Frage, wie die im Kontext der Wissenschaftsforschung zentrale Frage nach der Entstehung neuen, innovativen Wissens beantwortet werden kann. In den Konzeptionen von Bachelard und Dewey wird angenommen, dass neues Wissen in der fortdauernden Variation standardisierter Zeitreihenexperimente entsteht. Fleck (1935: 124f.) hingegen hält bezüglich der Generierung neuen Wissens lediglich in einer Fußnote fest, dass dieses vornehmlich in Krisenzeiten entstehe: »Für die Soziologie der Wissenschaft ist wichtig festzustellen, dass große Denkstilumwandlungen, also bedeutsame Entwicklungen sehr oft in Epochen allgemeiner sozialer Wirrnis entstehen. Solche `unruhigen Zeiten` zeigen den Streit der Meinungen, Differenzen der Standpunkte, Widersprüche, Unklarheit, Unmöglichkeit einer Gestalt, einen Sinn unmittelbar wahrzunehmen – und aus diesem Zustande entsteht ein neuer Denkstil«. Die Frage nach der Entstehung des Neuen wird demnach in Flecks Denkstiltheorie mit auftretenden Konflikten, Krisen, möglicherweise dem Aufeinanderprallen von Denkkollektiven erklärt. Im Kern gilt Flecks Interesse aber weniger den Brüchen als vielmehr der Kontinuierung von Denkstilen und -kollektiven – was ihn auch von Kuhn unterscheidet, der später primär auf die Mechanismen des Paradigmenwechsels fokussierte. Das heißt, Fleck lässt letztlich weitgehend offen, wie in der Geschlossenheit der Denkkollektive gänzlich neues Wissen entstehen kann.

ten, sondern vielmehr als »ein Umformen und Umgeformtwerden, kurz ein Schaffen« (Fleck 1929: 48) verstehen. Experimentelles Handeln besteht demnach in der gesteuerten Veränderung unbestimmter Situationen. Diese Veränderungen zielen auf eine sukzessive Annäherung an gangbare Problemlösungen (Dewey 2016: 89) – das Ergebnis von Experimenten besteht somit in der »Schaffung einer neuen empirischen Situation« (Dewey 2013: 89). In diesem Sinne ist Erkennen instrumentell und bezeichnet eine vorübergehende »Neuanordnung des Wirklichen« (Dewey 2013: 295). Experimentieren kommt somit einem schrittweisen, eingreifenden Handeln gleich, welches im fortlaufenden Wechselspiel sowohl Forschersubjekt als auch Forschungsobjekt verändert (Fleck 1929: 53). Letztlich geht es darum, dass Experimente als »zu vollziehende Handlungen [...] die Welt, in der wir leben, auf irgendeine Weise, in kleinerem oder größerem Umfang, neu einrichten und rekonstruieren« (Dewey 2013: 141).

Zusammenfassend lässt sich mit den im frühen 20. Jahrhundert entstandenen Epistemologien von Fleck, Dewey und Bachelard festhalten, dass die Generierung wissenschaftlichen Wissens auf die Reduktion individueller Unsicherheit zielt, experimentell und unter Rückgriff auf Technologien hergestellt wird, dabei nach einer Verbesserung der eingesetzten Methoden strebt, die Abstraktion von Wissen vornimmt, die Relevanz des Forschersubjekts herausstellt, von der sozialen Konstruiertheit wissenschaftlichen Wissens ausgeht und auf problemlösende Interventionen zielt. Im Folgenden soll diese Form der Wissensgenerierung in empirischen Fallanalysen veranschaulicht und zu einer Epistemologie der reflexiven Selbstverwissenschaftlichung weiterentwickelt werden.

3. Empirie der reflexiven Selbstverwissenschaftlichung

Die Erkenntnistheorien von Ludwik Fleck, John Dewey und Gaston Bachelard beschreiben analytisch die experimentelle Wissensherstellung in der entstehenden Moderne. Die vorliegende Arbeit fokussiert jedoch nicht in erster Linie die Herstellung naturwissenschaftlichen Wissens im Labor des 20. Jahrhunderts, sondern möchte vielmehr die Wissensgenerierung im digitalen Alltag des 21. Jahrhunderts in den Blick nehmen. In diesem Sinne werden die in Auseinandersetzung mit den erkenntnistheoretischen Arbeiten von Fleck, Dewey und Bachelard herausgearbeiteten Eckpunkte der experimentellen Wissensgenerierung im weiteren Verlauf der Arbeit als Orientierungsrahmen genutzt, welcher eine systematische Ausarbeitung einer Epistemologie der reflexiven Selbstverwissenschaftlichung ermöglichen soll.

Als Ausgangspunkt der weiteren Überlegungen gilt dabei die Annahme, dass die reflexive Selbstverwissenschaftlichung ein für die Wissenschaftsgesellschaft charakteristisches Handlungsmuster expertisierter Laien ist, welche ausgehend von individuellen Problemlagen in einer durch die Fragilität und Konflikthaftigkeit wissenschaftlichen Wissens bedingten Unsicherheitssituation unter Rückgriff auf digitale Medien nach wissenschaftsorientierten und zugleich pragmatischen Alltagslösungen suchen. Der systematische Rückgriff auf Erfahrungswissen ist jedoch ebenso wie die Selbstexperimente der digitalen Selbstvermesser kein gänzlich neues Phänomen. Ohne Frage wurde beispielsweise in Selbsthilfegruppen auch schon vor der Digitalisierung zur Lösung eigener Alltagsprobleme unter Betroffenen erfahrungsbasiertes Wissen ausgetauscht; und die Wissenschaftsgeschichte berichtet insbesondere für den Gesundheitsbereich schon früh von zahlreichen Selbstexperimenten.

So lassen sich Selbsthilfegruppen als autonome, freiwillige Verbindungen von Menschen in ähnlichen Lebenssituationen verstehen, die zur individuellen Problemlösung in persönlichen Treffen Wissen austauschen und sich gegenseitig unterstützen (Borkman 2004: 428). Üblicherweise helfen sich Mitglieder von Selbsthilfegruppen »mit Ratschlägen, die aus persönlichen Lebenserfahrungen resultieren« (Toffler 1980: 275). Ähnlich wie die sozialen Bewegungen sind Selbsthilfegruppen in den 1970er Jahren entstanden und werden mit den damals beginnenenden Veränderungen im Gesundheitsbereich – zum Beispiel der wachsenden Skepsis gegenüber Experten – sowie dem Relevanzverlust verwandtschaftlicher Unterstützungsstrukturen verknüpft. Mit der Verfügbarkeit des Internets sind entsprechende Selbsthilfeangebote zunehmend online verfügbar, weshalb sich gesundheitsbezogene Onlineforen als digitale Wiedergänger von Selbsthilfegruppen verstehen lassen. Die Verbreitung der Selbsthilfegruppen zu Beginn der 1970er Jahre ging dabei Hand in Hand mit einer wachsenden Bereitschaft zur Selbstdiagnose, Selbstbehandlung und Selbstmedikation, wie beispielsweise die Diffusion des Schwangerschaftstests in dieser Zeit veranschaulicht (Toffler 1980: 272). Entsprechende Tests und Technologien lassen sich auch als Werkzeuge der wissenschaftlichen Selbstanalyse von Laien verstehen, was mit der Verfügbarkeit digitaler Selbstvermessungstechnologien heute forciert auftritt und zur Verbreitung selbstexperimenteller Praktiken führt.

Selbstexperimente wiederum zielen generell auf eine systematische Analyse der kontrollierten Veränderung individueller Situationen durch die eigene Person (z.B. Altman 1987; Weisse 2012; Widdowson 1993: 2). Im Selbstexperiment sind sich die Probanden somit zwingend der Untersuchungssituation bewusst, zudem steht die Verallgemeinerbarkeit der erzeugten Erkenntnisse deutlich in Frage. Zugleich lassen sich jedoch auch unter ungewöhnlicheren Forschungskonstellationen oder über längere Zeiträume hinweg vergleichsweise unaufwändig und kostengünstig Daten erheben, die einer spezifischen Kontrolle unterliegen, wie es ein Zitat des Hämatologen und Selbstexperimentators Victor Herbert verdeutlicht: »I knew that when I told my patient – namely me – not to eat any foods other than those prepared in the (hospital) kitchen, that's what I would do« (Brown 1995: 1). Als das erste dokumentierte Selbstexperiment zum Ernährungsverhalten gilt jenes des italienischen Medizinprofessors Santorio Santorio aus dem Jahr 1614 (Nestle/Nesheim 2012: 24f.): Mit Hilfe einer Waage, auf der auch sein Ess- beziehungsweise Schreibtisch untergebracht war, vermaß Santorio über Jahre hinweg seine Ernährung, sein Körpergewicht vor und nach der Nahrungsaufnahme sowie seine Ausscheidungen. Ganz im Einklang mit der sich am Horizont abzeichnenden Verwissenschaftlichung der Neuzeit führte Santorio seine Selbstexperimente unter Rückgriff auf technische Instrumente durch und legte hierbei eine Leidenschaft für die zahlenhafte Darstellung von Wissen an den Tag (van Helden 2004: 29). Die Publikation »De Statica Medicina« des als Gründervater der Stoffwechselforschung gehandelten Santorio wurde in zahlreiche Sprachen übersetzt und gilt bis heute als innovative Pionierstudie (Eknoyan 1999: 231), der zahlreiche Experimente zur Ernährung folgten.[1] Allgemein haben Selbstexperimente in der

1 Gut dokumentiert ist beispielsweise das Selbstexperiment des 29jährigen Arztes William Stark, der davon ausging, dass restringierte Ernährungsformen gesundheitssteigernd seien, weshalb er sich im Sommer 1769 zweieinhalb Monate lang nur von Wasser, Brot und ein wenig Zucker ernährte. Seine anschließenden Diäten beispielsweise aus Mehlpudding mit diversen Fetten schwächten Stark bedingt durch den fortgesetzten Vitaminmangel dermaßen, dass der Brite acht Monate nach Beginn seines ersten Selbstexperimentes starb (Widdowson 1993: 3). Erfolgreicher agierte der amerikanische Physiologe Then Chittenden, der zur Heilung seiner rheumatischen Kniebeschwerden eine eiweiß- und kalorienarme Diät im Selbstexperiment testete und sich zu Beginn des 20. Jahrhunderts mit der Publikation »Physiological economy in nutrition« als Fürsprecher proteinarmer Diäten profilierte. Weitere ernährungsbezogene Selbstexperimente betrafen bis in die 1980er Jahre hinein beispielsweise die Rolle von Vitaminen, Elektrolyten, Magnesium oder ungesättigten Fetten (Widdowson 1993); auch in jüngerer Zeit finden sich Arbeiten, deren Ergebnisse selbstexperimentell generiert und in Fachpublikationen veröffentlicht sind (Roberts 2004; Weisse 2012).

Medizin eine lange Tradition; sie kamen vielfach dann zur Anwendung, wenn die teils das eigene Leben riskierenden Wissenschaftler die Einbeziehung von Probanden als forschungsethisch nicht vertretbar oder als (noch) zu risikoreich empfanden (Altman 1987). Teils dienten historische, aber auch aktuellere Selbstexperimente auch der Lösung individueller Probleme wie Schlafstörungen, Ernährungs-, Haut- und Gewichtsproblemen (Roberts/Neuringer 1998). Die Vorteile von Selbstexperimenten werden insbesondere jenseits der Laborforschung, in der Analyse alltäglicher, üblicherweise wenig standardisierter, schwer zu kontrollierender Lebenssituationen ausgemacht (Roberts/Neuringer 1998), wobei es meist um hypothesengenerierende Forschung, um die Herstellung neuer Ideen und innovativen Wissens geht (Weisse 2012).

Die Durchführung von Selbstexperimenten lässt sich dabei ebenso wie der Austausch in Selbsthilfegruppen als eine Form der Wissensgenerierung verstehen, die in spezifischer Weise das »Selbst« in den Vordergrund stellt: Das Selbst ist hier jeweils sowohl die ausführende Instanz als auch der Gegenstand der Wissensherstellung. In beiden Konstellationen fallen demnach Subjekt und Objekt der Wissensgenerierung in eins. Dieses In-Eins-Setzen gestaltet sich in den Selbsthilfegruppen primär so, dass das Selbst als Erkenntnisobjekt subjektiv verhandelt wird; das heißt, im erfahrungsbasierten Austausch der Selbsthilfegruppen findet vornehmlich eine Subjektivierung des Wissens statt. Im Rahmen der Selbstexperimente wird hingegen durch die standardisierte Experimentalanordnung das Wissen zum Forschersubjekt objektiviert; das heißt, hier findet tendenziell eine Objektivierung des Wissens statt. Mit dem Konzept der reflexiven Selbstverwissenschaftlichung sollen diese beiden Perspektiven nun verknüpft werden: Die reflexive Selbstverwissenschaftlichung, so die These, sieht demnach beides – die Subjektivierung und die Objektivierung des Wissens – in fortlaufender Wechselwirkung vor.

So wird angenommen, dass im Falle der reflexiven Selbstverwissenschaftlichung im Umgang mit dem Forschungsobjekt – sprich: mit dem Selbst – in denkbar hohem Ausmaß Intuition und Erfahrung, Virtuosität und Kunstfertigkeit vorliegen. Diese Nähe zum Forschungsgegenstand wiederum erfordert auf Seiten des Forschersubjekts –

sprich: auf Seiten des Selbst – im Sinne des Objektivitätsideals eine spezifische Distanznahme, einen expliziten epistemologischen Bruch. Im Vergleich zu der von Fleck, Dewey und Bachelard beschriebenen experimentellen Wissensgenerierung, so die Annahme, zeichnet sich die reflexive Selbstverwissenschaftlichung somit durch ein gesteigertes Maß an Subjektivität sowie eine spezifische Notwendigkeit objektivierender Maßnahmen aus. Weiterhin ist im Vergleich zur experimentellen Wissensgenerierung zu beachten, dass sich im 21. Jahrhundert Wissenschaft und Technologie stark verändert haben und eine umfassende Verwissenschaftlichung und Digitalisierung des Alltagslebens eingetreten ist. Um das Konzept der experimentellen Wissensgenerierung zu einer Epistemologie der reflexiven Selbstverwissenschaftlichung weiterzuentwickeln, wird deshalb in einem nächsten Schritt die aktuelle Wissenschafts- und Technikforschung konsultiert: Das heißt, es wird im Folgenden insbesondere auf die seit den späten 1970er Jahren entstehenden Science and Technology Studies Bezug genommen, die sich epistemologischen Fragestellungen ebenso widmen wie den Implikationen naturwissenschaftlich-technischer Entwicklungen der Gegenwartsgesellschaft (Bauer et al. 2017, Beck et al. 2012, Lengersdorf/Wieser 2014, Sismondo 2010).

3.1. Eckpunkte der reflexiven Selbstverwissenschaftlichung

Zentral im Kontext der im Folgenden skizzierten Science and Technology Studies sind die wachsende gesellschaftliche Relevanz von Wissenschaft und Technologie, die Annahme einer sozialen und historischen Bedingtheit wissenschaftlichen Wissens sowie ein als inadäquat angesehenes Objektivitätsversprechen der (Natur-)Wissenschaft (Bauer et al. 2017, Beck et al. 2012, Lengersdorf/Wieser 2014, Sismondo 2010). Als frühe Schlüsselstudie der Science and Technology Studies wird üblicherweise David Bloors (1976) Untersuchung »Knowledge and Social Imagery« ausgemacht, die die soziale Konstruiertheit jedweden wissenschaftlichen Wissens behauptet und damit wirkmächtig das sogenannte »Strong Programme« begründete. Während hier die sozialen

Bedingungen der Wissensherstellung im Vordergrund stehen, kommt den im Prozess der Wissensgenerierung eingesetzten Apparaten und Aufzeichnungsgeräten nur geringe Relevanz zu (Wehling 2017: 59). Dies änderte sich wenig später mit den sogenannten Laborstudien, die mit ethnographischen Methoden die Praktiken der naturwissenschaftlichen Wissensherstellung untersuchten und ein besonderes Augenmerk auf die Technologien der Wissensproduktion legten (Latour/Woolgar 1979; Knorr-Cetina 1981; Lynch 1985). Zusammengefasst nehmen die frühen Science and Technology Studies in ihren empirischen Analysen den wissenschaftlichen Alltag unter die Lupe, gehen von der sozialen Konstruiertheit wissenschaftlichen Wissens aus und machen die Artefakte der Wissensproduktion zu einem zentralen Untersuchungsgegenstand. Die Gemeinsamkeiten der Science and Technology Studies mit den fast ein halbes Jahrhundert früher entstandenen Ansätzen von Fleck, Dewey und Bachelard drängen sich geradezu auf: Auch diese widmeten sich dem konkreten Laborgeschehen, verfügten über einen konstruktivistischen Wissensbegriff und fokussierten die eingesetzten Apparate und Technologien. Nichtsdestotrotz hält ein aktueller Überblick fest, dass die Science and Technology Studies in ihrer Entstehungszeit der 1970er Jahre »einen völlig neuen Blick auf die Natur- und Technikwissenschaften ermöglichten« (Bauer et al. 2017: 11), wobei die wissenschaftssoziologische Position »als äußerst radikal erschien« (Wehling 2017: 45).

Diese Zuschreibungen von Innovativität lassen sich letztlich nur durch eine in den frühen Untersuchungen der Science and Technology Studies randständige Rezeption wissenschaftssoziologischer Vorläuferarbeiten erklären. So findet beispielsweise Flecks Werk in den frühen Laborstudien keine Erwähnung, auch wenn in vielfacher Hinsicht frappierende Parallelen auszumachen sind und zeitgleich zur Etablierung der Laborstudien sowohl die englischsprachige Übersetzung (1979) als auch die deutschsprachige Neuausgabe (1980) von Flecks »Entstehung und Entwicklung einer wissenschaftlichen Tatsache« publiziert wurden. In jüngerer Zeit erleben die Arbeiten von Fleck, Dewey und Bachelard jedoch im Kontext der Wissenschafts- und Technikforschung eine Renaissance. Ludwik Fleck wird inzwischen vereinzelt als Wegbereiter der Science Studies (Collins und Evans 2007: 143) und »Urgestein der Science and Technology Studies« (Niewöhner 2012: 66) gehandelt. Er gilt weiterhin als »frühe Ausnahme« (Wehling 2017: 43) in der Wissenschaftssoziologie, als »einer der ersten praxistheoretischen Wissenschaftsforscher« (Niewöhner 2012: 66), als Vordenker des Sozialkonstruktivismus (Egloff 2011; Fagan 2009; Pörksen 2015: 86ff.) und als zentrale Figur in der historischen Epistemologie (Rheinberger 2007: 47ff.). Werner und Zittel (2014: 4) sehen »den Boden für eine dritte und nun durchschlagend erfolgreiche Phase der Rezeption Flecks« bereitet; Egloff (2007: 91) konstatiert, Fleck biete sich »in seiner gleichzeitigen Radikalität und Offenheit [...] weniger als soziologischer Klassiker von gestern, denn als soziologischer Klassiker von heute und morgen an«.

Die pragmatistische Perspektive von Dewey wird in der sozial- und kulturwissenschaftlichen Wissenschafts- und Technikforschung ebenfalls in zunehmendem Ausmaß rezipiert (Bammé 2014). Auch wenn Horkheimers »Kritik der instrumentellen Vernunft« (1967; englisches Original »Eclipse of Reason«, 1947) die Dewey-Rezeption in der deutschsprachigen Soziologie lange Zeit vereitelte (Bammé 2014: 40; Suhr 2005: 183), wurde in den letzten Jahren Dewey neu entdeckt (Renn 2006: 14; Rammert 2007; Bogusz 2018).

Mit Blick auf Bachelard wurde in den frühen Science and Technology Studies insbesondere die Figur des »epistemologischen Bruchs« zwar rezipiert, aber aufgrund der damit verknüpften Wahrnehmung einer Privilegierung wissenschaftlichen Wissens teils ablehnend diskutiert, was vorerst einer breiteren Rezeption im entsprechenden Forschungsfeld im Weg stand (Latour 1995: 81; Wulz 2014: 67; Rheinberger 2007: 38). Insbesondere Canguilhem (1979) hat jedoch die Relevanz der historischen Epistemologie Bachelards herausgestellt; die Anwendung der bachelardschen Epistemologie beispielsweise in den Arbeiten von Bourdieu veranschaulicht zudem die spezifische szientistische Haltung Bachelards, die »nicht zu verwechseln (ist) mit der Anwendung von Formeln, der Suche nach ›Gesetzen‹ oder dem Einsatz des Experiments, also einer Wissenschaftskarikatur, die Wissenschaftler(innen) als Experimentator(inn)en in weißen Kitteln sieht und Forschung nur im Labor für möglich hält« (Diaz Bone 2008: 54). An vorderer Stelle Hans-Jörg

Rheinberger (2002, 2006, 2007) wiederum hat mit seinen Studien eine neuerliche Rezeption Bachelards in der Wissenschaftsforschung vorangetrieben, so dass seine Arbeiten hier inzwischen zu den Schlüsselwerken gezählt werden (Wulz 2014).

Entlang der im Rückgriff auf Fleck, Dewey und Bachelard herausgearbeiteten Eckpunkte wird im Folgenden unter Bezugnahme auf die aktuelle Wissenschafts- und Technikforschung das Konzept der reflexiven Selbstverwissenschaftlichung als für die Wissenschaftsgesellschaft paradigmatische Form der experimentellen Wissensgenerierung weiter ausbuchstabiert. Das heißt, die herausgestellten Charakteristika der experimentellen Wissensgenerierung im Labor – Ziel der Unsicherheitsreduktion, Experimentalismus, technologischer Materialismus, Abstraktion, Verbesserung des methodischen Vorgehens, Subjektivität des Forschenden, konstruktivistischer Wissensbegriff und Intervention – werden im Folgenden abermals bemüht und als Orientierungsrahmen zur analytischen Annäherung an die Wissensherstellung expertisierter Laien in der Wissenschaftsgesellschaft verstanden.

3.1.1. Ziel der Unsicherheitsreduktion

Im Alltagsleben moderner Wissenschaftsgesellschaften sind in vielerlei Hinsicht Handlungen durchzuführen, ohne dass es in den anstehenden Entscheidungen absolute Gewissheit gibt. Dies liegt daran, dass mit der Verwissenschaftlichung des Alltagslebens üblicherweise kein Sicherheitsgewinn verknüpft wird – im Gegenteil: Da die Wissenschaft »nicht Lieferant zuverlässiger Erkenntnis, sondern eine Quelle von Unsicherheit« (Stehr/Grundmann 2010: 97) ist, impliziert die Verbreitung von Wissenschaft, was auf den ersten Blick widersprüchlich erscheint, einen Sicherheits*verlust* (Callon et al. 2011: 18).

Dieser »rasante Verlust an Sicherheit« (Beck 1986: 279) war bereits Mitte der 1980er Jahre ein zentraler Gegenstand der von Ulrich Beck ausformulierten Zeitdiagnose einer Risikogesellschaft. Beck konstatiert für die Gesellschaft seiner Zeit eine »Durchwissenschaftlichung, die den wissenschaftlichen Zweifel auch auf die immanenten Grundlagen und externen Folgen der Wissenschaft selbst ausgedehnt hat« (Beck 1986: 254). So gilt die Wissenschaft als »unverzichtbar und zugleich ihrer ursprünglichen Geltungsansprüche beraubt« (Beck 1986: 268). In globalem Maßstab diskutiert Beck (2007) diesen Ansatz zwei Jahrzehnte später in der Monographie »Weltrisikogesellschaft«, die den Untertitel »Auf der Suche nach der verlorenen Sicherheit« trägt. Beck beschreibt hier eindrücklich einen – zum Beispiel vor dem Hintergrund des globalen Selbstmordterrorismus, des Klimawandels oder der gentechnologischen Entwicklung – nochmaligen Kontingenz- und Komplexitätszuwachs. Dieser Gegenwartsdiagnose eines steigenden Maßes an Kontingenz, Komplexität und Unsicherheit schließen sich aktuell zahlreiche Autoren im Grundsatz an (z.B. Bauman 2000, Bude 2014, Callon et al. 2011, Collins 2014, Giddens 1996a, Nassehi 2015, Nassehi 2019, Nowotny 2016).

Eine zentrale Annahme dieser Gegenwartsanalysen besteht darin, dass die gesellschaftlich »hergestellten Unsicherheiten« (Giddens 1996b: 317) auch im individuellen Alltagsleben zum Tragen kommen. Dies wird insbesondere mit Blick auf konkrete Gesundheits- oder Umweltprobleme deutlich, da in diesen Fällen den betroffenen Laien die Unsicherheit wissenschaftlichen Wissens geradezu vor Augen geführt wird (Callon et al. 2011: 19).

Beispielsweise gilt dies für Patienten mit einem unerfüllten Kinderwunsch: Allein schon die Infertilitätsdiagnose ist mit mannigfachen medizinischen Unsicherheiten verknüpft, da es sich sowohl um eine vorübergehende als auch um eine dauerhafte Fruchtbarkeitsstörung handeln kann, die auf hormonelle, organische oder seelische Störungen bei dem männlichen, dem weiblichen oder bei beiden Partnern zurückgehen kann. Im teils jahrelangen Behandlungsverlauf können neben medizinischen Unsicherheiten weiterhin auch juristische (z.B. bei Auslandsbehandlungen), ethische (z.B. bei Eizellspenden), organisatorische (z.B. zur Vereinbarkeit von Berufstätigkeit und hormoneller Behandlung), psychische (z.B. aufgrund der Belastung der Paarbeziehung) oder soziale (z.B. aufgrund der gesellschaftlichen Tabuisierung) Unsicherheiten auftreten. Analytisch lassen sich mit Blick auf solche individuellen Unsicherheiten im Laienalltag epistemologische, praktische und persönliche Unsicherheiten unterscheiden (Han et al. 2011: 7ff.): Epistemologische Unsicherheiten beziehen sich hier zum Beispiel auf die genaue Diagnose des gesundheitlichen Problems, die Prognose zum weiteren Verlauf, Erläuterungen zur Ursache und kausalen Erklärung sowie auf konkrete Behandlungsvorschläge. Praktische Unsicherheiten können hinsichtlich organisatorischer Fragen, bezüglich der ärztlichen Kompetenz oder der Zuständigkeit für spezifische Behandlungsschritte bestehen, während sich persönliche Unsicherheiten in erster Linie auf psychosoziale oder existentielle Fragen beziehen. In der vorliegenden Arbeit sind mit dem Begriff der Unsicherheit – ebenso wie mit jenem der Ungewissheit – in erster Linie durch die Fragilität und Konflikthaftigkeit wissenschaftlichen Wissens charakterisierte Situationen der Unschlüssigkeit, des Zweifels oder der Ambiguität im Alltagsleben von Laien angesprochen. Das heißt, es geht im Kern um epistemologische Unsicherheiten, die jedoch mit praktischen und persönlichen Unsicherheiten eng verwoben sind.

Der adäquate Umgang mit epistemologischer Unsicherheit stellt im Lebensalltag der Wissenschaftsgesellschaft jedenfalls eine zentrale Herausforderung dar (Nowotny 2016: xiii). Das heißt zugleich, dass sich in der Wissenschaftsgesellschaft aus Perspektive von Laien regelmäßig die Frage nach potentiellen Strategien der Unsicherheits*bearbeitung* stellt. Esposito führt in diesem Zusammenhang aus, dass es ein typisches Kennzeichen von Modernität sei, »sich gegen den Einbruch der Kontingenz zu sichern, indem man die Unbestimmtheit so weit wie möglich reduziert und in dieser Reduktion eine Art Sicherheit sucht« (Esposito 2014: 65). Zu den in der Literatur genannten Strategien der Unsicherheitsreduktion von Laien in der Wissenschaftsgesellschaft gehören beispielsweise die Konsultation von Experten (Stehr/Grundmann 2010), das quantifizierende Risikokalkül (Beck 2007, Esposito 2014), die auf die Zukunft bezogene Prävention und Präkaution (Callon et al. 2011) beziehungsweise die Versicherung (Beck 2007). Während diese Strategien sich als eher rational-technische Vorgehensweisen ansehen lassen, stellen sich die weiterhin auftretenden Strategien der Ignoranz, des Fatalismus, des Zauderns, aber auch der Hoffnung oder des Glaubens – im Verständnis einer Wissenschaftsgesellschaft – als nicht-rationale Strategien im Umgang mit Unsicherheiten dar (Zinn 2008, Zirfas 2015). Mit Blick auf die politischen Entwicklungen in den letzten Jahren lassen sich auch Fundamentalismus und Re-Ontologisierung als entsprechende Strategien der Unsicherheitsbearbeitung verstehen. Als »In-Between-Strategies« konzipiert Zinn (2008, 2016) zudem Intuition, Vertrauen und Emotion (hierzu auch Giddens 1996a: 319ff); hier lassen sich potentiell auch die Unsicherheitsbearbeitungsstrategien des kollektiven Austauschs mit anderen Betroffenen und Experten (Callon et al. 2011, Funtowicz/Ravetz 2008) sowie die situative Kontextualisierung wissenschaftlichen Wissens (Nowotny et al. 2004) einordnen.

Das Konzept der reflexiven Selbstverwissenschaftlichung wird im Weiteren als eine spezifische Strategie der Unsicherheitsbearbeitung expertisierter Laien verstanden. Diese setzt an den hier genannten Formen der Unsicherheitsbearbeitung an, wobei die reflexive Selbstverwissenschaftlichung rational-technische und affektive Strategien kombiniert. Dieses Zusammenspiel von Objektivierung und Subjektivierung fügt sich in der Gesamtschau – wie im Folgenden noch deutlich werden soll – zu einem experimentellen Vorgehen.

3.1.2. Experimentalismus

Eine ganze Reihe soziologischer Arbeiten behauptet, dass vor dem Hintergrund epistemologischer Unsicherheit die Gegenwartsgesellschaft Experimentalcharakter erhalte (Bogusz/Reinhart 2018; Giddens 1996a; Krohn/Weyer 1989; Groß/Krohn 2005; Groß et al. 2005; Marres 2017). Diesen Ansätzen gilt die »Gesellschaft als Labor« (Krohn/Weyer 1989) und der Lebensalltag wird zum Experiment (Giddens 1996a: 118; Liburkina/Niewöhner 2017: 194). Das heißt, die Gegenwartsgesellschaft wird konzipiert als eine Gesellschaft, »die ihre Existenz auf […] experimentellen Praktiken gründet und so gesehen eine Gesellschaft der Selbst-Experimentierung ist« (Groß et al. 2005: 14).

In einer solchen Gesellschaft verschwimmen die Grenzen zwischen experimenteller Praxis und Alltagsleben (Liburkina/Niewöhner 2017: 194). Giddens (1996: 118) hält fest, dass wir alle in Alltagsexperimenten stecken und tatsächlich »experimentieren heute (unzählige Menschen) mit ihren Erfahrungen und Lebensentwürfen, einschließlich des Umgangs mit Krankheit, Alter und Ungewissheit angesichts einer offenen Zukunft« (Nowotny/Testa 2009:79). Da die experimentelle Wissensgenerierung als aktuelle Alltagspraxis expertisierter Laien verstanden wird, erfolgt unter Rückgriff auf neuere Theorien der Wissenschafts- und Technikforschung eine weitere Ausarbeitung derselben. Hierzu wird beispielsweise auf die erkenntnistheoretischen Überlegungen von Hans-Jörg Rheinberger (2002, zuerst englischsprachig 1997) Bezug genommen, der in seiner wissenschaftshistorischen Fallstudie »Experimentalsysteme und epistemische Dinge« eine »Epistemologie des modernen Experimentierens« (Rheinberger 2002: 7) entwickelt. Ausgehend von der wissenssoziologischen Annahme, dass »die wissenschaftliche Aktivität immer nur eine lokale, eingeschränkte sein kann« (Rheinberger 2002: 8f.), konzentriert er sich ganz auf die historische Aufarbeitung der zwischen 1947 und 1962 durchgeführten Krebsforschung des interdisziplinären Teams um den amerikanischen Mediziner Paul C. Zamecnik. Im Kern kann Rheinberger mit seiner detaillierten Analyse zeigen, dass das fortlaufende experimentelle Arbeiten von einer Situation der Ungewissheit sukzessive zu neuen, robusten Wissensbeständen führt (Rheinberger 2002: 14). Der von Rheinberger wissenssoziologisch eingeführte Begriff des »Experimentalsystems« umschreibt dabei komplexe, sich fortlaufend entwickelnde Arrangements, die aus den eingesetzten Instrumenten und Messgeräten, dem Forschungspersonal und dessen Kunstfertigkeiten, der Laborarchitektur und dem Untersuchungsgegenstand bestehen und – wie weiter unten noch ausgeführt wird – in soziomaterieller Wechselwirkung auf die Herstellung neuen Wissens zielen. Das heißt, Experimente werden nicht als isolierte, einmalig durchgeführte Forschungsakte verstanden, die einem eindeutigen Hypothesentest dienen. Vielmehr sind Experimentalanordnungen »so eingerichtet, dass sie noch unbekannte Antworten auf Fragen geben, die der Experimentator ebenfalls noch gar nicht klar zu stellen in der Lage ist« (Rheinberger 2002: 22). Neben Rheinbergers Konzept der »Experimentalsysteme« existieren in der aktuellen Wissenschafts- und Technikforschung noch weitere Ansätze, die die experimentelle

Wissensgenerierung als soziomaterielles Wechselverhältnis analytisch in den Blick nehmen: beispielhaft lassen sich hier die von Andrew Pickering (1995) konzipierte »mangle of practice«, die von Karin Knorr-Cetina (2002) analysierten »Wissenskulturen« sowie das von Werner Rammert (2007) ausgearbeitete Konzept der »experimentellen Interaktivität« nennen. Jeweils findet – bei allen Unterschieden im Einzelnen – ausgehend von einer Situation der Ungewissheit im soziomateriellen Wechselspiel eine experimentelle Wissensgenerierung statt. Das heißt, ähnlich wie in den Arbeiten von Fleck, Dewey und Bachelard – und teils in explizitem Anschluss an selbige – wird die Wissensgenerierung als ein fortlaufendes experimentelles Arbeiten mit dem Ziel der Unsicherheitsreduktion konzipiert. Die reflexive Selbstverwissenschaftlichung wird im Anschluss an diese Überlegungen als für die Wissenschaftsgesellschaft paradigmatische Form der experimentellen Unsicherheitsbearbeitung expertisierter Laien angesehen und im Rückgriff auf die Science and Technology Studies als soziomaterielles Wechselspiel konzipiert. In diesem Wechselspiel kommt, wie im Folgenden herausgearbeitet wird, den technologischen Artefakten ein zentraler Stellenwert zu.

3.1.3. Technologischer Materialismus

Bislang wurde argumentiert, dass expertisierte Laien in der Wissenschaftsgesellschaft ausgehend von Situationen epistemologischer Unsicherheit zur Herstellung lösungsorientierten Wissens Experimentalstrategien anwenden. Die entsprechenden Strategien der experimentellen Wissensgenerierung sind dabei in hohem Maße von den eingesetzten Technologien, hier: den digitalen Medien, geprägt.

Dies korrespondiert mit den Annahmen einer in der aktuellen Wissenschafts- und Technikforschung starken Strömung, die Dingen, Artefakten und Objekten – je nach Ansatz in unterschiedlichem Ausmaß – Eigensinn und Handlungsmacht zuschreibt. Schon in den frühen Laborstudien sind die Materialitäten im Prozess der Wissensgenerierung als »Inskriptionen« (Latour/Woolgar 1979) von Relevanz, wissenschaftliche Praxis wird als »Sozialität mit Objekten« (Knorr-

Cetina 1998) umschrieben und das Zusammenspiel von Forschern und Materialitäten als »dance of agency« (Pickering 1995), »Technologies-in-Practice« (Orlikowski 2000) oder »Affordance-in-Interaction« (Vyas et al. 2006) konzipiert. Auch Hans-Jörg Rheinberger (2002) schreibt in seiner historischen Epistemologie den »technischen Dingen« – das heißt, den im Experiment eingesetzten wissenschaftlichen Instrumenten, Aufzeichnungsgeräten und standardisierten Modellorganismen – eine hohe Bedeutung zu. Dabei werden die technischen Dinge als Materialisierungen von Forschungshandeln verstanden, als »Sedimentationsprodukte lokaler oder disziplinärer Arbeitstraditionen mit ihren Messapparaturen, dem Zugang zu, vielleicht auch nur der Vorliebe für spezifische Materialien oder Labortiere, den kanonisierten Formen handwerklichen Könnens, das von erfahrenen Laborkräften unter Umständen über Jahrzehnte weitergegeben wird« (Rheinberger 2002: 25f.). Das heißt, es wird angenommen, dass sich in den technischen Dingen Kultur materialisiert, was letztlich Unsicherheit reduziert und Stabilität garantiert: »Durch ihr ›Zuhandensein‹ und ihre Verlässlichkeit bieten die Dinge eine grundlegende Sicherheit von Deutungen und Handlungen an, Orientierung in der Welt ist aufgrund der Fraglosigkeit des Ding-Gebrauchs möglich« (Bosch 2015: 215). In diesem Sinne garantieren insbesondere Technologien die Stabilität von Experimentalanordnungen und ermöglichen so die Replikation von Experimenten: »Die technischen Dinge schreiben Randbedingungen der Experimentalsysteme fest und erzeugen damit einen Spielraum, innerhalb dessen sich ein epistemisches Objekt entfalten kann« (Rheinberger 2006: 314). Wissen entsteht somit an der »Schnittstelle« (Rheinberger 2006: 313ff.) von Instrument und Objekt – an dieser Schnittstelle »bemisst sich, ob ein bestimmtes Instrument und ein bestimmtes Objekt überhaupt in eine fruchtbare analytische Konstellation gebracht werden können« (Rheinberger 2006: 314). Digitalen Medien kommt im Rahmen der reflexiven Selbstverwissenschaftlichung demnach die Aufgabe zu, die epistemologische Unsicherheit des Alltagslebens in ein strukturiertes Setting der experimentellen Erkenntnisproduktion einzuhegen. Dieser Aufgabe werden die Medien nicht zuletzt dadurch gerecht, dass sie die Abstrahierung von Wissen forcieren.

3.1.4. Abstraktion

Das abstrakte Wissen experimenteller Wissenschaft wird gemeinhin in Zahlen kommuniziert. Für den Bereich der Wissenschaft ist spätestens seit dem 19. Jahrhundert eine zunehmende Zahlenhaftigkeit der Herstellung und Kommunikation von Wissen festzuhalten (Desroisieres 2005). Mit der Digitalisierung ist die Datafizierung, Quantifizierung und Algorithmierung des Wissens im Alltagsleben angekommen, was beispielsweise in der numerischen Darstellung von Konsumverhalten, Mediennutzung, Körperdaten und Kommunikationsverhalten Ausdruck findet (Boyd/Crawford 2012: 663). Entsprechend wird für die Gegenwartsgesellschaft die Quantifizierung als ein konstitutives Merkmal angesehen (Espeland/Stevens 2008: 402), es wird eine »Explosion von Quantifizierungen« (Heintz 2008: 116) ausgemacht, darauf verwiesen, dass alles, was quantifiziert werden könne, heute auch quantifiziert werde (Nowotny 2016: 119) sowie behauptet, wir lebten in einer »world of numbers« (Cohen 2005: 17). Zahlreiche soziologische Arbeiten widmen sich der umfassenden Quantifizierung in Wirtschaft, Wissenschaft, Alltag und Politik (z.B. Desroisières 2005; Espeland/Stevens 2008; Heintz 2008; Lamont 2012; Mau 2017; Porter 1995; Vormbusch 2012). Dabei zeigt sich, dass numerische Darstellungen eine Eigendynamik aufweisen und unter anderem mit Klassifizierungen (Bowker/Star 1999), Normalisierungen (Link 1997), Disziplinierungen (Espeland/Stevens 2008), Vergleichsprozessen (Heintz 2008), Bewertungen (Lamont 2008) und Rankings (Espeland/Sauder 2007) einhergehen. In experimentellen Settings dienen Quantifizierungen primär der Ordnung sowie der Disziplinierung des Forschers, ermöglichen Bewertungen, nehmen »Beweis- und Schiedsrichterfunktionen« (Knorr-Cetina 2002: 82) ein und führen den Erkenntnisgewinn zu einem vorläufigen Endpunkt, der wiederum als Anfangspunkt weiterer Messungen, Ordnungen, Zuordnungen und Bewertungen dienen kann. Quantifizierungen gelten somit als Anhaltspunkte, die »eine Orientierung im Dickicht der Unsicherheit« (Esposito 2014: 10) ermöglichen: »Zahlen und Formeln scheinen in einer immer flüchtigeren Welt Sicherheit zu bieten – oder zumindest ein funktionierendes Surrogat« (Esposito 2014: 72).

Elena Esposito arbeitet das spezifisch für die Wahrscheinlichkeitstheorie heraus, die durch eine »Hypersimplifikation des Weltbildes« (Esposito 2014:48) einerseits die Reduktion von Unsicherheit ermögliche, andererseits aber kein objektives Wissen erzeuge: Auch wenn sich Wahrscheinlichkeiten berechnen lassen, ist es »vollkommen klar, dass es sich um reine Fiktion handelt, denn die zukünftigen Gegenwarten werden nicht mehr oder weniger wahrscheinlich sein, sie werden sich nicht zu 40 oder 75 Prozent verwirklichen, sondern genau so, wie sie sein werden« (Esposito 2014: 31). Auch Beck konstatiert, dass durch den »Siegeszug des Risikokalküls« (Beck 2007: 58) Unsicherheiten zwar zunehmend kalkulier- und bearbeitbar, aber letztlich nicht in dauerhafte Sicherheiten überführbar seien. Diese bleibende Unsicherheit quantifizierter Prognosen, so wiederum Esposito, werde mit Strenge kompensiert (Esposito 2014: 66). So zielten Berechnungen generell auf Präzision und Replizierbarkeit, »damit man sie angesichts der tatsächlichen Ereignisse Schritt für Schritt korrigieren kann« (Esposito 2014: 114). Demnach sind entsprechende Abstraktionen, wenn auch fiktional, dennoch im Prozess der Wissensgenerierung wertvoll. Esposito hält fest, Wahrscheinlichkeitsberechnungen funktionierten überhaupt nur aufgrund ihrer Fiktionalität und böten »jene Orientierungsmöglichkeiten, die die ›reale Realität‹ nicht zu bieten hat« (Esposito 2014: 55).[2] Zahlen- und Formelhaftigkeit wirkt demnach als Generator gesetzmäßigen Wissens in einer als wesensmäßig ungeordnet wahrgenommenen Welt (Cartwright 1999). Den Zahlen und Formeln im Prozess der experimentellen Wissensgenerierung wird zugleich Nützlichkeit zugesprochen und Skepsis entgegengebracht. Die »Objektivitätssuggestion von Zahlen« (Heintz 2008: 117) und die robuste Vagheit simplifizierter Gesetze dienen dann als stets unter Vorbehalt stehende Stütze der strukturierten Wissenserzeugung. Expertisierte Laien nehmen deshalb

---

2 In diesem Sinne ist auch das im Handbuch »Statistics for Experimenters« festgehaltene Statement des britischen Statistikers George Box »All models are wrong; some models are useful« (Box et al. 2005: 420) zu verstehen, das wissenschaftlichen Modellen zwar keinen Wahrheitswert, aber einigen dennoch Funktionalität in der experimentellen Wissensherstellung zuschreibt.

vielfach auf abstrakte, vorderhand präzise Quantifizierungen, Berechnungen und Formeln Bezug, auch wenn sich diese auf den zweiten Blick als vage und unscharf erweisen. Die sukzessive Verbesserung dieser instrumentellen Hilfsmittel, so die im Folgenden skizzierte Annahme, ist deshalb ein, wenn nicht gar *das* zentrale Ziel der (selbst-)experimentellen Wissenserzeugung.

3.1.5. Verbesserung des methodischen Vorgehens

Der Fokus auf experimentelle Arten der Wissensgenerierung bringt eine intensive Auseinandersetzung mit den Charakteristika von Experimentalanordnungen mit sich. Die Herstellung neuen Wissens hängt dann davon ab, dass der Forscher die wissensgenerierende Experimentalanordnung »ans Laufen kriegt«.

Das ist wiederum besonders anschaulich im Kontext der von Hans-Jörg Rheinberger konzipierten Experimentalsysteme ausgeführt. Das experimentelle Forschen zielt hier in erster Linie auf eine funktionierende Experimentalanordnung – und weniger auf einen Theoriebezug; Rheinberger möchte mit seinem Ansatz explizit »dem Primat der Theorie […] entgehen« (Rheinberger 2002: 20). Dabei unterscheidet er analytisch die bereits erläuterten »technischen Dinge« von den sogenannten »epistemischen Dingen« (Rheinberger 2002: 24ff.): Erstere bezeichnen die als Technologien oder Modelle verfestigten, materialisierten, harten Wissensbestände, welche »im Rahmen der aktuellen Reinheits- und Präzisionsstandards von charakteristischer Bestimmtheit sein (müssen)« (Rheinberger 2002: 26), um die Replizierbarkeit des experimentellen Settings und somit die Zurechnung von in Zeitreihenexperimenten erzeugten Ergebnissen auf spezifische Ursachen zu ermöglichen. Als epistemisches Ding gilt hingegen der unbestimmte, noch zu klärende »Gegenstand der Forschung im engeren Sinne« (Rheinberger 2002: 24). Epistemische Dinge präsentieren sich »in einer für sie charakteristischen, irreduziblen Vagheit« (Rheinberger 2002: 24), welche jedoch nicht als defizitär, sondern vielmehr als Motor des experimentellen Arbeitens zu verstehen ist: Die in experimentellen Praktiken entstehenden vagen Begriffe entfalteten »trotz – oder vermutlich sogar wegen – ihrer

Unschärfe eine mehr oder weniger ausgeprägte Orientierungsmacht und (treiben) die Welt der Forschung voran« (Rheinberger 2006: 222). Die epistemischen Dinge treten jedoch erst in Auseinandersetzung mit den Einschränkungen und Widerständen der technischen Dinge hervor, gewinnen an Form und verfestigen sich dann nach und nach, so dass sie letztlich selbst zu technischen Dingen mutieren können. Dieser zwischen fragil und robust changierende Status wissenschaftlicher Erkenntnis findet sich auch bei Giddens anschaulich umschrieben: »Die Ergebnisse der Wissenschaft können in vielen Bereichen als relativ gesichert gelten, insbesondere, wenn sie mit handfesten Technologien verknüpft sind; der Treibsand ist in diesem Bereich mit Beton durchsetzt« (Giddens 1996a). Die in diesem Unterkapitel im Fokus stehende Verbesserung des methodischen Vorgehens findet nun dann statt, wenn im Fortlauf des experimentellen Prozesses bildlich gesprochen eine Verarbeitung von »Treibsand« zu »Beton« erfolgt; das heißt, wenn epistemische Dinge, die sich im Prozess der Wissensgenerierung bewährt haben, »als technische Bausteine in eine bestehende Experimentalordnung eingefügt werden« (Rheinberger 2002).[3] Der Wandel von epistemischen in technische Dinge stellt dann eine methodische Verbesserung dar, da dieser zur Replizierbarkeit, Kontrollierbarkeit und somit wissenserzeugenden Verwendbarkeit des experimentellen Settings beiträgt. Gleichzeitig muss im experimentellen Setting noch so viel Spielraum bleiben, dass die Wissensgenerierung nicht rein mechanisch abläuft: »Wenn Forschungssysteme zu starr werden, verwandeln sie sich in Testanlagen, in standardisierte Vorrichtungen zur Herstellung von Repliken« (Rheinberger 2002: 84). Experimentelle Versuchsreihen streben demnach nicht die reine Replikation, sondern die »differentielle Reproduktion« an – das heißt, einen fortlaufenden Abgleich je variierter Experimentalsysteme, der potentiell Neues produziert (Rheinberger 2002: 76ff.).

---

3 Dabei ist jedoch auch der umgekehrte Weg – das Zerbröseln von »Beton« zu »Treibsand« – im übertragenen Sinne durchaus denkbar: Technische Dinge können den ihnen stets vorläufig zugedachten quasi-ontologischen Status im experimentellen Prozess auch wieder verlieren.

Eine Verbesserung des methodischen Vorgehens ist somit dann zu konstatieren, wenn sich das experimentell erstellte Wissen nach und nach verfestigt, zunehmend in Theorien, Formeln, Modellen oder Technologien einschreibt und so eine immer robustere Experimentalanordnung entsteht. Diese muss jedoch zugleich ein spezifisches Maß an Flexibilität erlauben, um im Fortlauf der variiert wiederholten Settings noch potentiell Unvorhergesehenes hervorbringen zu können. Ein entsprechender Umgang mit dem Experimentalsetting erfordert, wie im nächsten Abschnitt deutlich wird, Intention, Erfahrenheit und Subjektivität auf Seiten des Forschers.

3.1.6. Subjektivität

Mit Blick auf die Herstellung wissenschaftlichen Wissens lässt sich die Subjektivität am besten in Abgrenzung zu ihrem angenommenen Gegenteil, der Objektivität, erläutern. Objektivität – das klingt in der vorliegenden Arbeit bereits mehrfach an – gilt als ein naturwissenschaftliches Erkenntnisideal. Vor dem Hintergrund des Objektivitätsideals wird Subjektivität im Prozess der Generierung wissenschaftlichen Wissens als »Sand in der Wissensmaschine«, als »philosophical trouble« (Shapin 2011: 171) angesehen. Das heißt zugleich, dass eine konsequente Umsetzung des Objektivitätsideals mit »der vollständigen Tilgung des Selbst« (Daston/Galison 2007: 405) verknüpft ist: Im Prozess der experimentellen Wissensgenerierung muss demnach das wissenschaftliche Selbst »seinen dominanten Willen nach innen richten und Selbstdisziplin, Selbstbeschränkung, Selbstverneinung, Selbstvernichtung und viele andere Techniken der selbstauferlegten Selbstlosigkeit üben« (Daston/Galison 2007: 214). Diese auferlegte Selbstlosigkeit lässt sich wiederum in weiten Teilen als Körperverdrängung verstehen, wie Werner Kutschmann (1986) in seiner historischen Analyse »Der Naturwissenschaftler und sein Körper« anschaulich herausarbeitet: Die experimentelle Wissensgenerierung, so Kutschmann, versteht einerseits den menschlichen Körper als ein zentrales Objekt der naturwissenschaftlichen Vermessung, Abbildung und Analyse, drängt aber zugleich den Leib des Naturwissenschaftlers aus dem Prozess der Wissensherstellung heraus (Kutschmann 1986: 15). Der Einsatz experimenteller Technologien und Methoden zielt unter Maßgabe des Objektivitätsideals dann darauf, das Selbst beziehungsweise den Körper des Naturwissenschaftlers als Exekutivorgan, als ästhetisches Rezeptionsorgan und als Quelle von Empfindungen zu disziplinieren (Kutschmann 1986: 328)[4], so dass das hergestellte Wissen »nicht von Subjektivität ›verschmutzt‹« (Daston/Galison 2007: 46), nicht von Sozialem kontaminiert wird (Knorr Cetina 1988: 85).

Dass aus der Perspektive wissenschaftlicher Praxis diese Vorstellung wissenschaftlichen Arbeitens jedoch schwierig ist, veranschaulicht beispielhaft die amerikanische Botanikerin und Nobelpreisträgerin Barbara McClintock (1902-1992), die der festen Überzeugung war, dass wissenschaftliches Arbeiten zwingend die Subjektivität der Forscher erfordere (Fox-Keller/Mandelbrot 1983: 198). Erst ein Gespür für das Funktionieren eines Experiments, welches McClintock als »a feeling for the organism« (Fox-Keller/Mandelbrot 1983: 197ff.) bezeichnet, ermögliche die Herstellung wissenschaftlichen Wissens. Für den medizinischen Bereich lässt sich diese Relevanz der Subjekthaftigkeit am Beispiel des Stethoskops veranschaulichen, welches sich im 19. Jahrhundert zu einer so zentralen Diagnosetechnik entwickelte, dass es bald als ärztliches Standessymbol galt (Lachmund 1992). Die Anwendung des Stethoskops führte jedoch keineswegs zu einer mechanischen, vom Arzt weitgehend unabhängigen Diagnose, sondern erforderte vielmehr neue ärztliche Fertigkeiten wie das Heraushören der subtilen Unterschiede zwischen nassem und kaltem, schleimigem und bollerndem oder helltönend-trockenem und schnarchendem Röcheln: »Der Körper des Arztes und der Körper des Patienten bilden gemeinsam mit dem Stethoskop eine komplexe Wahrnehmungsapparatur, deren

---

4 Das heißt, in der Wissenschaft akzeptiert wird der Körper des Naturwissenschaftlers lediglich als leiblicher Träger von Erkenntnis, als »Kopfträger« – die zentrale Aufgabe des Körpers besteht demnach in der physischen Ermöglichung von Kognition: »Der Körper soll störungsfrei, gleichläufig und gleichmütig Denktätigkeit ermöglichen. Soll materieller Träger oder `Basis` dieser Tätigkeit sein, ohne dass Beeinträchtigungen oder Verzerrungen von seiner Seite zu gewärtigen seien« (Kutschmann 1986: 329).

privilegierten Punkt das Ohr des Arztes einnimmt« (Lachmund 1992: 241). Das zur stethoskopischen Untersuchung erforderliche »implizite Wissen« (Polanyi 1985) des Arztes verweist dann ebenso wie das nach McClintock erforderliche »feeling for the organism« beispielhaft darauf, dass sich »instrumentelle Technik und sinnliche Körper in der Medizin nicht unvereinbar gegenüber(stehen)« (Rammert/Schubert 2015: 354) – oder in einem abstrakteren Sinne: dass »Objektivierung und Subjektivierung oft Hand in Hand gehen« (Rammert/Schubert 2015: 353).

Diesem Zusammenspiel von Objektivität und Subjektivität widmen sich zahlreiche Arbeiten der Science and Technology Studies. Andrew Pickering (1984: 14) beispielsweise vergleicht das fortlaufende Aufeinandereinstellen, Kalibrieren und reziproke Stabilisieren einzelner Experimentalelemente mit einer Sendersuche im Radio und spricht vom »tuning«[5] (Pickering 1995: 14). In einem ähnlichen Sinne behauptet Karin Knorr-Cetina (1984, 2002), dass Naturwissenschaftler als »tinkerer« (Knorr-Cetina 1984: 64ff.)[6] agieren, als Bastler, die im Experiment eine Art versierte Flickschusterei betreiben: Sie entwickeln ihre experimentellen Zeitreihen entlang der lokalen Gegebenheiten, fokussieren stets auf funktionierende Resultate und orientieren sich dabei an Zielen, die sich abhängig vom Projektverlauf jeweils verändern. Dabei ist der Körper des Forschers »als stummes Gedächtnis von Erfahrung, als Träger von Kompetenz und Ort sensorischer Informationsverarbeitung«

5 In Fußnote 15 der Studie von Pickering (1984, S. 20) lässt sich möglicherweise der erste Verweis der neueren Wissenschafts- und Technikforschung auf die Arbeiten von Fleck ausmachen. Pickering verortet hier seine Untersuchung in der Tradition der konstruktivistischen Ansätze der Wissenschaftshistorie und -soziologie und nennt als weitere Untersuchungen aus diesem Bereich die Untersuchungen von Fleck (1979), Knorr-Cetina (1981), Latour und Woolgar (1979) und MacKenzie (1981).

6 Knorr-Cetina (1984: 282) entlehnt das Bild des Tinkering bei Jacob (1977), der es auf die biologische Evolution bezieht als einen »nicht-optimalen, redundanten, spielerischen Zufallsprozeß […] – im Gegensatz zu einem gut geplanten systematischen Prozeß, in dem alles seinen Zweck hat und nichts verschwendet wird«.

(Knorr-Cetina 2002: 145) permanent im experimentellen Arbeiten präsent. Ian Hacking weiterhin spricht mit Blick auf die Relevanz der Subjektivität von der »Achtsamkeit« des Experimentators und zielt damit insbesondere auf Fertigkeiten im Umgang mit wissenschaftlichen Technologien: »Nur wenn man achtsam ist, wird es gelingen, die Geräte zum Funktionieren zu bringen« (Hacking 1996: 279). Ähnlich hält Rheinberger fest, dass ein funktionierendes Experiment, »soll das Ganze nicht im repetitiven Leerlauf enden, abhängig von der tastenden Suche nach Differenzen« (Rheinberger 2002: 77) ist, welche auf Seiten der Forschenden Erfahrenheit erfordert. Diese Erfahrenheit sorgt für eine produktive Destabilisierung des Experimentalsystems: »Um zu neuen Dingen vorzustoßen, muss das System destabilisiert werden – doch ohne vorherige Stabilisierung produziert es nur Geräusch« (Rheinberger 2002: 83). Der Biophysiker Max Delbrück hat ein entsprechendes Vorgehen in einem Brief an den Mikrobiologen Salvador Luria als »Prinzip der gemäßigten Schlampigkeit bezeichnet« (Rheinberger 2002: 82). Experimente werden demnach, dies zeigen die entsprechenden Ansätze, nicht allein durch die strikte Anwendung schematisch-methodischen Wissens ans Laufen gebracht, sondern sind zwingend auf die Subjektivität des Forschers angewiesen.

In einem allgemeineren Sinne behaupten Nowotny und Kollegen, dass bis dato als »bloß subjektiv« angesehene Positionen im wissenschaftlichen Austausch zunehmend Beachtung fänden; generell halten sie für die Wissenschaftsgesellschaft einen Bedeutungsgewinn des Subjektiven fest: »Unvermeidliche Begleiterscheinung der Individualisierung ist eine Aufwertung des Subjektiven, eingeschlossen eine Neubewertung der subjektiven Erfahrung« (Nowotny/Scott/Gibbons 2004: 255). Diesen Relevanzgewinn des Subjektiven verhandelt Reckwitz (2017: 59) unter dem Begriff der »Singularisierung«: »Singularisiert wird ein Subjekt dann, wenn seine Einzigartigkeit sozial wahrgenommen und geschätzt, wenn sie in bestimmten Techniken aktiv angestrebt und an ihr gearbeitet wird«. Für die digitale Gegenwartsgesellschaft behauptet Reckwitz weiterhin, dass diese nicht nur durch die mit der industriellen Moderne verknüpften Prozesse der Standardisierung, Rationalisierung und Versachlichung geprägt sei, sondern sich auch durch den beschriebenen Prozess der Singularisierung sowie eine zunehmende Kulturalisierung und Affektintensivierung charakterisieren lasse (Reckwitz 2017: 19f.). Demnach kann dann auch Technisierung »nicht umstandslos mit einer Entkörperlichung menschlicher Handlungsbeiträge« (Rammert/Schubert 2015: 357) gleichgesetzt werden – eher im Gegenteil: Die fortschreitende Digitalisierung scheint mit gesteigerten Subjektivitäts- und, wie sich im nächsten Abschnitt zum konstruktivistischen Wissensbegriff zeigt, sinkenden Objektivitätsansprüchen verknüpft zu sein.

3.1.7. Konstruktivistischer Wissensbegriff

Die Wissensgesellschaft wird üblicherweise »nicht mit einer Zunahme von Wahrheit und mit eindeutigen Lösungen (verbunden), sondern eher mit dem Gegenteil« (Knorr-Cetina 2002: 342). Dies lässt sich auf die Verwissenschaftlichung des Alltagslebens zurückführen, die in einem ganz allgemeinen Sinne »Faktenproduktion [...] als soziale Praxis analytisch verfügbar, ihre Kontingenz greifbarer« (Liburkina/Niewöhner 2017: 173) macht. Das heißt, ontologische Konzeptionen verlieren aktuell an Boden, wodurch sich zugleich die Frage aufdrängt, wie sich das je hergestellte Wissen der Wissenschaft letztlich legitimieren lässt – beziehungsweise, wie die kontingenten Wissensbestände mit Blick auf potentielle Anschlusshandlungen geschlossen werden können.

Hinsichtlich der Schließung wissenschaftlichen Wissens lassen sich nach Pickering objektivistische und relativistische Vorstellungen unterscheiden. Die objektivistischen Vorstellungen behaupten, dass allein die Einhaltung epistemischer Standards wie jener der Subjektfreiheit zu objektivem, »geschlossenem« Wissen führe: »The rules guarantee the objectivity of science by tying scientists' hands behind their backs in knowledge production« (Pickering 1995: 193). Relativistische Positionen gehen hingegen davon aus, dass beispielsweise soziale Aushandlungsprozesse oder Denkstilgemeinschaften zur Schließung von Wissen führen (Pickering 1995: 193). Mit seinem Konzept einer »mangle of practice« verknüpft Andrew Pickering die beiden Perspektiven und behauptet, dass das Wissen in seiner experimentellen

Herstellung durch eine »interaktive Stabilisierung« (Pickering 2012: 319) geschlossen wird: Während die Experimentalapparatur das Forscherhandeln diszipliniert, macht sich das Forschersubjekt zugleich die Experimentalapparatur zu eigen: »Disciplined human agency and captured material agency are [...] constitutively intertwined; they are interactively stabilized« (Pickering 1995: 17). Das heißt, Forscher, Experimentalapparatur und Forschungsobjekt werden solange »durch die Mangel gedreht«, bis ein zugleich als relativ, historisch und objektiv zu verstehendes Wissen entstanden ist (Pickering 1995: 194). Im experimentellen Handeln wird demnach ein Wissen hergestellt, das sich in einem fortlaufenden Prozess des operationalen Umdefinierens befindet und dennoch, so die Annahme, als objektiv zu verstehen ist (Rheinberger 2002). Dabei handelt es sich jedoch um eine stets vorläufige Arbeitsversion von Objektivität, die in einer historischen Arbeit von Daston und Galison (2007: 56f.) trefflich folgendermaßen umschrieben ist:

> »(W)enn man Begriffe durch Handlungen ersetzt und Praktiken statt Bedeutungen untersucht, lichtet sich der Nebel, der die Vorstellung von Objektivität umgibt. Dann zerfällt wissenschaftliche Objektivität in die Gesten, Techniken, Gewohnheiten und Verhaltensweisen, die sich durch die Schulung und tägliche Wiederholung tief eingeprägt haben. Sie wird greifbar in Bildern, in Eintragungen in Laborprotokollen und in logischen Formeln: Objektivität in Hemdsärmeln, nicht in der Tunika einer Marmorstatue [...] Hemdsärmelige Objektivität zu beobachten heißt, Objektivität im Werden zu beobachten« (Daston und Galison 2007: 56).

In einer solch prozessualen Perspektive hemdsärmeliger Objektivitätsansprüche wird der experimentelle Forschungsprozess dann als »nach vorne offen« (Rheinberger 2002: 22) und das hergestellte Wissen als stets vorläufig und dennoch robust verstanden.

Das Konzept der reflexiven Selbstverwissenschaftlichung arbeitet mit einem solchen Wissensbegriff, der die objektivierenden Elemente der materiell bedingten Wissensgenerierung ebenso in den Blick nimmt wie die soziale Konstruiertheit wissenschaftlichen Wissens, der die Historizität des Wissens mit Unabgeschlossenheit kombiniert und zudem – das zeigt der letzte Abschnitt – von einem Wissen ausgeht, das eingreifenden Charakter hat.

3.1.8. Intervention

Die Wissensgesellschaft lässt sich beschreiben als »eine soziale und ökonomische Welt, in der Ereignisse oder Entwicklungen zunehmend ›gemacht‹ werden, die zuvor einfach ›stattfanden‹« (Stehr 2001: 10).[7] In diesem Sinne definiert Stehr ein Bündel wissensfundierter Kompetenzen, die zur »Herausbildung des Bewusstseins bei(tragen), dass man in der Lage ist, soziale Situationen zu beherrschen und nicht Opfer oder Spielball zufälliger Umstände wird« (Stehr 1994: 199). Zu diesen Kompetenzen gehört beispielsweise die Fähigkeit, Ermessensspielräume auszunutzen, Selbstschutz zu organisieren, Widerstand zu mobilisieren oder Risiken zu vermeiden – letztlich geht es darum, in der Lage zu sein, »eine einmal entwickelte Idee auch umzusetzen« (Stehr 2015: 122). Wissen wird demnach als Handlungsfähigkeit, als Handlungsvermögen definiert, wobei Stehr (2015: 21; 56f.) diesen auf Wissenschaftsgesellschaften gemünzten Begriff in Anlehnung an Francis Bacon (1561-1626) entwickelt: Der frühe Philosoph des Experimentalismus verknüpft mit der Verfügungsgewalt über Wissen unter anderem die Möglichkeit, etwas zu erzeugen beziehungsweise einen Prozess »in Gang zu setzen«, dessen Folgen, so Stehr, sich jeweils an konkreten Veränderungen der Realität ablesen lassen (Stehr 2015: 33).

Auch Ian Hacking (1996) nimmt in seiner »Einführung in die Philosophie der Naturwissenschaften« – die unter dem Originaltitel »Representing and Intervening« (1983) zu den Klassikern der Wissenschaftsforschung zählt – Bezug auf die von Bacon stammenden

7 Hinsichtlich der Fortpflanzung beispielsweise resultiert dann aus wissenschaftlichen, technischen und sozialen Entwicklungen – wie der Geburtenkontrolle, der Reproduktionsmedizin und der gesellschaftlichen Akzeptanz neuer Familienbilder – ein Anstieg an individuellen Handlungsoptionen, welche den multiplen Einsatz von Wissen ermöglichen, wenn nicht gar einfordern.

Überlegungen zum experimentellen Arbeiten. Hacking führt aus, dass nach Bacons Lehre naturwissenschaftliche Beobachtung nicht nur in möglichst unbeeinflusstem Zustand zu erfolgen habe, sondern dass der Naturwissenschaftler zudem »›den Löwen beim Schwanz packen‹, das heißt: auf unsere Welt einwirken (muss), um ihre Geheimnisse in Erfahrung zu bringen« (Hacking 1996: 250). Dieser intervenierende Charakter experimentellen Arbeitens steht auch im Fokus von Hackings epistemologischen Überlegungen. Er geht davon aus, dass die Naturwissenschaft nicht nur auf die theoretische Darstellung (»Representing«) des Wissens zielen könne – vielmehr müsse auch das (experimentelle) Eingreifen (»Intervening«) zwingender Bestandteil naturwissenschaftlicher Wissensgenerierung sein. Dabei besteht der zentrale Zweck des Experimentierens nicht im Testen von Theorien und Hypothesen, sondern »im Machen und Ausprobieren – und im genauen Erfassen, was passiert« (Hofmann 2014: 138). Durch den Einsatz möglichst funktionstüchtiger Technologien könne sich der Forscher so einen Begriff von den »kausalen Kräften eines Phänomens« machen (Hacking 1996: 451f.). Das heißt, Gewissheit über ein Phänomen ist nur in der (technisch gestützten) Intervention und Messung – sprich: im Experiment – zu erlangen: »Der beste Beleg dafür, dass wir tatsächlich über einen solchen Begriff (von den kausalen Kräften eines Phänomens) verfügen, ist dann gegeben, wenn wir uns dranmachen können, von Grund auf neue Maschinen zu bauen, die einigermaßen zuverlässig funktionieren und sich dabei diesen oder jenen Kausalnexus zunutze machen. Der beste Beweis des wissenschaftlichen Entitäten-Realismus liegt also nicht im Theoretischen, sondern im Technischen« (Hacking 1996: 452). Erkenntnistheorie solle demnach auch »nicht über die Theorie, sondern über die Praxis« (Hacking 1996: 450) nachdenken. Wissenschaftliches Wissen wirkt somit auf sich selbst, weshalb experimentelle Wissensgenerierung in ihrer Wissensabhängigkeit und Selbstbezüglichkeit in zweifacher Hinsicht als reflexiv angesehen werden kann. Mit diesem letzten Punkt lässt sich hinsichtlich der reflexiven Selbstverwissenschaftlichung nun festhalten, dass diese als experimenteller Eingriff ins (eigene) Alltagsleben anzusehen ist. Dabei wird das in der selbstexperimentellen Analyse generierte Wissen in reflexiver

Schlaufe fortlaufend als Handlungsfähigkeit des Selbst wirksam: Das heißt, die experimentelle Intervention setzt die Wissensgenerierung in eigener Sache in Gang – und hält sie am Laufen.

An dieser Stelle soll nun ein kurzes Zwischenfazit gezogen werden. Im Versuch, die reflexive Selbstverwissenschaftlichung erkenntnistheoretisch auszubuchstabieren, wurden in der vorliegenden Arbeit in einem ersten Schritt die zu Beginn des 20. Jahrhunderts ausformulierten und inzwischen als einschlägige Arbeiten der Wissenschafts- und Technikforschung geltenden Epistemologien von Ludwik Fleck, John Dewey und Gaston Bachelard in ihren Grundzügen erläutert und auf eine acht Punkte umfassende erkenntnistheoretische Beschreibung experimenteller Wissensgenerierung zugespitzt. In einem zweiten Schritt wurde das erkenntnistheoretische Konzept der experimentellen Wissensgenerierung ausgeweitet zu einem Konzept der reflexiven Selbstverwissenschaftlichung, die hier als paradigmatische Form der Wissensherstellung expertisierter Laien in der Gegenwartsgesellschaft verstanden wird. Zu diesem Zweck wurden aktuellere Ansätze wie die von wachsenden Unsicherheiten ausgehenden Zeitdiagnosen, der neue Experimentalismus, der sogenannte Material Turn, die Soziologie der Quantifizierung, die historische Epistemologie oder der wissenschaftliche Realismus zu Rate gezogen.

Vor dem Hintergrund der genannten Ansätze lässt sich an dieser Stelle nun thesenartig Folgendes festhalten: Die reflexive Selbstverwissenschaftlichung ist eine für die Wissenschaftgesellschaft typische Form der Bearbeitung epistemologischer Unsicherheit. Diese Unsicherheitsbearbeitung erfolgt durch ein experimentelles Vorgehen im Lebensalltag expertisierter Laien, wobei die digitalen Medien, welchen sowohl die Objektivierung als auch die Subjektivierung von Wissen eingeschrieben ist, einen zentralen Stellenwert einnehmen. Die aus der den digitalen Medien impliziten Quantifizierung und Formelhaftigkeit resultierende Abstrahierung des Wissens hat dabei eine Disziplinierung des Forschersubjekts sowie die Replizierbarkeit des experimentellen Settings zur Folge. Das heißt, die Technisierung und Abstrahierung stabilisieren das experimentelle Setting, was der methodischen Fortentwicklung dienlich sein kann. Zugleich erfordert die Herstellung neuer Erkenntnis jedoch ein spezifisches Maß an Subjektivität auf Seiten der (zum eigenen Körper und Alltag) Forschenden. Das der lösungsorientierten Bearbeitung individueller Unsicherheit dienliche Wissen wird demnach im experimentellen Wechselspiel von Objektivität und Subjektivität hergestellt, wodurch das Wissen zugleich als robust und nach vorne hin offen angesehen werden kann. Das von expertisierten Laien selbstexperimentell hergestellte Wissen-im-Werden greift dabei fortlaufend ins Alltagsleben ein, was im Folgenden am Beispiel der digitalen Selbstvermessung veranschaulicht und weiter untersucht werden soll.

3.2. Digitale Selbstvermessung als Beispiel der reflexiven Selbstverwissenschaftlichung

Die digitale Selbstvermessung umfasst nach einer einschlägigen Definition »the practice of systematically recording information about one's diet, health, or activities, typically by means of a smartphone, so as to discover behavioural patterns that may be adjusted to help improve one's physical or mental well-being« (Oxford Dictionaries 2016). Eine der gängigsten Formen der digitalen Selbstvermessung ist das Vermessen von Wegstrecke, Trainingszeit und Kalorienverbrauch im Rahmen regelmäßigen Lauftrainings. Auch die digitale Vermessung des eigenen Ernährungs- und Schlafverhaltens ist inzwischen weit verbreitet. Immer stärkere Verbreitung findet zudem die digitale Selbstvermessung auch im Fall chronischer Krankheiten: Smartphone-Applikationen (Apps) für Diabetiker dokumentieren beispielsweise Blutzuckerwerte, Kohlenhydratzufuhr, Medikation und Sportbetätigung. Darüber hinaus existieren eine Vielzahl an Formen der digitalen Selbstvermessung beispielsweise zu Zeitmanagement, Körperhaltung, Stillroutinen, Finanzströmen, Hirnaktivität, emotionaler Verfasstheit, Yogaübungen, Menstruation, Mediennutzung, Sozialkontakten und vielem mehr. Vielfach werden die Daten graphisch aufbereitet, statistisch weiterverarbeitet und auf je spezifischen Internetseiten publiziert, diskutiert und teils automatisch aggregiert. Auch Daten, die nicht von vornherein numerisch vorliegen – wie beispielsweise die emotionale Verfasstheit – werden narrativ dokumentiert und dann beispielsweise über Wortzählungen oder Skalenzuordnungen quantifiziert abgebildet. Teilweise erfolgt eine manuelle Eingabe der selbstvermessenen Daten, teils werden die entsprechenden Daten aber auch durch die in Smartphones eingebauten Sensoren oder durch Logfiles automatisch aufgezeichnet.

Mittlerweile widmen sich zahlreiche soziologische Arbeiten der digitalen Erfassung, Speicherung, Verarbeitung und Weitergabe von eigenen Daten zu Körper, Verhalten und Umfeld (vgl. z.B. Duttweiler et al. 2016, Fröhlich 2018, Lupton 2016b, Nafus 2016, Neff/Nafus 2016, Mämecke et al. 2018, Selke 2014, 2016). In einigen Arbeiten wird die digitale Selbstvermessung dabei als primär wissenschaftliche Praxis gedeutet (z.B. Heyen 2016, Lupton 2016b, Rettberg 2014, Swan 2013, Unternährer 2016, Zillien et al. 2014, Zillien/Fröhlich 2018, Zillien et al. 2016). Solch wissenschaftsnahe Praktiken des digitalen Selbstvermessens finden sich insbesondere unter den Mitgliedern der sogenannten Quantified-Self-Community, einem Zusammenschluss von Selbstvermessern, der sich über gemeinsame Websites, Blogs, Foren, soziale Netzwerkseiten, lokale Treffen und Konferenzen organisiert.

Gegründet wurde das Netzwerk der »Self-Quantifier« vor gut einem Jahrzehnt von den amerikanischen Journalisten Gary Wolf und Kevin Kelly. Der Ausgangspunkt ihrer Initiative war, wie Wolf 2011 in einem Blogbeitrag[8] festhält, die Beobachtung, dass in ihrem sozialen Umfeld diverse Technologien der individuellen Verdatung von Körper und Alltag[9] Verbreitung fanden. Diese hatten bei aller Unterschiedlichkeit eins gemeinsam: »(T)hey added a computational dimension to ordinary existence«. Das heißt, mittels neuer Trackingtechnologien fand eine umfassende Technisierung ganz alltäglichen Handelns statt. Die Journalisten erkannten den Trend, gründeten über den entsprechenden On-

8 https://quantifiedself.com/blog/what-is-the-quantified-self/

9 Wolf nennt an dieser Stelle Technologien zur Echtzeiterfassung des Alltagslebens (life logging), für persönliche Genanalysen, zum Standorttracking und zur biometrischen Analyse.

linedienst eine sogenannte »Meetup«-Gruppe zum Thema Quantified-Self – und legten damit den Grundstein für ein schnell wachsendes, internationales Netzwerk zur digitalen Selbstvermessung. Nach einer im Internet verfügbaren Selbstbeschreibung[10] der deutschsprachigen Suborganisation handelt es sich bei der Quantified-Self-Community um eine »Gemeinschaft von Anwendern und Anbietern von Self-Tracking Lösungen. Ziel dieser Gemeinschaft ist der Austausch von Wissen über die Nutzung persönlicher Daten«. Entsprechend sind die »Meetups« der Selbstvermesser als offene Treffen zum gegenseitigen Austausch angelegt und bestehen üblicherweise aus Folienvorträgen[11] zu eigenen Vermessungsprojekten, die – wie Wolf ausführt – inhaltlich folgende Fragen klären sollten: »What did you do? How did you do it? What did you learn?« So widmet sich der Austausch in der Community den Technologien und Methoden der Datenerfassung ebenso wie den mittels der individuellen Datenauswertung gewonnenen persönlichen Erkenntnisse. Entsprechende Selbstvermesser/innen produzieren üblicherweise unter Rückgriff auf diverse Trackingtechnologien in längeren Zeitreihen selbstexperimentelle Daten zum eigenen Alltag und werten diese fortlaufend aus: »For example, a lack of sleep might be correlated with caffeine consumption and working hours. Then they tend to include other possible data: for example, lack of sleep might also be connected with weather conditions, eating butter or the amount of ›liked‹ facebook posts« (Bode/Kristensen 2015: 3).

In erkenntnistheoretischer Hinsicht zeigt die bislang vorliegende Forschung zur digitalen Selbstvermessung, dass »mit der verwendeten Technologie ein noch ausdrücklicheres Versprechen der Objektivität

---

10 http://qsdeutschland.de/info/

11 Formal folgen die Vorträge dabei nach Wolfs Vorstellung einer ausgeweiteten Variante des sogenannten »Ignite«-Formats, welches öffentliche Präsentationen durch eine Festlegung auf 20 Vortragsfolien mit einer voreingestellten Anzeigendauer von jeweils 15 Sekunden strukturiert. Für die Meetups ist ein »Ignite+«-Format vorzusehen, welches insgesamt 30 Folien im 15-Sekunden-Takt sowie eine anschließende Fragerunde umfasst. Teils sind Videoaufnahmen entsprechender Folienvorträge auch online verfügbar.

der gewonnenen Daten einhergeht« (Strübing et al. 2016: 278), weshalb die Selbstvermessung den Nutzern »eine objektive, neutrale und unverzerrte Rückmeldung über ihre Verhaltensweisen« (Unternährer 2016: 215) in Aussicht stellt. Dies legt nahe, dass mit der digitalen Selbstvermessung das Erkenntnisdeal des universellen, durch subjektfreie Objektivität charakterisierten naturwissenschaftlichen Wissens verbunden wird. Nach diesem Objektivitätsideal gilt ein solches Wissen als wahr, das »keine Spuren des Wissenden trägt – ein von Vorurteil oder Geschicklichkeit, Phantasievorstellungen oder Urteil, Wünschen oder Ambitionen unberührtes Wissen« (Daston/Galison 2007: 17). Vor diesem Hintergrund lässt sich auf das Prinzip der »mechanischen Objektivität« (Daston/Galison 2007: 127) rekurrieren: Durch den Einsatz standardisierter Verfahren soll nach diesem Prinzip der Einfluss des Forschersubjekts minimiert und Wissen quasi mechanisch hergestellt werden. Gleichzeitig gilt jedoch das Erkenntnisinteresse der hier in den Blick genommenen ambitionierten Selbstvermesser der Analyse des eigenen, individuellen Falls. So attestieren die Selbstvermesser den etablierten, wissenschaftlichen Erkenntnissen üblicherweise ein Differenzierungsdefizit und erklären ihren eigenen Körper und Alltag zum Forschungsobjekt, um so nach wissenschaftlichen Methoden individuell-alltagstaugliches Wissen herzustellen. Es geht den Selbstvermessern demnach um die standardisierte Untersuchung genau eines Falls: ihres eigenen. Dies wird in der Quantified-Self-Community mit dem Schlagwort N=1 umschrieben – und ist, wie Greenfield (2016) ausführt, in erkenntnistheoretischer Hinsicht folgenreich: »The n of 1 rejects the requirements of large numbers of subjects for statistical validity and expert credentials, forging a new epistemology of health and being where the single case or person collecting data over lifetime displaces the population as locus for knowledge and intervention« (Greenfield 2016: 125). Im Zuge der digitalen Selbstvermessung fallen somit Forschersubjekt und Forschungsobjekt in eins. Im Folgenden wird angenommen, dass sich am empirischen Beispiel des digitalen Selbstvermessens die These der reflexiven Selbstverwissenschaftlichung wie unter einem Brennglas beobachten lässt.

Die folgenden Ausführungen basieren auf einer online-ethnographischen Analyse (Hine 2015; Kozinets 2010; Pink et al. 2016) der digitalen Selbstvermessung des Ernährungsverhaltens.[12] Als Vorstudie führten wir im Jahr 2013 eine explorative Feldforschung auf der Quantified-Self-Konferenz in Amsterdam durch. Im Vorfeld der Konferenz recherchierten wir Informationen zur Quantified-Self-Community, kontaktierten die Veranstaltungsleitung und riefen in mehreren Foren und Facebookgruppen zur Teilnahme an den von uns geplanten Interviews auf. An unserem Projekt-Stand konnten die Teilnehmer/innen der Konferenz dann selbstselektiv an einer qualitativen Befragung teilzunehmen, wobei wir insgesamt 22 Interviews realisierten (Zillien/Fröhlich/Dötsch 2014; Zillien/Fröhlich 2018). Während in diesen ersten Analysen die Praktiken der digitalen Selbstvermessung ganz allgemein zur Untersuchung kamen, konzentrierten wir uns im Weiteren auf ernährungsbezogene Formen der digitalen Selbstvermessung. So führten wir in den Jahren 2015 und 2016 insgesamt zehn qualitative Interviews mit Nutzer/innen von ernährungsbezogenen Selbstvermessungsapps durch, wobei die Interviewten teils bereit waren, Screenshots der von ihnen genutzten Apps zur Verfügung zu stellen, die ebenso in die Analysen eingingen (Zillien/Fröhlich/Kofahl 2016). Um die digitale Selbstvermessung weiter erkenntnistheoretisch auszubuchstabieren kommen im Folgenden – jenseits der Ergebnisse aus den bereits genannten Analysen – insbesondere eine Artefaktanalyse einschlägiger Diet-Tracking-Apps (Kapitel 3.2.2) sowie eine Online-Ethnographie ausgewählter Foren und Blogs zur ernährungsbezogenen Selbstvermessung (Kapitel 3.3) zur Auswertung.

---

12 Die empirischen Analysen wurden im Rahmen des von der Deutschen Forschungsgemeinschaft geförderten und von mir geleiteten Projekts »Digitale Selbstvermessung. Eine empirische Analyse der reflexiven Selbstverwissenschaftlichung« (2014-2018) durchgeführt. An dieser Stelle möchte ich Dr. Gerrit Fröhlich, Dr. Daniel Kofahl, Mareike Dötsch, Benedikt Spengler, Felix Krell und Nico Wettmann sehr herzlich danken.

3.2.1. Artefaktanalyse: Selbstvermessungstechnologien als Objektivitätsgeneratoren

Ernährungsbezogene Selbstvermessungstechnologien bestehen als Artefakte aus einem Endgerät, in der Regel einem Smartphone, sowie der entsprechenden Software (App), die individuelle Daten zur Nahrungsaufnahme und zum Körper sammelt, systematisiert und grafisch aufbereitet. Es existiert inzwischen eine kaum noch überschaubare Anzahl an entsprechenden Apps. Da die wissenschaftsnahen Selbstvermesser im Fokus der Analyse stehen, hat sich die Auswahl der zu untersuchenden Diet-Tracking-Apps am Lebensalltag der entsprechenden Szene orientiert (Froschauer 2009: 331): Insbesondere auf der Online-Plattform der Quantified-Self-Community sowie auf entsprechenden Facebook-Seiten finden sich von Nutzern verfasste Beiträge zur ernährungsbezogenen Selbstvermessung, die einen Überblick zu den hier verbreiteten Technologien vermitteln. Weiterhin geben nutzererstellte Rankings Auskunft zu den unter versierten Nutzern diskutierten Diet-Tracking-Apps. Ergänzt werden diese Informationen durch die Bewertungslisten der App-Anbieter »iTunes« und »Google Play«. Die Kombination aus den Ausführungen im Social Web, den Rankings diverser Nutzer und den Bewertungen führten (nach dem Ausschluss zweier bezahlpflichtiger Angebote) zur Auswahl der sieben folgenden, im Lebenszusammenhang von digitalen Selbstvermessern weit verbreiteten Diet-Tracking-Apps: Fatsecret, FddB-Extender, Fooducate, Lifesum, MyFitnessPal, MyPlate und Noom (Stand 2016). Im Folgenden werden diese ernährungsbezogenen Selbstvermessungstechnologien einer qualitativen Artefaktanalyse unterzogen (Lueger 2009; Froschauer 2009). Da sich die vorliegende Untersuchung auf die Bedeutung der Selbstvermessungstechnologien im Prozess der Wissensherstellung konzentriert, widmet sich die Artefaktanalyse nicht dem Mobiltelefon als Hardware. Vielmehr sollen die Ausgaben der Diet-Tracking-Apps als »visuelle Materialien« (Lueger 2009) zur Auswertung kommen.

In einer ersten, explorativen Phase der Artefaktanalyse haben wir jeweils ein bis zwei Apps über einen Zehntage-Zeitraum im eigenen

Lebensalltag eingesetzt. Das Ziel dieser in Teamsitzungen ausführlich diskutierten Eigenethnographien war es, durch die Diskussion und den Vergleich von Ausgaben der genutzten Diet-Tracking-Apps einen Einblick in den Aufbau und die grundlegende Funktionsweise der ernährungsbezogenen Selbstvermessungstechnologien zu erhalten. Durch den oben skizzierten Konferenzbesuch sowie die längere Verwendung eines Schrittzählers im Selbstversuch stellte die digitale Selbstvermessung bereits ein der Autorin vertrautes Phänomen dar – das Vermessen des eigenen Ernährungsverhaltens war jedoch eine bis dato unbekannte Erfahrung.

Aufbauend auf den Erfahrungen der Eigenethnographien folgte in einer zweiten Phase jeweils über einen Zeitraum von zehn Tagen die standardisierte Verwendung der Apps mit einem fiktiven Nutzerprofil sowie einem fiktiven Ernährungs- und Aktivitätenplan. Diese standardisierte Verwendung bewusst ausgewählter Apps wurde durchgeführt, um vergleichbare Screen-shots der diversen Apps zur Verfügung zu haben und im systematischen Vergleich Gemeinsamkeiten und Unterschiede besser erkennen und so die typischen Eigenheiten der Artefakte adäquat erfassen zu können (Lueger 2009: 116). Die weit über zweitausend Screenshots, die in den beiden Phasen erzeugt wurden, wurden mittels einer Software zur Analyse qualitativer Daten erfasst, systematisiert, fallweise codiert und mit Blick auf eine »möglichst präzise dekonstruierende Deskription« (Froschauer 2009: 332) der Diet-Tracking-Apps analysiert. Die durchgeführten Analysen konzentrieren sich in einem ersten Schritt auf die konkreten Artefakte. Weitergehende Überlegungen zur »alltagskontextuellen Sinneinbettung« (Froschauer 2009: 335) der Selbstvermessungstechnologien sowie den »Bedeutungen, Handlungsaufforderungen und Funktionen« (Lueger 2009: 98), welche die Technologien im Kontext wissenschaftsnaher Selbstvermessungspraktiken einnehmen können, werden in den online-ethnographischen Fallstudien angestellt.

Die Artefaktanalyse zeigt durchgehend, dass die von uns untersuchten Apps sehr zahlenlastig sind: Im Zentrum der Selbstvermessungstechnologien steht jeweils der technologisch getriebene Prozess der Quantifizierung, was mit dem Motto der in der Quantified-Self-

Community organisierten Selbstvermesser – »Self-Knowledge through numbers« – korrespondiert. Die Analysen konzentrieren sich deshalb in erster Linie auf den in die Apps eingeschriebenen Prozess der Quantifizierung, welcher ganz allgemein als »the production and communication of numbers« (Espeland/Stevens 2008: 407) definiert werden kann. Auch wenn dies nicht ganz trennscharf möglich ist, werden zur empirischen Untersuchung der materialen Struktur der Diet-Tracking-Apps diese beiden Elemente der Quantifizierung – einerseits die Produktion, andererseits die Darstellung von Zahlen – analytisch unterschieden.

Diese Einteilung korrespondiert mit der allgemeinen Unterscheidung der Herstellung und Darstellung von Wissen, die jeweils in einer spezifischen Variante die Zuschreibung von Objektivität wahrscheinlicher macht. So zeigt, wie bereits ausgeführt, die Wissenschaftsforschung erstens, dass dem nach mechanischen, das heißt, nach standardisierten und in Technologien eingeschriebenen Regeln erzeugtem Wissen eher Objektivität zugeschrieben wird. In diesem Sinne behauptet schon Ludwik Fleck, dass der Einsatz von Technologien wissenschaftliche Erkenntnis objektiviere (Fleck 1936: 121f.) und Shapin und Schaffer (1985) beispielsweise sprechen von »technologies of fact-making« (Shapin/Schaffer 1985: 25), die die Wahrnehmung der Konflikthaftigkeit von Wissen reduzierten. Zudem geht die Wissenschaftsforschung zweitens davon aus, dass neben materiellen auch literarische Technologien, das heißt, die Formen der Wissensdarstellung, als »objectifying ressource« (Shapin/Schaffer 1985) wirksam werden. Latour und Woolgar (1979) behaupten dementsprechend, dass im mikrobiologischen Labor diverse Einschreibe-, Aufzeichnungs- und Visualisierungsapparaturen die Untersuchungsobjekte, z.B. die Reaktionen von Laborraten, in eindeutig und objektiv wirkende Zahlen und Diagramme transformierten. Demnach benennt die Wissenschaftsforschung mit der durch den Einsatz von Technologien und Methodenvorschriften herbeigeführten Standardisierung der Wissens*herstellung* sowie der Normierung der Wissens*darstellung* zusammengefasst zwei Vorgänge, die die Objektivitätszuschreibung an wissenschaftliches Wissen wahrscheinlicher machen und dafür sorgen, dass die Akzeptanz des jeweiligen Wissens gesteigert wird (Heintz 2007: 67ff.). Dabei hat sowohl die Standardisierung der Wissensproduktion als auch die Normierung der Wissensdarstellung inzwischen über die Wissenschaft hinaus Verbreitung gefunden: Wissenschaftsfundierte Technologien sowie aus der Wissenschaft stammende Begriffe, Maßzahlen, Standards und Formeln sind in mannigfacher Spielart aus der Wissenschaft ins Alltagsleben diffundiert. Mit der Verwissenschaftlichung der Ernährung geht so beispielsweise die Popularisierung ernährungswissenschaftlicher Technologien und Termini einher, was sich besonders anschaulich am Beispiel der ernährungsbezogenen Selbstvermessungstechnologien beobachten lässt. Im Folgenden wird mit Blick auf die sogenannten Diet-Tracking-Apps (1) die Art und Weise der Datenproduktion sowie (2) die Form der Informationsdarstellung entlang der aus den Artefaktanalysen stammenden Screenshots empirisch untersucht.

(1) Datenproduktion: Quantifizierung von Lebensmitteln und körperlichen Aktivitäten

Die Dokumentation und Analyse der eigenen Ernährung durch die Verwendung von Diet-Tracking-Apps lässt sich als technisierter Alltagsprozess umschreiben. Technisierungen vereinfachen üblicherweise Abläufe, schreiben diese in ein Trägermedium ein und stellen sie damit auf Dauer, um spezifische Effekte zu erzielen (Rammert 2008: 293). Entsprechend vereinfacht die in die Diet-Tracking-Apps technisch eingeschriebene Quantifizierung den Ablauf der Ernährungsanalyse, wobei die Zahlenproduktion der Apps hinsichtlich zweier Dimensionen erfolgt: Es werden durch die ernährungsbezogenen Selbstvermessungstechnologien einerseits Lebensmittel und andererseits körperliche Merkmale und Aktivitäten quantifiziert.

Die Vermessung der verzehrten Lebensmittel läuft dabei aus Nutzerperspektive so ab, dass diese nach Eingabe eines entsprechenden Suchbegriffs in einer potentiell erweiterbaren Datenbank einer konkreten Produktbezeichnung zugeordnet bzw. über einen Barcode erfasst werden. Nach der Auswahl der spezifischen Produktbezeichnung, die jeweils um die Angabe der standardisierten Portionsgröße sowie der entsprechenden Gesamtkalorienzahl ergänzt ist, soll die verzehrte Menge – in Gramm, (Milli-)Liter, Pounds, Ounces oder als spezifische Anzahl von Produkteinheiten wie Portionen oder Teller – in das in der App vorgesehene Feld eingegeben werden. Die Erbsen, der Müsliriegel, die Forelle, der Döner oder die Banane, die der Nutzer verspeist und ggf. unter Nennung einer Gewichtsangabe einträgt, wird dabei umgehend entlang naturwissenschaftlicher Kategorien in spezifische Zahlenwerte transformiert, das heißt, in eine spezifische Menge an Makro- und Mikronährstoffen, Mineralien, Spurenelementen und Vitaminen umgerechnet. In der App FatSecret wird zudem prozentual und visualisiert angegeben, wie viel Prozent des errechneten Tagesbedarfs in Kalorien durch das jeweilige Lebensmittel abgedeckt werden (vgl. Abb. 1).[13] Die entsprechende Kalorienangabe soll generell darüber informieren, wie viele Energieeinheiten der Körper durch den Verzehr eines Lebensmittels aufnimmt. Dabei behauptet das sogenannte Atwater-System hinsichtlich des kalorischen Gehalts von Lebensmitteln, dass Fette pro Gramm neun Kalorien enthalten und Proteine und Kohlenhydrate jeweils vier (Cullather 2007: 340). Diese zwar vielfach bemängelte, aber heute noch relevante Konvention ermöglicht überhaupt erst das Anfertigen von Ernährungsdatenbanken, die jedem Lebensmittel eine Kalorienzahl zuordnen. Die entsprechenden Kalorienwerte stehen jedoch immer wieder in der Kritik: Beispielsweise wurde der Kalorienwert von Mandeln in einer neueren Studie mit 130 statt der bis dahin nach Atwater angenommen 170 Kalorien pro 28g-Portion berechnet (Novotny et al. 2012).

So ist die in den Apps zentrale Maßzahl der Kalorie kein »neutral, objective measure of the contents of a dinner plate« (Cullather 2007: 338), sondern eher eine verhandelbare Konvention. Die Verwendung

13 Es wird gemeinhin angenommen, dass eine Kalorie physikalisch jener Energie entspricht, die benötigt wird, um bei konstantem Druck der Standardatmosphäre auf Meereshöhe ein Gramm Wasser von 14,5 auf 15,5 Grad Celsius zu erhitzen (Nestle/Nesheim 2012: 13).

Abbildung 1: Eingabe von Lebensmitteln in MyFitnessPal und FatSecret

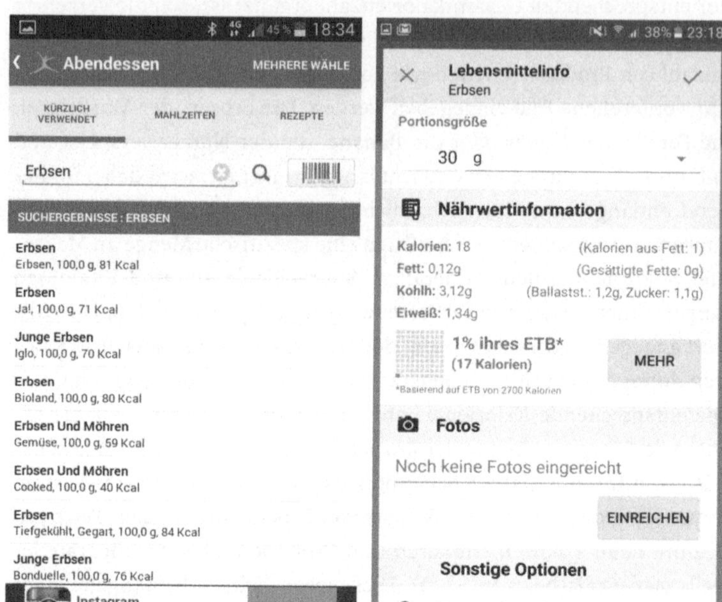

der im öffentlichen Diskurs zur Ernährung nach wie vor dominanten Maßzahl unterliegt demnach sozialen Aushandlungsprozessen (Nestle/Nesheim 2012: 29). Nichtsdestotrotz nimmt die Kalorie hinsichtlich der Vermessung der verzehrten Lebensmittel innerhalb der von uns untersuchten Apps den zentralen Stellenwert ein. Dies wird noch dadurch unterstrichen, dass einige Ernährungstracker (z.B. Fat Secret und FDDB Extender) über eine »Quick-Add-Calories«-Funktion verfügen, die die Eingabe der verzehrten Lebensmittel ohne nähere Spezifizierung als reine Kalorieneingabe vorsieht, was eine Simplifizierung des Eingabeprozesses darstellt – und die teils genutzte Bezeichnung der Apps als sogenannte »Kalorientracker« plausibilisiert. Auch die in vielfacher Hinsicht vorgesehenen Standardisierungen dienen unter anderem einer Vereinfachung des Trackens: Die App MyPlate ermöglicht beispielsweise das Abspeichern eines standardisierten Frühstücks, was auf Nutzerseite entsprechende Standardisierungen des Ernährungsverhaltens voraussetzt (Timmermans/Epstein 2010).

Hinsichtlich der Vermessung der körperlichen Merkmale und Aktivitäten wiederum sehen alle analysierten Diet-Tracking-Apps die Erstellung eines individuellen Nutzerprofils vor, welches üblicherweise die Eingabe des aktuellen und des angestrebten Gewichts in Kilogramm, die Körpergröße in Zentimetern, das Geburtsdatum, die Geschlechtszugehörigkeit und das allgemeine Aktivitätsniveau erfordert. Das aktuelle Gewicht kann gegebenenfalls von einer WLAN-Waage automatisch übertragen werden, während alle anderen Körpermerkmale sowie das angestrebte Zielgewicht händisch in die App einzupflegen sind.[14] Teils kann zwischen unterschiedlichen Zielsetzungen der Appnutzung und Diätvarianten gewählt werden. Aus den angegebenen Profilangaben errechnet sich dann unter anderem die basale Stoffwechselrate, das heißt, der sogenannte Grundumsatz, der jene Energie umfasst, die der Körper bei völliger Ruhe zum Erhalt der wichtigsten Körperfunktionen wie Herz- und Atemarbeit, Wachstum, Zellaufbau oder Verdauung benötigt. Üblicherweise läuft die Berechnung des Grundumsatzes verdeckt ab, wobei die Apps FDDB und MyPlate jedoch explizit eine spezifische Berechnungsformel zur Anwendung bringen und so darauf verweisen, dass hier in den Ernährungswissenschaften konkurrierende Verfahren existieren, wobei sich teils auch manuell ein Wert für den Grundumsatz eintragen lässt. Neben dem Grundumsatz ist in den Berechnungen der Apps üblicherweise der Leistungsumsatz relevant, der die durch weitere Körperaktivitäten verbrauchte Energie umfasst und dessen Berechnung das Erfassen der körperlichen Aktivitäten bedingt. Die erfassten Körperaktivitäten werden wiederum aus einer potentiell erweiterbaren Datenbank ausgewählt oder auch

14 Die App Lifesum erfasst weiterhin den Körperfettanteil sowie den Brust-, Arm- und Taillenumfang. Die Tracker FDDB Extender und Lifesum errechnen aus den genannten Angaben zudem den sogenannten Body-Mass-Index, der sich als Verhältnis von Körpergröße und Körpergewicht bestimmt.

durch die Verbindung mit weiteren Apps und Gadgets automatisch erhoben. Diese teils um Angaben zu Dauer, Intensität oder bspw. Streckenlänge ergänzten Aktivitäten werden ebenfalls umgehend in Brennwertangaben – das heißt wiederum: in Kalorien – umgerechnet. So werden eine halbe Stunde Laufen oder 90 Minuten Klavierspielen jeweils in einen aus einer Datenbank generierten oder vom Nutzer selbst veranschlagten Kalorienwert transformiert.

Demnach ist die Transformation von Lebensmitteln und Körpertätigkeiten in Zahlen als ein zentraler Prozess in die Selbstvermessungstechnologien eingeschrieben, wobei die Maßzahl der Kalorie durchgehend den größten Stellenwert einnimmt. Dabei gilt sowohl die Analyse des Kaloriengehalts einzelner Lebensmittel, aber auch die Analyse des individuellen Kalorienverbrauchs in der Ernährungswissenschaft als komplex und noch nicht hinreichend erforscht: Alle Varianten der Kalorienmessung gelten als »likely to be inaccurate to some degree« (Nestle/Nesheim 2012: 39). Die in die Apps eingeschriebene Denkweise der Kalorimetrie konstruiert jedenfalls den menschlichen Körper als Transformationsobjekt für einen In- und Output von Kalorien, als Energie verstoffwechselnde Maschine (Mudry 2009: 34) und legt so die Grundlage für eine simple mathematische Gleichung: Die sogenannte Calories-in-Calories-out-Formel verrechnet die durch Ernährung aufgenommenen Kalorien mit den durch Körpertätigkeiten verbrauchten Kalorien. Die Annahme hinter dieser Formel ist, dass eine unter der Deckung des Gesamtenergiebedarfs liegende Kalorienzufuhr dazu führt, dass der Körper mit gewichtsreduzierendem Effekt auf vorhandenes Gewebe zurückgreift, während eine übermäßige Kalorienzufuhr als Körperfett gespeichert wird, was gewichtssteigernd wirkt.

Ernährungswissenschaftliche Metastudien belegen den behaupteten Zusammenhang von Kalorienaufnahme und Gesamtenergiebedarf und zeigen, dass – unabhängig von den aufgenommenen Protein-, Fett oder Kohlenhydratanteilen – alle niedrigkalorischen Diäten den Effekt einer Gewichtsreduktion zeitigen (Nestle/Nesheim 2012: 168). Dabei ist die in allen untersuchten Apps zum Einsatz kommende Formel in ihrer rechnerischen Anwendung voraussetzungsreich: Sie erfordert nicht nur die Transformation von Lebensmitteln und körperlichen Aktivitäten in Zahlen, sondern auch die Kommensurabilität (Espeland/Stevens 1998: 316) der beiden Objekte. Das heißt, die Voraussetzung für die Vergleich- und Verrechenbarkeit von Lebensmitteln und Körperaktivitäten ist die Umrechung der beiden so unterschiedlichen Objekte in eine identische Maßzahl. Durch das Umrechnen von Lebensmitteln und Körperaktivitäten in die Maßzahl der Kalorie lassen sich dann nicht nur die sprichwörtlichen Äpfel mit Birnen, sondern auch Erdnüsse mit Würstchen sowie Würstchen mit Tennisstunden verrechnen. Die Kommensurabilität – »the transformation of different qualities into a common metric« (Espeland/Stevens 1998: 316) – stellt so einerseits Gemeinsamkeiten zwischen Lebensmitteln und Körperaktivitäten her, da die unterschiedlichen Objekte alle mit einer spezifischen Maßzahl abgebildet werden können. Gleichzeitig führt die Kommensurabilität potentiell zur Hervorhebung von Differenzen, da jedem Objekt durch seine kalorische Vermessung exakt ein Wert zugeordnet wird, der eine hierarchische Sortierung unterschiedlicher Lebensmittel und Körpertätigkeiten nach ihrem Kaloriengehalt ermöglicht. Der Maßzahl der Kalorie kommt hier letztlich die Aufgabe zu, die Praktiken der Ernährungsanalyse »einheitlich und kompatibel zu gestalten, das Handeln berechenbar, erwartbar und vergleichbar zu machen und dem Wissen [...] Objektivität zu verleihen« (Manzei 2011: 214). Die durch die Kommensurabilität ermöglichte formelhafte Verrechnung oder Hierarchisierung impliziert dann, dass das so hergestellte Wissen – das heißt, das Ergebnis der Kalorienberechnung oder die nach Kaloriengehalt sortierte Liste an Lebensmitteln – belastbar wirkt: »Commensuration creates robust, ›objective‹ knowledge« (Espeland/Stevens 1998: 330). Die App konstituiert so einen Rechenraum, der einer internen Logik folgend sich im eigenen Zahlensystem bestätigt. Dies gilt beispielsweise auch für Prognoseberechnungen des Körpergewichts, die basierend auf den aktuellen Angaben zum individuellen Ernährungsverhalten vorgenommen werden. Lediglich im »Kleingedruckten« ist für diese mehrwöchigen Vorhersagen des individuellen Körpergewichts durch die App *My Fitness Pal* festgehalten, dass die angegebene Kilogrammzahl nur eine Schätzung darstellt: »Das tatsächliche Ergebnis kann davon abweichen«.

Zur Datenproduktion der Selbstvermessungstechnologien lässt sich zusammenfassend festhalten, dass die Quantifizierung von Lebensmitteln und Körperaktivitäten den Prozess der individuellen Ernährung überhaupt erst einer Analyse zugänglich macht. Das komplexe Phänomen der individuellen Ernährungsanalyse wird dabei weitgehend auf die Verrechnung von Kalorien reduziert, wobei diese reduzierte Perspektive durch die Naturalisierung der Kalorie ebenso in Vergessenheit gerät wie der Umstand, dass die Maßzahl ein Produkt sozialer Aushandlungsprozesse ist. So konstruiert die Art und Weise der Datenproduktion eine neue Ernährungsrealität: Die von den Apps berechneten Daten stellen keine objektiven Zweitfassungen der Wirklichkeit dar, sondern sind vielmehr »selektive Konstruktionen, die diese Wirklichkeit teilweise erst erzeugen« (Heintz 2010: 170). Denn selbst quantifizierte Daten stellen soziale Entitäten dar, was mit dem Buchtitel »›Raw data‹ is an oxymoron« (Gitelman 2013) trefflich auf den Punkt gebracht wird. Messdaten sind nie roh, sondern immer schon gekocht (Bowker 2013: 168). Die von den Selbstvermessungstechnologien erzeugten Zahlen sind somit, wie alle anderen Messdaten auch, soziale Entitäten. Mehr noch: es zeigt sich, dass es von vornherein gar keine wissenschaftsinterne Methodenrationalität geben kann, die zuverlässig den Ausschluss alles Subjektiven garantiert.

Diese konstruktivistische Grundannahme stellt nicht per se den Wahrheits- und Objektivitätsanspruch wissenschaftlicher Erkenntnis in Abrede, sondern verweist lediglich darauf, dass auch das nach dem Prinzip der »mechanischen Objektivität« (Daston/Galison 2007: 127) gewonnene wissenschaftliche Wissen letztlich sozial konstruiert ist. Gemessen am Untersuchungsgegenstand ist das im Zuge der digitalen Selbstvermessung produzierte Zahlenwissen dann »a messy business at best« (Rettberg 2014: 74). Vor diesem Hintergrund wirken die Selbstvermessungstechnologien als »nomological machine« (Cartwright 1999), als Generator gesetzmäßigen Wissens in einer als wesensmäßig ungeordnet wahrgenommenen Welt. So wie simplifizierte Kurzformeln generell Probleme »in geradezu extremer Weise beobachtbar« (Nassehi 2015: 220) machen, vereinfachen, standardisieren, reglementieren und automatisieren die technischen Erzeugungsregeln der Apps die individuelle Ernährungsanalyse. Die Selbstvermessungstechnologien produzieren ein Zahlenwissen, das die Zuschreibung von Objektivität wahrscheinlich macht, wobei diese Zuschreibung jedoch nicht nur durch die standardisierte Art der Datenproduktion, sondern auch durch die Art und Weise der Informationsdarstellung forciert wird.

(2) Informationsdarstellung: Formelhaftigkeit, Visualisierung und Verbalisierung

Als nutzerbezogene Ausgabe sehen die von uns untersuchten Diet-Tracking-Apps in der Regel Informationen zu den verzehrten Nahrungsmitteln, dem Körpergewicht, den getrackten Körperaktivitäten sowie dem Verhältnis von Kalorienaufnahme und -verbrauch vor. Die entsprechende Datenausgabe erfolgt als einfache Zahlenangabe, tabellarisch, graphisch aufgearbeitet oder verbalisiert. Nicht nur die Wissensproduktion, sondern auch die Wissenskommunikation der Diet-Tracking Apps basiert letztlich auf dem Prozess der Quantifizierung, was – wie im Folgenden weiter ausgeführt wird – den dargestellten Informationen einen wissenschaftlichen Anstrich sowie Faktizitätscharakter verleiht.

Numerische Kommunikation wird im Allgemeinen mit Eindeutigkeit und Exaktheit sowie einer präzisen und validen Wissensvermittlung verbunden (Espeland/Stevens 2008: 417; Ziman 1978: 11; Mudry 2009: 5). So wird von einer »Objektivitätssuggestion von Zahlen« (Heintz 2008: 117) ausgegangen. Quantifizierungen wird somit kommunikative Überzeugungskraft zugeschrieben (Porter 1995): »As deeds, one thing numbers do is persuade« (Espeland/Stevens 2008: 416). Dieser »Glaube [...] an die wahrheitserschließende Kraft der Zahl« (Osterhammel 2009: 62) tritt mit Blick auf die Selbstvermessungstechnologien in der spezifischen Spielart eines »widespread belief in the objective quantification and potential tracking of all kinds of human behavior« (van Dijk 2014: 198) auf.

Die Art und Weise der Informationsdarstellung der Selbstvermessungstechnologien wird im Folgenden am Beispiel der bereits erläuterten Calories-in-Calories-out-Formel analysiert, welche in unterschiedlichen Versionen in den Apps enthalten ist. Die Formel dient nicht nur der standardisierten Produktion von Datenwissen, sondern wird zudem explizit zur Darstellung der zum individuellen Ernährungsverhalten erzeugten Informationen verwandt. Die App *MyFitnessPal* beispielsweise bricht das Verrechnen von Kalorienaufnahme und -verbrauch auf die formelhafte Darstellung als Summenbildung herunter (vgl. Abb. 2a): Zur Berechnung des kalorischen Tagessaldos werden vom durch die App errechneten Grundumsatz (Ziel) die durch Ernährung aufgenommenen Kalorien (Nahrungsaufnahme) subtrahiert und die durch körperliche Betätigung verbrannten Kalorien (Training) wiederum addiert. Das heißt, der jeweilige Leistungsumsatz wird dem Kalorienhaushalt gutgeschrieben. Unterm Strich stehen dann die für den jeweiligen Tag noch verbleibenden Kalorien. Die in der Formel dargestellte Kalorienzählung verzichtet dabei weitgehend auf Kontextbezüge, ist somit selbstreferentiell, in hohem Maße selbstexplikativ und lässt durch den Formalisierungsgrad nur wenig Deutungsspielraum zu, was den Faktizitätscharakter des berechneten Ergebnisses der individuellen Ernährungsanalyse erhöht. Einschlägig ist hierbei die farbliche Markierung: Ergibt sich (vorläufig) ein positiver kalorischer Tagessaldo, so wird dieser (noch) im grünen Bereich verortet. Ergibt sich in der Summe ein negativer Kalorienwert, so wird die entsprechende Kalorienzahl rot eingefärbt. Neben dieser dominant formelhaften Darstellung der Ernährungsanalyse finden sich weitere visualisierte Umsetzungen der Kalorienzählung.

In der Diet-Tracking-App Lifesum (vgl. Abb. 2b) beispielsweise werden die an einem Tag verzehrten Lebensmittel (GEGESSEN) und die durchgeführten Körperaktivitäten (VERBRANNT) in kalorischer Angabe gegenüber gestellt, wobei in der Mitte mit einer kreisförmigen, zu Beginn grauen Linie das Kaloriensaldo farblich vermerkt wird: Verzehrte Kalorien werden bis zum errechneten Gesamtenergiebedarf des Tages in grüner Farbe abgetragen, sobald der Tagesbedarf überschritten ist, wird die Grünfärbung sukzessive rot eingefärbt. Zusätzlich wird das Kaloriensaldo in der Mitte des Kreises numerisch angegeben und bei Überschreitung als KCAL ZUVIEL benannt. Ebenso werden die pro Tag aufgenommenen Kohlenhydrate, Eiweiße und Fette in Gramm ver-

Abbildung 2a): Darstellung der Kalorienberechnung in der App MyFitnessPal

Abbildung 2b): Darstellung der Kalorienberechnung in der App Lifesum

merkt und mit der berechneten Tageshöchstmenge ins Verhältnis gesetzt.

Allgemein werden die Ergebnisse der individuellen Ernährungsanalysen in erster Linie tageweise dargestellt, wobei neben den Mahlzeiten (meist Frühstück, Mittagessen, Abendessen, teils »Snacks«) weiterhin Wochen und Monate als standardisierte Zeitkategorien vorge-

Abbildung 2c) : Darstellung der Kalorienberechnung in der App Fat Secret

Tag	Nahrung	Bewegung
11 Mo.	315 (12%)	2124 (-1809 netto) ↓
10 So.	2968 (110%)	2109 (859 netto) ↑
9 Sa.	2957 (110%)	2370 (587 netto) ↑
8 Fr.	3702 (137%)	2676 (1026 netto) ↑
7 Do.	2461 (91%)	2588 (-127 netto) ↓
6 Mi.	3698 (137%)	2588 (1110 netto) ↑
5 Di.	3007 (111%)	2225 (782 netto) ↑
4 Mo.	+	+

sehen sind. Diese zeitliche Kategorisierung ermöglicht den Vergleich von Messdaten im Längsschnitt. Im Screenshot der App *Fat Secret* beispielsweise werden tageweise die durch Nahrung aufgenommenen Kalorien den durch Schlafen, Ruhen und Bewegung verbrauchten Kalorien gegenübergestellt (vgl. Abb. 2c). Auf der linken Seite der Grafik, die – durch ein »Messer-Gabel-Icon« symbolisiert – die Nahrungsaufnahme der laufenden Woche vermerkt, wird die aufgenommene Kalorienmenge mit dem »empfohlenen Tagesbedarf« (ETB) prozentual ins

Verhältnis gesetzt. Durch die sukzessive Grünfärbung eines aus kleinen Quadraten bestehenden größeren Quadrates wird dabei grafisch dargestellt, welcher prozentuale Anteil des zur Verfügung stehenden Tagesbudgets an Kalorien (bereits) verbraucht wurde. Wird die Hundertprozentmarke überschritten, so wird das Quadrat insgesamt rot eingefärbt – und die weitere Kalorienzufuhr nicht mehr grafisch abgebildet, sondern ausschließlich noch in (wachsenden) Prozenten angegeben (z.B. für den Freitag mit 137 Prozent des empfohlenen Tagesbedarfs). Die Nahrungsaufnahme wird dann dem – durch eine Stoppuhr symbolisierten – kalorischen Tagesverbrauch gegenübergestellt. Auf der linken Seite der Grafik werden somit die verbrannten Kalorien sowie deren Differenz zur Summe der verzehrten Kalorien angegeben: Ist dieser Tagessaldo negativ – wurden also mehr Kalorien verbraucht als aufgenommen – wird dies durch einen nebenstehenden grünen Pfeil, der nach unten zeigt, bei positivem Tagessaldo durch einen nebenstehenden roten Pfeil, der nach oben zeigt, wertend kommentiert.

In der App *Fddb Extender* weiterhin wird über die Wochentage hinweg tabellarisch die Kalorienaufnahme (Ist) mit dem Gesamtenergiebedarf (Soll) ins Verhältnis gesetzt, wobei diese Differenz prozentual (%) sowie in absoluten Zahlen (Dif) dargestellt und zudem als Balkendiagramm visualisiert wird (vgl. Abb. 3).

Diese Visualisierungen unterstreichen den Objektivitätsanspruch des kommunizierten Wissens. Allgemein blockiert in der Wissenschaftskommunikation nicht nur die numerische, sondern insbesondere auch die visuelle Kommunikation Kontingenz (Heintz 2007: 78; Krämer 2012) – dies zeigt sich auch für die Apps: »The visual image or data they generate are often privileged as more ›objective‹ than the signs offered by the ›real‹, fleshly body and patients' own accounts of their bodies« (Lupton 2013: 389). Die so dargestellten Erkenntnisse zur individuellen Ernährung verlieren an Konflikthaftigkeit, die interne Exaktheit der Apps eliminiert Unsicherheiten und Widersprüche (Rettberg 2014: 75). Dies hängt auch mit der Annahme zusammen, »Daten, Kurven und Statistiken sprächen für sich selbst und bildeten die Realität unmittelbar ab« (Duttweiler/Passoth 2016: 12). Die Selbstvermessungstechnologien kommunizieren demnach nicht nur Werte,

Abbildung 3: Darstellung der Kalorienberechnung in Fddb Extender

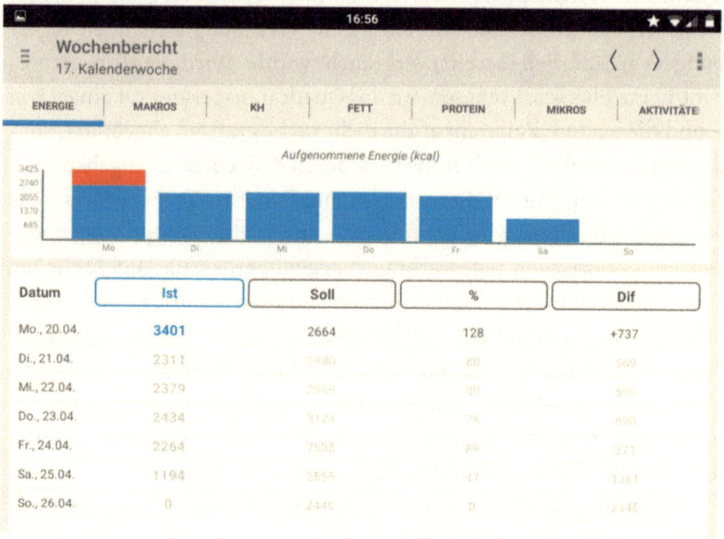

sondern liefern in vielen Fällen die Bewertungen der individuellen, aber hochstandardisierten Analyseergebnisse gleich mit (Lamont 2012: 213). Üblicherweise kommen hier die Ampelfarben oder Visualisierungen der vorgestellten Art zum Einsatz, teils erfolgt die Bewertung des Ernährungsverhaltens aber auch – wie beispielsweise im Falle einer Überschreitung des kalorischen Tagesbudgets durch die App Noom – sehr explizit in verbalisierter Form: »Ein Ausrutscher ist OK. Du bist auch nur ein Mensch«.

3.2.2. Fazit zur Artefaktanalyse

Die durchgeführte Artefaktanalyse zeigt, dass die Diet-Tracking-Apps die individuellen Ernährungsdaten als objektive Fakten darstellen, wodurch die Eigenlogiken der Quantifizierung ihre Wirkkraft entfalten: Als Objektivitätsgeneratoren implizieren die Selbstvermessungstechnologien zugleich Prozesse der Kommensurabilität (Espeland/Stevens 1998), der Standardisierung (Timmermans/Epstein 2010), der Klassifizierung (Bowker/Star 1999), des Vergleichs (Heintz 2008) und der Bewertung (Lamont 2012). Insofern lässt sich behaupten, dass den Selbstvermessungstechnologien sowohl eine kognitive Struktur als auch ein aktivierendes Moment inhärent ist. Unter Rückgriff auf die als Objektivitätsgeneratoren wirkenden digitalen Medien stellen die mit spezifischer Erfahrenheit und Intuition ausgestatteten Forscher-in-eigener-Sache dann, so die im weiteren Verlauf der Arbeit verfolgte These, ein individuelles Wissen-im-Werden her, welches das Labor des Alltagslebens am Laufen hält.

3.3. Fallstudien zur reflexiven Selbstverwissenschaftlichung

Im Folgenden werden in online-ethnographischen Fallstudien (Hine 2015, Pink et al. 2016) Forendiskussionen, Blogbeiträge und im Internet verfügbare Berichte ausgewertet, um den Praktiken des digitalen Selbstvermessens auf die Spur zu kommen.[15] Unsere entsprechende Recherche im Jahr 2016 bezog die Seiten der Quantified-Self-Bewegung ebenso mit ein wie die Internetforen der Hersteller von Diet-Tracking-Apps, allgemeine Ernährungs- und Fitnessportale sowie stark frequentierte Blogs. Die Recherche zielte auf umfassend im Internet dokumentierte Projekte von deutsch- und englischsprachigen Selbstvermesser/innen, die gestützt durch Selftracking-Apps über einen längeren Zeitraum ihre eigene Ernährung vermessen haben. Nach dem Prinzip der theoretischen Sättigung legten wir uns auf zehn spezifische Selbstvermessungsprojekte fest, zu welchen wir umfassende Materialrecherchen durchführten. In Anlehnung an die Grounded Theory (Glaser/Strauss 1967; Strauss/Corbin 1994) widmeten wir uns dann

15 Im Rahmen des von der Deutschen Forschungsgemeinschaft geförderten Projekts wurden insgesamt elf entsprechende Fallstudien durchgeführt – hier kommen exemplarisch drei Fälle zur Darstellung.

in zahlreichen Teamsitzungen den Texten, Tabellen und Grafiken in den teils mehr als hundert Seiten umfassenden Berichten, Foren- und Blogbeiträgen, die wir sukzessive in einer Software zur qualitativen Datenanalyse codierten. Im Folgenden werden die Ergebnisse einer tiefergehenden, erkenntnistheoretisch zugespitzen Interpretation des entsprechenden Materials für drei der zehn Fallstudien weiter ausgeführt.

Zur Auswertung kommen hier die ernährungsbezogenen Selbstvermessungsprojekte von bietiekay, Ejourneys und QuantifiedBob.[16] Die drei Fälle wurden zur Darstellung ausgewählt, da sie die zentralen Aspekte der erkenntnistheoretischen Analyse pointiert veranschaulichen. Dabei unterscheiden sich die untersuchten Fälle hinsichtlich ihrer individuellen Problemlagen, ihrer soziodemographischen Charakteristika, der Art und Weise ihrer Selbstvermessung, ihrer Erfahrenheit im Selftracking, ihrem Wissen zu Ernährungs- und Gesundheitsthemen sowie der Routiniertheit, Professionalität und Darstellung der angegangenen Selbstexperimente. So ist bietiekay ein deutscher Programmierer, der – informationstechnisch versiert und (zumindest zu Beginn des Projekts) unerfahren in Ernährungsfragen – mit dem Ziel der Gewichtsreduktion gemeinsam mit seiner Frau ein einjähriges Selftracking-Projekt startet, dessen erfolgreichen Trial-and-Error-Verlauf er in einem detaillierten Projektbericht online darlegt. Die 60-jährige Amerikanerin Ejourneys wiederum ist eine erfahrene Ernährungstrackerin, die – ausgestattet mit einem umfassendem Gesundheitswissen – in insgesamt 32 im 30-Tage-Rhythmus geposteten Kurzberichten mit einem Fokus auf dem Gewichtsverlauf ihren physischen (sowie psychischen) Zustand ausführlich dokumentiert. QuantifiedBob letztlich hat im

16 Da die drei Selftracker/innen im zur Analyse kommenden Material ihre Nicknames als Autorenname angeben, werden diese im Fließtext durchgehend verwandt, auch wenn – wie im Weiteren noch erläutert wird – die Realnamen auf Basis der Auswertungen leicht zu eruieren wären bzw. in meinen Danksagungen in den Fußnoten in Absprache mit den jeweiligen Personen auch teils genannt sind.

letzten Jahrzehnt zahlreiche Selftrackingprojekte durchgeführt, entwickelt und vertreibt eigene Apps zur digitalen Selbstvermessung und ist in der Öffentlichkeit zum Thema »Quantified Self« sehr präsent. Technisch nutzen bietiekay und Ejourneys zur Dokumentation und Analyse ihres Ernährungsverhaltens jeweils in erster Linie die App MyFitnessPal (MFP).[17] QuantifiedBob weiterhin bringt für seine Selbstexperimente üblicherweise ein ganzes Ensemble sehr spezifischer, teils selbstprogrammierter Technologien und Tests zum Einsatz. Anders als bietiekay und Ejourneys kommuniziert er die Ergebnisse seiner Selftrackingprojekte dann auch nicht im Internetforum[18] der App MyFitnessPal, sondern publiziert diese auf den Seiten seines eigenen Blogs »quantifiedbob.com«. Die im Folgenden dargestellte onlineethnographische Feldarbeit bezieht sich insbesondere auf Beiträge im Blog von QuantifiedBob sowie auf die Beiträge von Ejourneys und bietiekay im MyFitnessPal-Forum.

---

17 Die MyFitnessPal-App gehört zu den meistgenutzten Diet Trackern auch im deutschsprachigen Raum (und somit auch zum Sample unserer Artefaktanalyse). Es handelt sich um eine kostenlose Smartphone-Applikation, die die mobile Dokumentation des individuellen Ernährungs- und Bewegungsverhaltens ermöglicht. Der Eintrag der Daten erfolgt in ein Online-Ernährungstagebuch, hinter welchem eine von den Nutzern stetig erweiterte Nahrungsmittel-Datenbank steht. Die auch als Kalorientracker beworbene Software berechnet auf Basis persönlicher Daten und einem von Nutzerseite fixierten Abnehmziel ein personalisiertes Ernährungsprogramm.

18 Das englischsprachige Forum zur App MyFitnessPal besteht aus siebzehn themenspezifischen Hauptforen – hier finden sich öffentlich zugängliche Diskussionsforen zur Vorstellung der eigenen Person und für Anfängerfragen, zu Ernährungs-, Bewegungs- und Diätfragen, zur eigenen Motivation, gegenseitigen Unterstützung und zum Austausch von Erfolgsgeschichten, zur (gemeinsamen) Erreichung spezifischer Ziele, zur Unterhaltung und zur konkreten Information bezüglich der App MyFitnessPal. Zudem existieren nochmals unzählige spezifischere Diskussionsgruppen, wie zum Beispiel »MFP Vegetarians«, »Single Parents getting fit«, »Type 2 Diabetes Support Group«, »Overeaters Anonymous (OA)«, »Let`s lose 100+!« etc., die üblicherweise mehrere hundert, teils auch über tausend Mitglieder haben. Inzwischen ist das Forum in vierzehn weiteren Sprachen verfügbar, darunter auch eine eine deutschsprachige Version, die identisch aufgebaut und gut frequentiert ist.

Auch wenn demnach ausschließlich internetöffentliches Material in den Analysen zum Tragen kommt, bin ich im Zuge der intensiven Auseinandersetzung mit den drei Fällen letztlich zu der Überzeugung gelangt, dass ich die Publikation der empirischen Analysen ohne ein Einverständnis der untersuchten Personen forschungsethisch nicht gutheißen kann.[19] So führt die ethnographische Feldarbeit im Netz dem »professional ›lurker‹« (Kozinets 2002: 65) sehr anschaulich vor Augen, dass eine De-Anonymisierung, Rückverfolgung und Verknüpfung des an sich schon sensiblen Analysematerials mit einfachsten Mitteln erfolgen kann. Aus diesem Grund habe ich nach reiflicher Überlegung die drei Untersuchungspersonen per E-Mail kontaktiert und um ihr Einverständnis zur Publikation des von mir ausgewerteten Onlinematerials gebeten. Die Antworten von bietiekay, Ejourneys und QuantifiedBob formulierten nicht nur ein Einverständnis mit der Verwendung ihrer Internetbeiträge, sondern gaben darüber hinaus weiterführende inhaltliche Hinweise zum Material, bekräftigten auch aus ihrer Warte die Re-

---

19 Das Forschungsdesign sah von Beginn an vor, ausschließlich öffentlich verfügbare Internetdokumente in die Analysen mit einzubeziehen. Die von den Verbänden der Markt- und Sozialforschung in Deutschland gemeinsam herausgegebene »Richtlinie für Untersuchungen in den und mittels der Sozialen Medien« (zum Download unter http://rat-marktforschung.de/fileadmin/user_upload/pdf/R11_RDMS_D.pdf) unterscheidet hier offene von geschlossenen sozialen Medien und hält zu ersteren fest, dass diese datenschutzrechtlich als allgemein zugängliche Quellen zu verstehen seien, deren personenbezogene Informationen üblicherweise zu sozialwissenschaftlichen Zwecken erhoben, verarbeitet und genutzt werden dürften. Da geschlossene soziale Medien, die eine Anmeldung oder einen Passwortschutz vorsehen, von Anfang an in unserer Materialrecherche nicht zur Analyse kommen sollten, gingen wir auf Grundlage der genannten Richtlinie davon aus, das erhobene Material einfach nutzen und publizieren zu können. Der Ausschluss der geschlossenenen sozialen Medien stellte zudem keine nennenswerte Einschränkung dar, da sich schnell zeigte, dass der internetöffentlich auffindbare Austausch zu Selbstvermessungsprojekten ein hinreichendes Ausmaß an empirischem Material versprach. Die Frage nach den Datenschutzbelangen der untersuchten Selftracker erwies sich jedoch im Laufe der Studie durch die Kombination aus einfacher De-Anonymisierung und sensiblen personenbezogenen Informationen, die sich im Material fanden, als schwieriger als vorerst angenommen.

levanz der genannten Forschungsfragen und erläuterten in einem Fall sogar im eigenen Blog mein laufendes Forschungsprojekt.

Nach der fokussierten Darstellung der einzelnen Fälle erfolgt im nächsten Abschnitt – abermals entlang der Eckpunkte der experimentellen Wissensgenerierung – eine zusammenfassende Deutung und Aufarbeitung der empirischen Analysen, die der weiteren Ausarbeitung des Konzepts der reflexiven Selbstverwissenschaftlichung dienen soll.

3.3.1. Bietiekay: »Je nachdem wie man sich eben so fühlt«

Das Selftrackingprojekt des in Bayern lebenden Programmierers bietiekay beginnt mit dem Jahreswechsel 2014/2015: Zusammen mit seiner Frau beschließt er, im neuen Jahr das Ernährungs- und Bewegungsverhalten grundlegend zu verändern, um deutlich an Körpergewicht zu verlieren.[20] Sie seien zwar beide, wie bietiekay in einem später publizierten Projektbericht schildert, jenseits von Übergewicht und Bluthochdruck gesund, doch »durch das starke Übergewicht ergaben sich nach und nach wesentliche Einschränkungen im täglichen Leben und die Gefahr irgendwann eine Krankheit zu entwickeln [...] half beim Entschluss«. Mit dem Ziel der Gewichtsreduktion beginnt das technikaffine Paar somit im Januar 2015 mit einer umfassenden Vermessung des eigenen Ess- und Sportverhaltens. Neben der App »MyFitnessPal« (MFP), die dem Ernährungstracking dienen soll, kommen hierbei der Lauftracker »runkeeper«, Fitnessarmbänder, eine digitale Waage mit Körperfettmesser, ein Blutdruckmessgerät sowie ein Heim- beziehungsweise Crosstrainer mit Digitalanzeige zum Einsatz.

In der Unterkategorie »Erfolgsgeschichten« des MyFitnessPal-Forums meldet sich bietiekay am im August 2015 erstmalig zu Wort, um – wie er schreibt – seine »Erfahrung hier mal zu teilen«.[21] Zu

20 An dieser Stelle möchte ich Stephanie Kirstenpfad und Daniel Kirstenpfad (bietiekay), die sich mit der Verwendung ihres Onlinematerials einverstanden zeigten, sehr herzlich danken!

21 Insgesamt ist bietiekay über den Zeitraum von einem Jahr ein mäßig aktiver Teilnehmer an einigen wenigen Diskussionen im MFP-Forum. Zwischen August 2015 und August 2016 verfasst er insgesamt 54 Beiträge. »So gehts auch« ist die

dem Zeitpunkt trackt er seit siebeneinhalb Monaten sein Ernährungs- und Bewegungsverhalten, berechnet insbesondere sein Kaloriensaldo, hat sein Gewicht bereits deutlich reduziert, fühlt sich dadurch besser und verfügt nach Aussage seines Arztes über gute Blutwerte. Durch seinen Forenbeitrag möchte er in erster Linie »mal loswerden dass ich diese ganze Abnehmen-Geschichte so verstehe dass ich einfach nur weniger Input als Verbrauch haben muss, und schon nimmt man ab«. In seinem Post mit dem Titel »So geht's auch« veranschaulicht er dieses Verständnis der »Abnehmen-Geschichte« mit eigenem Datenmaterial: Ein Kurvendiagramm zu seinem Gewichtsverlauf dokumentiert seinen rapiden Gewichtsverlust seit Jahresbeginn (vgl. Abb. 4). Ein Balkendiagramm zeigt weiterhin, dass er im dokumentierten Drei-Monats-Zeitraum durchgehend »weniger Input als Verbrauch« aufweist: Sein (gemessen an gängigen Ernährungsempfehlungen sehr niedriges) Tageslimit von eintausend Nettokalorien – das heißt, eine Differenz zwischen verzehrten und verbrauchten Kalorien von eintausend – unterschreitet er üblicherweise noch um mehrere hundert Kalorien (vgl. Abb. 4).

Im Anschluss an diesen Beitrag entsteht im Forum eine kontroverse Diskussion, wobei die Kommentare von ausschweifendem Lob über sachliche Nachfragen bis hin zu harscher Kritik reichen. Die zentrale Annahme der Kritiker/innen besteht darin, dass bietiekay sein Kaloriensaldo viel zu niedrig angesetzt habe, so dass er sich durch seine »Crash-Diät« nachhaltig körperlich schaden und zudem in absehbarer Zukunft unvermeidlich einen »Jojo-Effekt« – also einen Rückfall auf das Ausgangsgewicht – erleiden werde. In die letztlich aus knapp 170 Kommentaren bestehende Diskussion schaltet sich bietiekay mehrfach ein, um sein Vorgehen zu erläutern, Missverständnisse aufzuklären und klarzustellen, dass er seine Ergebnisse nicht als verallgemeinerbar ansehe. Um den Erfolg seiner Vorgehensweise zu belegen, erar-

einzige Diskussion, die er selbst in diesem Forum eröffnet. Sein bislang letzter Beitrag im MFP-Forum ist ein einzelner Nachtrag vom 24.03.2018, der den Forenlesern nach fast zwei Jahren nochmals ein Update zu seinem körperlichen Wohlbefinden gibt.

Abbildung 4: Berechnung der Nettokalorien von Mai bis August 2015 (oben) und Gewichtskurve von Januar bis August 2015 (unten)

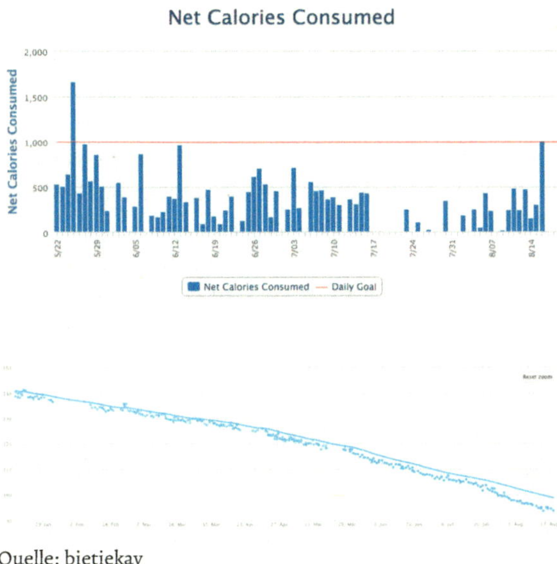

Quelle: bietiekay

beitet er zudem zum Jahreswechsel 2015/2016 einen umfassenden Projektbericht mit dem Titel »So gehts auch. Wie wir 2015 gemeinsam über 120kg abgenommen haben«, den er im Januar 2016 als einen weiteren Debattenbeitrag im MFP-Forum publiziert.

Der im pdf-Format publizierte Bericht dokumentiert das erste Jahr des »Abnehmprojekts« auf 181 Seiten und enthält neben knappen Erläuterungen zum Projektverlauf zahlreiche Statistiken, Erfahrungsberichte, Bilder, Screenshots und Grafiken. Als Titelbild des Berichts dient eine Collage aus »Vorher-Nachher-Bildern«, die den Gewichtsverlust der beiden jeweils eindrücklich visualisiert. Auf der zweiten Seite klärt ein Disclaimer darüber auf, dass der Bericht durch medizinische Laien erstellt und nicht verallgemeinerbar sei. Das Einleitungskapitel schildert dann – nach einer Kurzzusammenfassung der Projektresultate – die Ausgangssituation des Vorhabens: bietiekay »startet mit 147kg, über 55 % Körperfettanteil, BMI über 50, T-Shirt Größe 6XL, Hosengröße 56«, seine Frau »startet mit 114kg, über 48 % Körperfettanteil, BMI über 44, T-Shirt Größe 54/56, Hosengröße 54/56«. Um das im oberen bis mittleren Bereich des Normalgewichts definierte Zielgewicht von 65 beziehungsweise 55 Kilogramm zu erreichen, fixieren die beiden zu Projektbeginn einen Drei-Punkte-Plan: (1) »Kalorienaufnahme exakt protokollieren«, (2) »Sport machen – mehr Bewegung im Allgemeinen«, (3) »Körpergefühl entwickeln und Kalorienaufnahme vs. Kalorienverbrauch zusammen mit den Inhaltsstoffen der aufgenommenen Nahrung einstellen und beobachten, beobachten, beobachten...«. Der Plan umfasst demnach das detaillierte Tracken des Ernährungsverhaltens, eine intensive Bewegungssteigerung und die Herstellung eines »Körpergefühls« sowie eine von der fortlaufenden Selbstbeobachtung begleitetes Kalibrieren des Verhältnisses von Kaloriensaldo und konsumierter Nahrung.

Im Weiteren widmet der Projektbericht jedem der zwölf Monate zehn bis 15 Seiten, wobei jeweils sehr systematisch folgende Informationen dokumentiert sind: Kurvendiagramm zur Gewichtsentwicklung, wochenweise Darstellung von Kalorienaufnahme und -verbrauch, Dokumentation des Sportprogramms und der jeweils verbrannten Kalorien, je eine Berichtsseite mit Fotos des Fahrrad-Displays nach absolviertem Training (vgl. Abb. 5), je eine Berichtsseite mit Fotos von beispielhaften Hauptmahlzeiten dieses Monats (vgl. Abb. 5), mehrere Berichtsseiten, die ein Foto einer Hauptmahlzeit mit der Kalorien-Datenbank des jeweiligen Tages abbilden – und darüber hinaus noch in unregelmäßiger Abfolge beispielsweise Informationen zu eigenen Erfahrungen, Tipps zu Fitnessapps und Geräten, Informationen zu Nahrungsmitteln wie Zucker- und Mehlersatzstoffen, Blutdruckwerte, sportlicher Leistungszuwachs, Außentemperaturkurven etc.

Zum Ernährungstracking fällt dabei auf, dass die beiden zu Beginn ihres Vorhabens ihr Verhalten sehr eng an den Vorgaben der App aus-

Abbildung 5 : Beispielseiten: Fahrraddisplays und Mahlzeiten

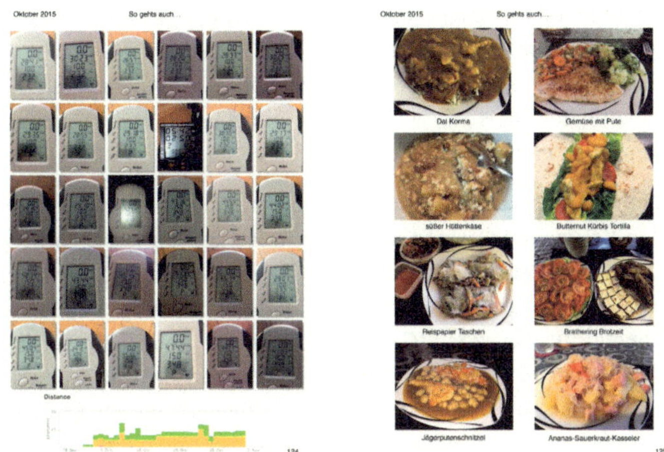

Quelle: bietiekay

richten; so halten sie sich beispielsweise anfänglich an die festgesetzten Kaloriengrenzen, was ihnen in der ersten Phase Orientierung in ihrem Vorhaben verspricht. Ausgehend von den voreingestellten App-Parametern kommt bietiekay durch eine fortdauernde Selbstbeobachtung jedoch nach und nach zu einer eigenen Maßgabe: »Später wurde das Kalorienziel wesentlich nach unten korrigiert (erst auf 1000, dann auf 800 kcal pro Tag) um dann schließlich so gehandhabt zu werden dass ausschließlich die Sportkalorien zur Ernährung hergenommen wurden«. Neben der Ernährungsapp definiert weiterhin die aufmerksame Selbstbeobachtung das Vorgehen – ein vorgeschriebenes Ernährungsprogramm verfolgen die beiden jedoch nicht: »Es ist nun so dass wir nie eine spezielle Diät verfolgt haben sondern sehr genau darauf geachtet haben ›wie wir uns fühlen‹«. Typische Schilderungen hierzu lauten dann:

»Und nach ein paar Tagen mit wenigen Kohlenhydraten kann man schon eine Veränderung im Körpergefühl spüren (man kann weniger Masse für relativ wenige Kalorien essen, Sättigung hält nicht lange an usw.). Genauso verhält sich das dann auch wenn man andere Bestandteile des Essens nach oben dosiert. Bei hohen Fett-Anteilen führt das zu fettiger Haut, Haaren und Pickeln. Zuviel Eiweiß führt zu erstaunlichen Blähungen«.

Statt einem Diätplan zu folgen, führen sie demnach – unter Rückgriff auf den Kalorientracker und unter Beachtung des körperlichen Befindens – dosierte Variationen des Ernährungs- und Bewegungsverhaltens durch und leiten hieraus konkrete Handlunsganweisungen ab: So gilt es generell mit »fallendem Gewicht […] das Kaloriendefizit gleich zu halten oder noch zu erhöhen. Je nachdem wie man sich eben so fühlt«.

Auch wenn sie das so nicht nennen, betreiben bietiekay und seine Frau letztlich eine eigenwillige Form des »intermittierenden Fastens«[22], die ein enges Zeitfenster der Nahrungsaufnahme definiert: »Der Regelfall sieht auch so aus: wenig bis garnichts Essen bis zum Abendessen. Die einzige Mahlzeit ist dann eine größere Portion und meistens selbst gekocht«. Obwohl sie ihre Ernährungsweise auf diesem Weg relativ stark verändern, erwähnen sie im Projektbericht keine externen Informationsquellen, benennen kein spezifisches Ernährungsprogramm, tauschen sich in der Anfangszeit gar nicht und auch später fast ausschließlich zur Darstellung ihres eigenen Projekts im Forum aus und benutzen – anders als ein Großteil der Forennutzer – kaum Fachvokabular. Sie essen sich vielmehr, in ihren eigenen Worten, einmal am Tag »pappsatt«, probieren dabei zahlreiche neue Rezepte aus, steigern ihr tägliches Sportprogramm in einem beeindruckenden Ausmaß, tracken diszipliniert den Kalorienin- und output – und beobachten sehr

22 Das intermittierende (unterbrochene) Fasten sieht üblicherweise vor, dass auf Zeitabschnitte der normalen Ernährung Phasen ohne Nahrungsaufnahme folgen. Beispielsweise sind Formen des intermittierenden Fastens verbreitet, die eine tägliche Nahrungsaufnahme nur in einem Zeitfenster zwischen 12 und 18 Uhr vorsehen.

aufmerksam und unter Rückgriff auf technische Hilfsmittel die Konsequenzen ihres Tuns. Diese Handlungsweise lässt sich nicht nur in einem übertragenen Sinn als experimentelles Vorgehen ansehen, sondern wird von bietiekay auch mehrfach explizit als »Experiment« bezeichnet. In einer Kombination aus Alltagsveränderung, Introspektion und fortlaufendem Tracken erreicht das Paar jedenfalls nach zehn Monaten das erste Ziel: »Normalgewicht! [...] Wie man am Kurvenverlauf sehen kann gehts nun darum den Gewichtsverlust abzubremsen und das Gewicht im weiteren zu halten. Experimente sind notwendig!«

Das heißt, sie müssen nun herausfinden, wie ihr – bislang auf Gewichtsreduktion eingestelltes – Zusammenspiel aus Ernährung, Sport und Tracken experimentell so zu variieren ist, dass fortan ein Aufrechterhalten des erreichten Gewichts sichergestellt wird. Dies wird folgendermaßen im Bericht umschrieben: »Überhaupt ist ›das Gewicht halten‹ so ein Thema für sich [...] Den Haltepunkt zu finden ist, wenn man den Grundumsatz nicht 100 % kennt, nicht ganz so einfach wie gedacht. Aber mit ›rantasten‹ scheint man sich ganz gut nähern zu können«. Um das erreichte Gewicht dauerhaft halten zu können, muss nach Annahme von bietiekay die Differenz aus Kalorienin- und output rechnerisch dem kalorischen Grundumsatz[23] entsprechen. Durch fortgesetzte Variationen des Ernährungs- und Sportverhaltens »tastet« sich bietiekay erfolgreich an diesen »Haltepunkt« heran: »Der errechnete Grundumsatz + Sport von etwa 2580kcal/Tag scheint in etwa zu stimmen [...] Mehr Kalorien und das Gewicht blieb stabil oder stieg wieder. Ganz einfach offenbar«. Unter Kenntnis des »Haltepunkts« erweist sich das weitgehend standardisierte Zusammenspiel aus Ernährung, Sport und digitaler Selbstvermessung dann als berechenbar: Die beiden können nun kalkulierbar ihr Gewicht halten, der in den Forendiskussionen zugeschriebene »Jojo-Effekt« bleibt aus.

Ein Jahr nach Projektbeginn stellen sie ihr laufendes System dann in besonderer Weise auf die Probe: »Wir haben die Feiertage 2015/2016 zu

23 Der Grundumsatz bezeichnet die Kalorienzahl, die der Körper bei völliger Ruhe zum Erhalt der wichtigsten Körperfunktionen wie Herz- und Atemarbeit, Wachstum, Zellaufbau oder Verdauung benötigt.

einer ganzen Reihe von selbstlosen Experimenten genutzt. Hierbei war Ziel einfach mal Spielräume auszuloten und zu schauen was passiert da eigentlich. Vor allem wie verhält sich der Körper bei ›soviel Süßem/Salzigem wie reingeht‹«. An Silvester wird der Plan umgesetzt: Durch die Aufnahme von »soviel Süßem/Salzigem wie reingeht« liegen beide – was eine im Projektbericht enthaltene Seite mit Fotos der konsumierten Pralinen, Mettbrötchen, Käseplatten und Schokobananen plausibilisiert (vgl. Abb. 6) – etwa fünftausend Kalorien über ihrem angenommenen Bedarf. Die korrespondierende Gewichtskurve zeigt, dass dieses Neujahrsexperiment bei bietiekay innerhalb kürzester Zeit zu einer Gewichtszunahme von sieben Kilogramm führt, die er jedoch bis zum vierten Januar wieder weitgehend abgebaut hat.

Im Bericht wird zu diesem Experiment folgende Erkenntnis protokolliert: »Was lernt man: Sich mal nicht durcheinander bringen lassen. Wenns rechnerisch nur 1kg Fettzuwachs sein kann, ists auch nicht mehr. 5000kcal entsprechen weniger als 1kg Fett (~7000kcal)«. Eben dies lässt sich auch dem Kurvendiagramm entnehmen: Während die Linie, die die Einzelmessungen des Körpergewichts verbindet, in die Höhe schnellt und dann ähnlich rapide wieder sinkt, lässt sich entlang der ruhig verlaufenden Durchschnittskurve ablesen, dass das Gewicht durch das Ernährungsverhalten an den Feiertagen um etwa 700 bis 800 Gramm angestiegen ist.

Das Neujahrsexperiment zeigt zweierlei: »(W)enn man so viel in sich reinstopft hat das gleich mehrere Effekte: 1. einem wird schlecht. 2. der Körper wird soviel Wasser und Fett einlagern wie über dem Bedarf liegt«. Die Dokumentation des Experiments – und somit der Projektbericht insgesamt – endet mit der Wendung »Was zu beweisen war/q.e.d.«, welche üblicherweise eine logische Beweisführung abschließt. Bietiekay und seine Frau verfügen nun über das notwendige Wissen, um eine gesicherte Replikation ihres Experimentalsettings durchzuführen. Mehr noch: Sie können basierend auf ihrem gesicherten Wissen experimentell Spielräume ausloten.

Auf der Homepage der beiden, wo der Projektbericht ebenfalls zum Download zur Verfügung steht, wird hervorgehoben, welch wichtigen Stellenwert das pedantische Vermessen dabei einnimmt. Das diszipli-

Abbildung 6: Neujahrsexperiment: Fotocollage zu den konsumierten Nahrungsmitteln

Quelle: bietiekay

nierte Tracken habe geholfen, das Ziel nicht aus den Augen zu verlieren und zugleich ein experimentelles Vorgehen erlaubt: »Absichtlich etwas mehr Eiweiß oder Fett über eine Woche verteilt und geschaut was das mit einem macht (unreine Haut,...). So entwickelte sich bei uns ein Körpergefühl – nach einem Jahr spüren wir was fehlt«. Entlang ihrer eigenen Erfahrungen haben sie demnach unter Rückgriff auf die Selbstvermessungstechnologie nicht nur das angestrebte Körpergefühl, sondern zudem ein alltagspraktisches Wissen generiert, das die Effekte ihres Ernährungs- und Bewegungsverhaltens kalkulierbar macht. Die fortlaufende Selbstvermessung hat sie demnach nicht vom eigenen Körper entfremdet, sondern vielmehr zur Entwicklung eines Körpergefühls beigetragen – wobei das Vermessen nach wie vor Sicherheit gibt:

> »Ein großer Vorteil ist natürlich auch dass man wunderbar mit Physik argumentieren kann für sich selbst: Der Schokoriegel ist heute noch im Kalorien-Budget, ich kann den genüßlich vernaschen! Denn man weiss: Die Physik kann man nicht überlisten. Wenn nur 1000kcal reingegangen sind, können keine Fett-Reserven für 2000kcal angelegt werden«.

Das heißt, auch wenn sie ihr Ernährungs- und Sportverhalten nun so eingestellt haben, dass sie ihr Normalgewicht aufrechterhalten können, möchten sie nicht auf das Tracken verzichten: »Nachdem wir das nun ein Jahr lang machen – also dieses Abwiegen und Kalorienzählen – können wir keine Entwarnung geben: Zumindest wir sind nicht im Stande die Kalorien aus dem Stegreif korrekt zu schätzen. Wir liegen immer weit daneben«.

Über drei Jahre später, im März 2019, beschreibt bietiekay das Projekt nochmals im zusammenfassenden Rückblick auf seinem englischsprachigen Blog, der sich in erster Linie mit computertechnischen Themen befasst, die sich aber vielfach – wie im Fall des Ernährungstracking – auch auf private Fragen beziehen. Unter anderem berichtet er hier, dass er und seine Frau zu dem Zeitpunkt ununterbrochen seit 1.595 Tage ihr Ernährungsverhalten tracken, ihr reduziertes Gewicht beibehalten und neben der strikten Selbstvermessung auch die entwickelten Verhaltensweisen – viel Sport, intermettierendes Fasten, bewusste Ernährung – zur Routine gemacht haben.

Mit Blick auf die Zukunft deutet sich zudem an, dass die selbsterzeugten Ernährungs- und Sportdaten künftig zu einem Baustein in einem größeren Kontext werden könnten. Auf bietiekays Technikblog sind in unregelmäßigen Abständen eigene Programmierprojekte dokumentiert, die jeweils darauf zielen, das häusliche Alltagsleben zu vereinfachen: Beispielsweise ist die Hausklingel so programmiert, dass das Betätigen derselben die laute Musik abstellt. Ins Katzenklo ist eine digitale Waage eingebaut, was ein Monitoring des Haustiers ermöglicht. Das exakte Tracken der Ernährung wiederum wird durch eine selbstprogrammierte WIFI-Küchenwaage unterstützt, die die vermessenen Daten gleich an das »Küchen-IPad« sendet. Und – so eins der jüngsten Programmier-Projekte – die Daten der MyFitnessPal-App werden auf den hauseigenen Server übertragen, was im »Smart Home« ganz neue Optionen eröffnet, denn »(t)his way they are of course also available to the home automation system to do things with it. Like locking the fridge«.

Auch wenn diese imaginierte und sehr strikte Maßnahme eine Idee von den informationstechnischen Möglichkeiten gibt, scheint sie zum verfolgten Ziel des Gewichthaltens jedoch überflüssig zu sein. In einem Wechselspiel aus Körpergefühl und Vermessung, aus Introspektion und technisierter Dokumentation hat das Paar sein Ernährungs- und Sportverhalten erfolgreich kalibriert, was bietiekay als Projekterfolg verbucht und abschließend nochmals wissenschaftlich rahmt: »Like in good science to learn more and make progress you got to listen and take well notes«.

3.3.2. Ejourneys: »I also considered – and eliminated – other possible causes of the weight gain«

Ejourneys ist eine US-Amerikanerin von etwa 60 Jahren, die sich im englischsprachigen Forum der App MyFitnessPal ab September 2012 aktiv an Diskussionen zum Thema Gewichtsreduktion beteiligt.[24] Zu diesem Zeitpunkt wiegt die Psychologin und Science-Fiction-Autorin bei einer Körpergröße von 1,67 Meter über 200 Pfund. Im Laufe ihres bisherigen Lebens unterlag ihr Körpergewicht vergleichsweise starken Schwankungen – im Erwachsenenalter nahm sie mehrfach bis zu 60 Pfund zu und auch wieder ab: »I've gone from chubby kid to lifelong yo-yo, including a bout with anorexia and being underweight«. Insbesondere aus gesundheitlichen Gründen entscheidet sie sich 2012 abermals zu einer Gewichtsreduktion sowie zu einer damit verbundenen nachhaltigen Änderung ihres Ernährungs- und Bewegungsverhaltens:

24 Auch Ejourneys möchte ich herzlich dafür danken, dass sie sich mit der Verwendung ihrer Internetbeiträge und Berichte einverstanden zeigt.

»This time around my buzzword is sustainability: I'm focusing on eating habits that will last me for life«. Ejourneys trackt mit der MFP-App hauptsächlich ihr Körpergewicht, die täglich verzehrten Kalorien sowie die durch diverse Trainingseinheiten verbrannten Kalorien. Weiterhin benutzt sie neben der App insbesondere noch eine Körperwaage, eine Essenswaage und ein Körperfettmessgerät. Zur fortgeschrittenen Analyse und Darstellung der selbsterhobenen Daten nutzt sie weiterhin ein Tool, welches ihre Daten aus der Online-Datenbank der MFP-App zur weitergehenden Analyse in ein Excel-Spreadsheet importiert, so dass auch externe, nicht mit der App erhobene Daten in die Analyse mit einbezogen werden können.

Ejourneys ist auf der Plattform »MyFitnessPal« seit September 2012 in verschiedenen Diskussionsforen aktiv. Insgesamt finden sich auf der Plattform jeweils über eintausendfünfhundert Kommentare und Beiträge aus ihrer Feder. Neben den Berichten zur digitalen Selbstvermessung beteiligt sie sich an diversen sachbezogenen Diskussionen auf der MFP-Plattform, postet Fotocollagen zu ihrem Gewichtsverlauf oder – wie andere Nutzer in einem spezifischen Thread auch – Fotos ihres Kühlschrankinhalts. Durch eine konsequente Ernährungsumstellung, ein fixiertes Kalorienziel und ein konstantes Bewegungsprogramm erreicht sie im Dezember 2013 nach 452 Tagen ihr Zielgewicht von 150 Pfund: »Through diet and exercise and religious logging at MFP, I had managed to drop 51 pounds to reach my goal weight even while postmenopausal«. Basierend auf den vergangenen Erfahrungen weiß sie, dass die eigentliche Herausforderung nun darin besteht, das erreichte Gewicht dauerhaft zu halten. Dies beschreibt sie Ende 2014 in einem Forenbeitrag mit dem Titel »Next Stop: Maintenance« – das heißt, an dieser Stelle geht sie über zum nächsten Projekt, dem Gewichthalten. Das ist zugleich Anlass für eine Art Abschlußbericht zu ihrem bisherigen Projekt der Gewichtsreduktion. Zentral ist in diesem Zusammenhang ein Kurvendiagramm, das über die letzten 462 Tage kumuliert das verlorene Gewicht von 51 Pfund dokumentiert (vgl. Abb. 7) und eine Reihe von sieben Fotos, die selbiges nochmals anschaulich bebildert.

Abbildung 7: Gewichtskurve: 51 Pfund in 462 Tagen

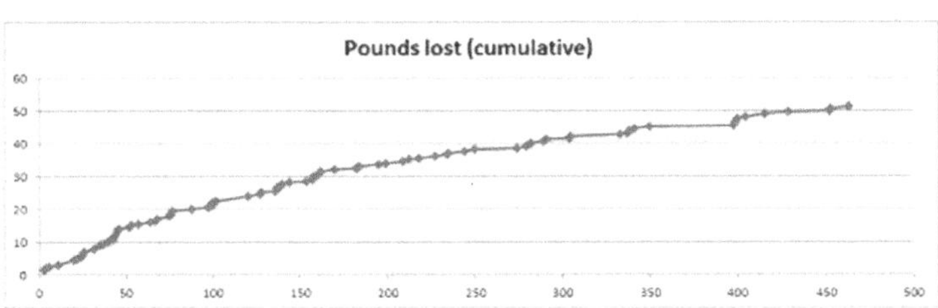

Quelle: Ejourneys

Weiterhin erläutert Ejourneys, dass sie in der Phase der Gewichtsreduktion zu einer relativ standardisierten Ernährungs- und Sportroutine gefunden hat:

> »Weight loss goal set from the beginning was a half-pound per week. Actual weight loss was roughly three-quarters of a pound per week (.77), or a pound lost about every 9 days. My longest plateau was 48 days, represented by that long, flat line spanning from approximately day 350 to day 400 […]. My starting calorie goal at a half-pound loss per week was 1650. As I lost weight, MFP lowered my calorie goal to 1430 and then to 1360. My maintenance calorie goal is now 1600. At no time did I feel as though I were starving myself. Except for the first couple of weeks, I did not feel deprived at all […] Since 1 Sept. 2012, total exercise time = 416.6 hours, or an average of about 53 minutes/day […] I've kept to the same eating habits throughout«.

Für die anstehende Zeit des Gewichthaltens plant Ejourneys nun, diese in über einem Jahr eingespielten Ernährungs-, Bewegungs- und Trackingroutinen weitgehend beizubehalten – lediglich die Kalorienaufnahme korrigiert sie etwas nach oben. Zugleich weiß sie aus Erfahrung, dass die Herausforderung nicht allein in der Reduktion, sondern vielmehr im Beibehalten des veränderten Gewichts besteht:

»Also, the vigilance doesn't stop once I reach my goal; maintenance is a whole other ball game«.

Ab Januar 2014 beginnt sie deshalb im Forum »Goal: Maintaining Weight« unter dem Titel »Lessons Learned & Learning« ihre ernährungsbezogene Selbstvermessung mit dem Ziel des Gewichthaltens öffentlich zu dokumentieren: Die insgesamt 32 von Ejourneys in diesem Kontext veröffentlichten Berichte erscheinen alle 30 Tage über einen Zeitraum von zweieinhalb Jahren hinweg. Die Berichte sind durchnummeriert, geben jeweils im Titel die Gesamtzahl an Tagen an, an denen das Gewicht nun bereits gehalten wurde, und sind in ihrem Aufbau weitgehend standardisiert: Jeder Bericht enthält Kurvendiagramme sowie ausführlichere Analysen zum Gewichtsverlauf, zu Kalorienaufnahme, Kalorienverbrauch und -saldo. Dabei dokumentiert sie ihre Daten bewusst für 30-Tageszeiträume, was eine Vergleichbarkeit der Daten im Zeitverlauf ermöglicht. Neben den genannten Standard-Informationen finden sich in einzelnen Berichten anlassbezogen spezifischere Auswertungen beispielsweise zum Körperfettanteil, den Schilddrüsen- und Cholesterinwerten oder dem getrackten Schlafverhalten. Weiterhin wird jeweils berichtet, an welchem Ort Ejourneys sich auf einer virtuellen Äquatorreise befindet: Mit ihrem Heimtrainer möchte sie einmal die der Äquatorlänge korrespondierende Meilenzahl von etwa 25.000 zurückgelegt haben (was etwa 40.000 Kilometern entspricht). Zudem finden sich in zahlreichen Berichten Fotos sowie computergenerierte künstlerische Darstellungen (»›quickie‹ art pieces«). Die im Anfangsteil durch Zahlenmaterial und Fachvokabular jeweils wissenschaftlich anmutenden und im Schlussteil eher künstlerisch-persönlich gestalteten Berichte weisen somit eine bemerkenswerte Mischung aus wissenschaftlicher und künstlerischer Ausdrucksform beziehungsweise, wenn man so möchte, aus Objektivem und Subjektivem auf.

Hinter Ejourneys sehr systematischen, disziplinierten und akribisch dokumentierten Anstrengungen steht dabei eine denkbar einfache Formel: Sie subtrahiert die durch körperliche Betätigung und Grundumsatz verbrannten Kalorien von den über durch Nahrungsmittel aufgenommenen Kalorien, wodurch sich ein kalorisches Tagessaldo benennen lässt. Die gemessen am Untersuchungsgegenstand vage, aber auf den ersten Blick eindeutige »Calories-In-Calories-Out«-Formel gilt Ejourneys durchgehend als Orientierungsgröße im körperlichen Kalibrierungsprozess: Schon in der Phase der Gewichtsreduktion hatte Ejourneys ihr Ernährungs- und Bewegungsverhalten solange entlang dieser Formel ihre Trackingdaten modifiziert, bis beides zuverlässig eingestellt war. Hier zeigt sich nun, dass sie auch in der Lage ist, ihr Gewicht zu halten: Kalorienaufnahme und -verbrauch sind durch Ernährungs- und Sportroutinen recht kalkulierbar und das Körpergewicht bleibt in den ersten sechs Monaten konstant bei etwa 150 Pfund (Abbildung 8).

Durch eine Brustkrebserkrankung, die Ejourneys zum Ende ihres dritten Berichts in aller Kürze mitteilt, gerät das bislang funktionierende System jedoch massiv aus dem Tritt.[25] Trotz – oder auch gerade wegen – dieser Krebserkrankung möchte Ejourneys allerdings weiterhin ihr Gewicht beibehalten. Basierend auf früheren Krankheitserfahrungen rechnet sie aber fest damit, dass das Halten des Gewichts durch ihre Erkrankung deutlich erschwert wird: »The old rulebook doesn't apply when you're sick«.

Das heißt, Ejourneys geht davon aus, dass die Krebserkrankung eine »Neujustierung« ihres Systems erfordert. Während sie bislang durch Standardisierung und Replikation auf die Aufrechterhaltung des Status Quo zielte, steht mit der Krebserkrankung eine versierte Variation verschiedener Faktoren zur Generierung neuen Wissens an. Dies lässt sich beispielhaft an der Einnahme des Medikamentes Anastrozol aufzeigen,

---

25 Sehr nüchtern teilt sie zum Endes des Berichts Folgendes mit: »I […] received the news on March 4 that I have breast cancer. Fortunately, it's a relatively non-aggressive type« (Bericht »Lessons Learned & Learning 3: 90 Days of Maintenance«, 17.03.2014). Ab dem vierten Bericht nimmt sie deshalb mit dem »Cancer Update« noch eine weitere Standard-Kategorie in ihren Berichten auf. Nach einem Jahr fällt diese Kategorie zur Dokumentation ihrer Krebserkrankung in den Berichten wieder weg, da Ejourneys nun auf der Plattform des »Cancer Survivors Network« umfassendere Beiträge verfasst und diese in den Berichten im MFP-Forum dann einfach verlinkt.

Abbildung 8: Sechs Monate Gewichthalten: Gewichts- und Kalorienverlauf

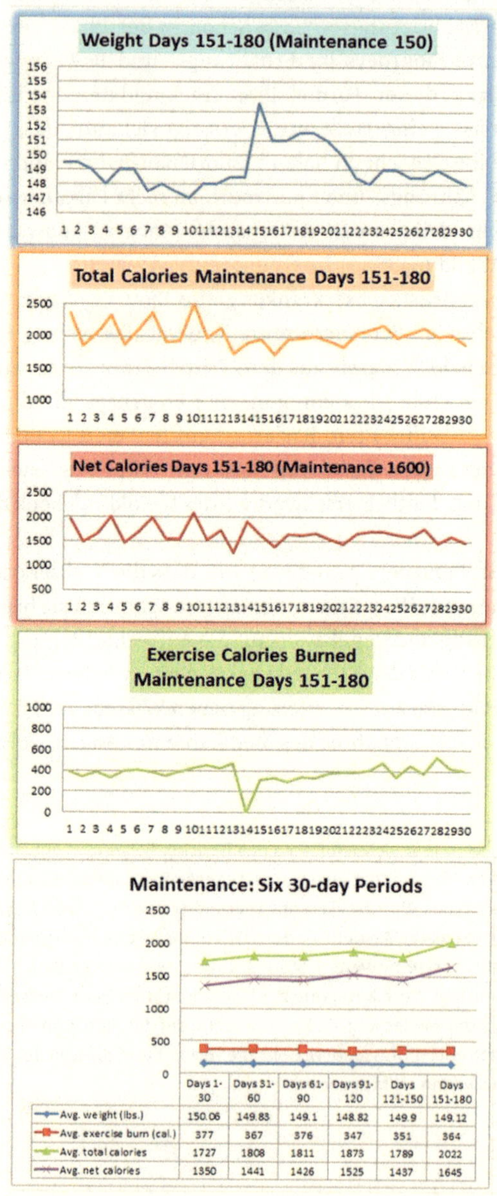

	Days 1-30	Days 31-60	Days 61-90	Days 91-120	Days 121-150	Days 151-180
Avg. weight (lbs.)	150.06	149.83	149.1	148.82	149.9	149.12
Avg. exercise burn (cal.)	377	367	376	347	351	364
Avg. total calories	1727	1808	1811	1873	1789	2022
Avg. net calories	1350	1441	1426	1525	1437	1645

Quelle: Ejourneys

welches zur angestrebten Hemmung des Tumorwachstums den Östrogenspiegel senkt, wobei eine mögliche Nebenwirkung in teils massiver Gewichtszunahme besteht. Obwohl Ejourneys – die sich medizinisch umfassend informiert und vielfach auf wissenschaftliche Studien verweist – aufgrund der Anastrozol-Einnahme präventiv ihre Kalorienaufnahme senkt und ihr Trainingsprogramm steigert, belegt das in ihrem 19ten Projektbericht enthaltene Kurvendiagramm, dass mit Beginn der Medikation ihr durchschnittliches Körpergewicht in kleinen Schritten steigt (vgl. Abb. 9).

Durch diese leichte Gewichtssteigerung beunruhigt, fängt Ejourneys an, mit verschiedenen Faktoren zu experimentieren. Um eine weitere Gewichtssteigerung zu vereiteln, senkt sie beispielsweise ihre Kalorienaufnahme, bezieht Blut-, Körperfett und Schilddrüsenwerte in ihre Überlegungen mit ein, steigert ihr Trainingsprogramm und kontrolliert die Effekte ihrer Natriumgaben: »I also considered – and eliminated – other possible causes of the weight gain«. Trotz der diversen Ansätze kann sie jedoch den Gewichtsanstieg über Monate nicht stoppen. Da das Absetzen des Medikamentes nicht in Frage kommt, erklärt sie sich das Phänomen letztlich mit einer Art »Plateau-Sitaution«, welche es ihrer Erfahrung nach auszuharren gelte:

> »So, I am reinstating my plateau mindset. While I was losing those 51 pounds, my longest plateau had lasted for 48 days and persisted no matter what I did. I kept telling myself that I knew I was doing all the right things, I would continue doing all the right things, and the bottom line was that I was in much better shape than when I started. Faced with this weight gain challenge from anastrazole, I will continue to do all the right things, no matter what«.

Sie ist sich demnach um die generelle Funktionsfähigkeit ihres Zusammenspiels aus Ernährung, Bewegung und Gewichtskontrolle sicher und hält stoisch daran fest – bis eine rohe Möhre alles durcheinanderbringt.

Abbildung 9a)-c): Das »Möhren-Ereignis«: Gewichtsanstieg durch Medikamenteneinnahme (oben), Escherichia-Coli-Infektion als »Rückstelltaste« (Mitte) und Zeiten vor und nach der »Möhren«-Infektion (unten)

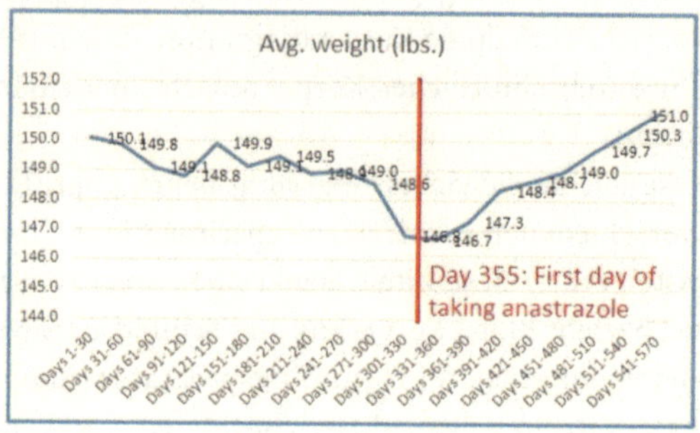

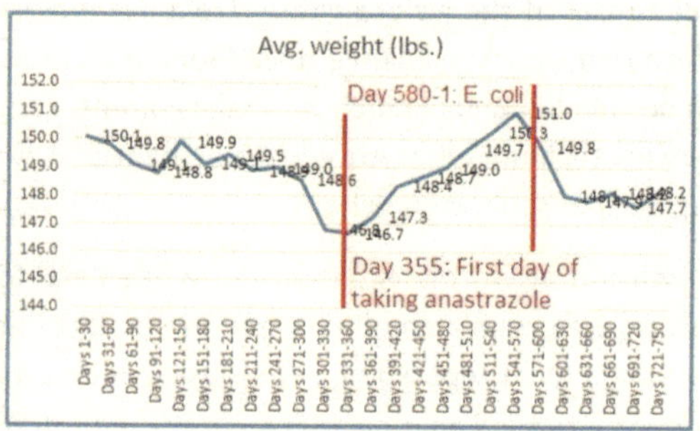

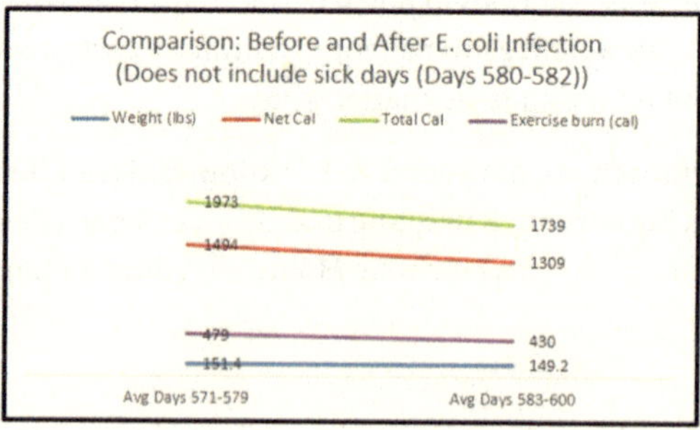

Abbildung 9d): Collage »Möhren-Ereignis«

Quelle: Ejourneys

So erleidet Ejourneys nach ärztlicher Diagnose am 580. Tag ihres Projektes durch das Verzehren von Rohkost eine heftige Escherichia-Coli-Infektion, die bei Immunschwächen eher auftritt und mit Magenkrämpfen, Appetitlosigkeit, Erbrechen und Durchfall einhergeht. Drei Tage lang kann sie kaum Nahrung aufnehmen und sich nur sehr eingeschränkt bewegen. Dies führt, so Ejourneys Deutung, nicht nur zu einer kurzzeitigen Gewichtsreduktion, sondern hat einen grundsätzlicheren Effekt: Ein auch visuell dokumentierter Vergleich (vgl. Abb. 9c) zeigt, dass sie – unter Nichtbeachtung der Krankheitstage – in der Phase nach der Infektion einen geringeren durchschnittlichen Kaloriensaldo und ein niedrigeres Körpergewicht aufweist als zuvor. Ejourneys geht davon aus, dass sich ihr Körper nach Überstehen der Infektion insgesamt stabilisiert hat. Sie hofft, dies kontinuieren und bei standardmäßigem Programm nun wieder dauerhaft ihr Gewicht halten zu können: »It remains to be seen whether my previous climb will resume, or if (wishful thinking here) my bout with E. coli has pushed some kind of reset button that will somehow let me offset anastrazole's weight gain side effect«.

Im Weiteren zeigt sich, dass die »Rückstelltaste« offenbar gedrückt wurde: Ejourneys hat etwa ein Jahr nach Beginn der Anastrazol-Medikation im Zusammenspiel von Zahlenhaftigkeit, Körpergefühl und einer infizierten Möhre ihr System (wieder) in Gang gesetzt: Ihr Gewicht liegt unter den neuen Bedingungen wieder zuverlässig steuerbar bei etwas unter 150 Pfund (vgl. Abb. 9b), wobei das Auftreten der Infektion von Ejourneys als Wendepunkt definiert wird: In den Grafiken zum Gewichtsverlauf sind fortan immer der Beginn der Anastrozol-Einnahme und der Tag der Infektion mit roten Linien markiert, die eine Phase des unerklärten Gewichtsanstiegs abstecken. Im Forenbeitrag, der die Infektion erläutert, findet sich zudem eine ihrer typischen computergenerierten Collagen: Diese ist wenige Tage vor ihrer Infektion entstanden und soll die infizierte Möhre abbilden: »Just before my bout with E. coli, I created this ›dream‹ image using the unbeknownst-to-me malevolent carrot« (vgl. Abb. 9d). Das »Möhren-Ereignis« – so die Deutung – hat das System wieder ins Lot gebracht.

Die anschließend veröffentlichten Berichte im MFP-Forum werden immer kürzer, wobei Ejourneys zeitgleich ihr Engagement auf einer Internetplattform für Krebserkrankte steigert.[26] Im Februar 2017 meldet sie sich ein letztes Mal im MFP-Forum zu Wort, um mitzuteilen, dass sie ihre virtuelle Heimtrainer-Reise um den Äquator erfolgreich beendet hat. Diese Nachricht verbindet sie mit einer Zusammenfassung ihrer gewichtsbezogenen Selftracking-Erfahrungen: »I have now maintained that weight for 1154 days (3 years, 1 month, 27 days) as of today«. Nach all den Jahren digitaler Selbstvermessung ist das Körpergewicht dabei zu einem kalkulierbaren Faktor in Ejourneys mannigfachen Berechnungen geworden, der im Rahmen der Krebserkrankung, was hier abschließend nur angedeutet werden soll, wiederum in einen größeren Kontext gestellt wird: Im Krebsforum dokumentiert Ejourneys nun – ähnlich wie zuvor in ihren Berichten zum Gewicht – für die einzelnen Zyklen ihrer Chemotherapie jeweils Daten zu Gewichtsentwicklung, Schlafverhalten und medikamentösen Nebenwirkungen. So geht sie ausgestattet mit einem stets wachsenden Wissen zum eigenen Körper neuen Ungewissheiten auf die Spur, wobei – wie sie in einem Post zu ihren Blutwerten festhält – immer gilt: »Meanwhile, we keep watching«.

3.3.3. Quantified Bob: »Hack, track, analyze, optimize, rinse, repeat«

Der etwa 40jährige New Yorker Quantified Bob ist ein passionierter Selbstvermesser und ein frühes Mitglied der Quantified-Self-Community.[27] Quantified Bob ist massenmedial sowie im Web sehr

---

26 Auf diese öffentlich verfügbaren Beiträge auf einer Plattform für Krebserkrankte hat Ejourneys mich in unserem Mailaustausch hingewiesen.

27 An dieser Stelle möchte ich mich herzlich bei Bob Troia (Quantified Bob) bedanken. Alle wörtlichen Zitate von Quantified Bob, die nicht anders ausgewiesen sind, finden sich auf seiner persönlichen Homepage quantifiedbob.com.

präsent, hält regelmäßig Hauptvorträge auf einschlägigen Konferenzen der Szene und widmet sich aus der Computerbranche stammend der digitalen Selbstvermessung auch beruflich. So ist er als Unternehmens- und Ernährungsberater tätig, testet neue Software, Selftrackingtools und Ernährungsprodukte und erhält von diversen Herstellern einen prozentualen Anteil im Fall von Käufen durch seine Internet-Leserschaft. In seinem Blog »quantifiedbob.com« finden sich detaillierte Beschreibungen seiner zahlreichen, aufeinander verweisenden Selbstexperimente, die beispielsweise den Effekt von intensiven Saunagängen auf die im Körper nachweisbaren Giftstoffe, den Einfluss von Oxalessigsäure auf den Blutzuckerwert oder die Auswirkungen von Pferderennen auf die Herzfrequenz untersuchen. Auch wenn die Selbstexperimente bei eigenen Fragen und individuellen Problemlagen ansetzen, geht es Quantified Bob nicht ausschließlich um die Lösung akuter Alltagsprobleme, sondern auch ganz allgemein um das Generieren neuen Wissens: »I seek to not only continuously gain new insights about myself, but also challenge and reshape previously held beliefs«.

Im Folgenden steht ein Ernährungsexperiment im Fokus, in welchem Quantified Bob über einen Zeitraum von letztlich mehr als eineinhalb Jahren die sogenannte »Bulletproof Diet«[28] testet. Dieses Ernährungsprogramm zielt im Kern auf eine fettreiche und zugleich kohlen-

28 Die »kugelsichere« Diät wurde von dem amerikanischen Silicon-Valley-Unternehmer Dave Asprey unter Rückgriff auf zahlreiche wissenschaftlich-technische Ressourcen mit dem Ziel der eigenen Gewichtsreduktion entwickelt, wie er in der 2014 erschienenen Buchpublikation »The Bulletproof Diet: Lose up to a Pound a Day, Reclaim Energy and Focus, and upgrade your Life« schreibt. Im Vorwort der Publikation wird mit folgenden Worten das Vorgehen von Asprey dargestellt: »Using your body as a chemistry lab to connect what you`re eating and how you feel – in other words, becoming a biohacker – might be the most powerful thing you can do for fat loss and optimal health«. Das Ernährungsprogramm fand schnell auch jenseits der Biohacking-Szene Verbreitung, inzwischen ist das Buch auch in deutscher Sprache erschienen. Auf der begleitenden Internetseite bulletproof.com wird ein umfassendes Marketing insbesondere rund um den sogenannten Bulletproof-Kaffee betrieben. Inspiriert von dieser Buchpublikation entwickelt Quantified Bob innerhalb seines eineinhalbjährigen Projekts eine individuelle Variante der Bulletproof Diet.

hydratarme Ernährung, sieht entlang einer recht restriktiven Lebensmitteltabelle qualitativ hochwertige, frische und möglichst unbehandelte Nahrungsmittel vor (z.B. ausschließlich Fleisch aus Weidetierhaltung) und empfiehlt statt eines Frühstücks das morgendliche Trinken eines spezialgerösteten, frischgebrühten Qualitätskaffees, der unter Zugabe von Butter und Kokos-Öl im Mixer schaumig zu schlagen ist. Durch die verringerte Kohlenhydratzufuhr soll erreicht werden, dass der Körper anstelle des Zuckerstoffwechsels (Glukose) in einem höheren Ausmaß körpereigenes Fett verbrennt (Ketose). Der Kaffee weiterhin soll der Sättigung am Vormittag dienen, da intermittierendes Fasten zum Programm gehört: Quantified Bob beispielsweise nimmt phasenweise ausschließlich zwischen 13 und 19 Uhr Nahrung zu sich. Weiterhin reduziert er zur selben Zeit sein nach eigenem Empfinden überzogenes Trainingsprogramm und wechselt zu einem lediglich wöchentlichen, aber intensiven Muskelaufbautraining.

Seine Motivation zur Umsetzung der »Bulletproof Diet« – die er im Oktober 2012 in seinem Vorbericht »The Bulletproof Diet and Intermittent Fasting – My First 30 Days (prior to starting)« darstellt – besteht insbesondere in einer Verbesserung seiner Cholesterin- und Testosteronwerte sowie einer gezielten Körperstraffung: »I noticed there were a few biomarkers that I was having trouble optimizing [...]. While relatively fit, I have always had a little bit of stubborn fat around my waist/›love handles‹ [...] Could a high ›healthy‹-fat, low carb diet be the answer?«

Im ersten Monat seiner Ernährungsumstellung hält Quantified Bob sich jedenfalls nach eigenen Angaben so eng als möglich an die diätetischen Vorgaben. Dies dokumentiert er jedoch nicht durch quantifizierte Darstellungen, sondern vielmehr durch eine Fotoreihe zu seinen Hauptmahlzeiten (vgl. Abb. 10). Durchgehend fällt auf, dass – obwohl es im Kern um eine Ernährungsumstellung geht – die konkreten Daten zur ernährungsbezogenen Selbstvermessung in den Berichten von Quantified Bob kaum eine Rolle spielen: Die Kalorien- oder Nährstoffwerte beispielsweise werden gar nicht im Einzelnen dokumentiert und die Gewichtsentwicklung wird nur einmal unter Verweis auf ein den kompletten Projektzeitraum abdeckendes Kurvendiagramm knapp skizziert. Ein penibles Ernährungstracking scheint nicht stattzufinden. Vielmehr isst Quantified Bob üblicherweise im Rahmen der diätetischen Vorgaben »until I'm full/happy« – und kontrolliert nur sehr unregelmäßig, ob er sich noch »im grünen Bereich« befindet: »About once or twice a month I'll do a quick ›sanity check‹ and track the nutritional info of a day's worth of meals just to be sure I'm staying within the parameters of the diet (total calories, percentage of calories from fat, and total carbs)«. Obwohl die »Bulletproof Diet« insbesondere hinsichtlich der Nahrungszusammensetzung ein recht strenges Ernährungsregime vorsieht, reicht ihm die stichprobenmäßige Kontrolle der konsumierten Nahrungsmittel.

Die Umstellung der Ernährung führt jedenfalls – wie die Gewichtskurve zeigt (vgl. Abb. 10) – im ersten Halbjahr dazu, dass Quantified Bob an Körpergewicht verliert und sich dann auf ein recht stabiles Gewicht einpendelt: »Even while eating anywhere from 2800-3500 calories per day, early on my weight went down by approximately 10lbs, but proceeded to stabilize, hovering between 162-165lbs«. In der Endphase des Projektes kehrt er durch eine Intensivierung seines Muskeltrainings wieder zu seinem Ausgangsgewicht zurück. Einen kleinen Ausreisser in der Gewichtskurve (Juli) erklärt er durch das Verwenden einer offenbar ungenauen Hotelwaage – jenseits davon scheint sein eher vages Vorgehen zu funktionieren: »I am happy to say I remained mostly ›in the green‹ with regards to the diet, especially avoiding gluten, sugar, and grains (with the exception of some occasional white rice, which is ok), and kept my meals pretty consistent«. Das standardisierte Ernährungsprogramm ist ihm in Fleisch und Blut übergegangen: In einer Mischung aus standardisierter Alltagsroutine und Rückgriff auf ein Körpergefühl gestaltet Quantified Bob seinen Ernährungsalltag. Dies gilt ähnlich auch für seine sportliche Betätigung, die – angelehnt an ein Programm namens »Body by Science« – einerseits aus weitgehend standardisierten Elementen besteht, deren Durchführung jedoch eher »aus dem Bauch heraus« geschieht und in den Berichten kaum dokumentiert ist.

Während demnach – anders als in den Berichten von bietiekay oder Ejourneys – die Dokumentation von Ernährungs- und Sportdaten von geringer Relevanz ist, wertet Quantified Bob jedoch systematisch seine Blutwerte aus.

Abbildung 10: Fotoserie der Hauptmahlzeiten (oben) und Gewichtskurve im Projektverlauf (unten)

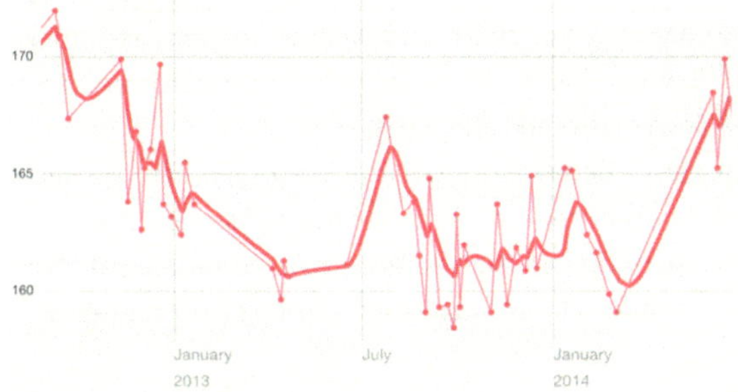

Quelle: Quantified Bob

Diese stammen von der Online-Plattform »InsideTracker«[29], die einen Do-It-Yourself-Bluttest anbietet, dessen Ergebnisse wenige Tage nach Einsenden einer Blutprobe im persönlichen Internetprofil einsehbar sind. Der erste Ergebnisbericht – »The Bulletproof Diet and Intermittent Fasting – My 30-Day Results« – zeigt hierzu, dass der Testosteronwert von Quantified Bob seit Projektbeginn weiter angestiegen ist und sich zugleich die Leukozyten- und Cholesterinwerte in eine ungewollte Richtung entwickelt haben (vgl. Abb. 11). Dabei orientiert sich Quantified Bob zur ersten Einordnung seiner Blutwerte an den von InsideTracker vorgegebenen »optimalen Wertbereichen« (»optimized zone«), welche nach Angaben des Unternehmens für die einzelnen Biomarker in Abhängigkeit von bestimmten Merkmalen (Alter, Geschlecht, Gewohnheiten, Ethnie, Sportlichkeit) und stets aktualisierten wissenschaftlichen Erkenntnissen fortlaufend individuell berechnet werden.

Neben entsprechenden Testresultaten gehen weiterhin qualitative Beobachtungen zu den Effekten der neuen Diät in die Ergebnisberichte ein: »Just as important as quantitative results are qualitative observations, some of which are things I never expected nor realized until after my experiment«. Zu diesen subjektiven Beobachtungen gehört beispielsweise, dass Quantified Bob sich infolge seiner Lebensstilveränderung konzentrierter fühlt und weniger reizbar ist, aber auch in einem auffallenden Ausmaß – wie auch fotografisch dokumentiert – Haarausfall sowie trockene Haut hat.

Entlang dieser Beobachtungen und Testergebnisse variiert Quantified Bob jedenfalls nach und nach die Originalversion des Ernährungsprogramms: Er reduziert die Buttermenge im morgendlichen Kaffee, präferiert Lammfleisch, reduziert sein intermittierendes Fasten auf

29 InsideTracker wird auf der Homepage des Unternehmens als »Selfie von Innen« und »Ernährungs-Coach der Zukunft« umschrieben und unter anderem folgendermaßen beworben: »InsideTracker is a dynamic and personalized analytic platform at the intersection of biology, science and technology. We analyze your blood test and physiological data and distill the results into simple, natural and sustainable nutrition and lifestyle recommendations for you to follow« (insidetracker.com). Der Blog von InsideTracker weist den Bluttest als ein typisches Produkt der personalisierten und präventiven Medizin aus.

nur einen Tag in der Woche, erhöht den Kohlehydrat- und senkt den Proteinanteil seiner Ernährung – und macht diese Ernährungsweise dann wiederum zur neuen Routine. Während dies im Laufe der Zeit zu einer Verbesserung seiner Haut- und Haarprobleme führt, verbleiben die Blutwerte teils in als kritisch angesehenen Bereichen. Aus diesem Grund forscht Quantified Bob durch fortlaufende Recherchen, (Daten-)Analysen, die Lektüre von Forschungsartikeln, Arztbesuchen und experimentelle Interventionen selbigen forciert nach, was er in seinem zweiten Ergebnisbericht – »Bulletproof Diet and Intermittent Fasting – My 1.5 Year Results« – im Mai 2014 dann näher ausführt.

Dreh- und Angelpunkt seiner Analysen werden so die Bluttests, mit denen er sich fortlaufend auseinandersetzt, wodurch die Ursachen der als kritisch klassifizierten Leukozyten-, Cholesterin- und Testosteronwerte sich zunehmend herauskristallisieren. Gemessen an den Optimalwerten sind die in Ampelfarbenlogik markierten Blutwerte von Quantified Bob meist im grünen Bereich verortet, wobei jedoch die Testosteron- und Hämoglobinwerte über eineinhalb Jahre (fast) durchgehend im gelben, sowie die Leukozyten- und Cholesterinwerte im roten Bereich verbleiben (vgl. Abb. 11a).

In seinen Analysen gelangt Quantified Bob zu der Überzeugung, dass nicht die Ernährungsumstellung als solche die Verschlechterung der Blutwerte verursacht hat, sondern vielmehr durch die neue Ernährungsweise bereits lange schwelende Gesundheitsprobleme, wie beispielsweise eine Schilddrüsenunterfunktion, erst erkennbar werden: »Out of range markers such as high LDL cholesterol were not due to the diet – rather, the diet ›exposed‹ other pre-existing issues such as under active thyroid and adrenals, gut issues, and chronic infections«. Als Indikator für diese Annahme sieht er seine durchgehend als zu niedrig markierten Leukozytenwerte an, welche – so die Deutung – auf bislang unbemerkte chronische Infektionen verweisen, die er wiederum für weitere Auffälligkeiten seines Blutbildes verantwortlich macht.

Allgemein versteht Quantified Bob die Ursachen gesundheitlicher Probleme als ein komplexes Zusammenspiel. Die beobachteten Phänomene lassen sich seiner Ansicht nach nicht isoliert, sondern ausschließlich im Zusammenhang eines experimentellen Settings analysieren, welches sich in einem schrittweisen Vorgehen belastbaren Diagnosen annähert. So lässt er beispielsweise infolge seiner Analysen seine Schilddrüse behandeln und macht dies – im Zusammenspiel mit Entzündungsherden und der Ernährung – als Ursache der sich verbessernden Testosteronwerte aus. Quantified Bob vergleicht sein sukzessives Vorgehen mit einer Zwiebelhäutung: »Now we're starting to peel back the layers of the onion!«

Durch die »Zwiebelhäutung« werden die pathologischen Auffälligkeiten nach und nach aufgedeckt und, wenn möglich, eliminiert, wodurch eine immer belastbarere Diagnose zu den anfänglich rätselhaften Ursachen der Blutwerte möglich wird. Als primären Grund für die schlechten Cholesterinwerte macht er auf diesem Weg beispielsweise eine ihm bis dato unbekannte bakterielle Infektion aus.

Die Wissensbestände zu den zu Beginn des Projekts als problematisch angesehenen Cholesterin- und Testosteronwerten verhärten sich demnach – wobei jedoch zugleich als gesichert angesehene Wissensbestände jederzeit (wieder) in Frage gestellt werden können. Das heißt, dass auch die in dem experimentellen Vorgehen als Orientierungspunkt definierten Ergebnisse der Bluttests nur als vorläufiges Wissen gelten. Dies zeigt sich beispielhaft an seinem Umgang mit den hartnäckig im »roten Bereich« getesteten Cholesterinwerten (vgl. Abb. 11a). Nach einer Phase der Verunsicherung stößt Quantified Bob bezüglich der Interpretation dieser Werte auf den Beitrag eines funktionellen Mediziners[30], der eine alternative Berechnung der Cholesterinwerte vorsieht und das Gesamtcholesterin (»total cholesterol«) sowie einzelne Fraktionen des

30 Die funktionelle Medizin zielt darauf, Krankheitsursachen auszumachen, während der Schulmedizin zugeschrieben wird, sich nur auf Symptomebene mit Krankheiten zu beschäftigen. Demnach würde die Schulmedizin Bluthochdruck medikamentös mit einem Blutdrucksenker behandeln, während die funktionelle Medizin versuchen würde, die Wurzel des Bluthochdrucks zu identifizieren. Die funktionelle Medizin fokussiert demnach das ganze System und versteht sich als ganzheitliches Konzept, weshalb sie auch nicht in medizinische Fachrichtungen unterteilt ist.

Gesamtcholesterins (»HDL«, »LDL«, »triglycerides«) ins Verhältnis zueinander setzt. Der zuerst als relativ gesichert angesehene Cholesterintest von Insidetracker wird demnach – als die Cholesterinwerte hartnäckig im »nicht-optimalen Bereich« verharren – von Quantified Bob in Frage gestellt und durch für seine spezifische Situation als adäquater angesehene Neuberechnungen modifiziert und letztlich im neuen Raster von Quantified Bob als unkritisch klassifiziert (vgl. Abb. 11b).

Dieses Abarbeiten an standardisierten Tests auf der einen und subjektivem Empfinden auf der anderen Seite korrepondiert mit der den Selbstvermessungsprojekten impliziten Idee individualisierter Experimente, was Quantified Bob in einem Interview mit der Podcast-Sendung »The Quantified Body« auf den Punkt bringt: »Basically, the idea behind n =1 experiments is that we could run the same experiment... and your results can be different from mine, but it doesn't mean that either are wrong, it just means that we're all individuals«. In einem iterativen Prozess, der Kategorien, Tests, Technologien und Standards auf der einen und Intuitionen und Erfahrung auf der anderen Seite verknüpft, findet somit eine Annäherung an ein individuell funktionierendes Setting statt, die Quantified Bob als eine Reise umschreibt: »I consider my journey a work in progress, making slight adaptations here and there based on my own situation and progress with the various issues I described earlier«. Die schrittweisen Modifikationen im Wechselspiel von Subjektivem und Objektivem streben letztlich nach möglichst belastbarem Wissen.

Quantified Bob zieht abschließend ein positives (Zwischen-)Fazit zu seinem Projekt: »The Bulletproof diet has worked! (for me, at least). But it's less of a ›diet‹, and more of a lifestyle«. Damit knüpft er an Bemerkungen zu Beginn des Projektes an, in denen er ausgeführt hatte, dass er den Begriff »diet« als eher unpassend empfinde, da dieser impliziere, »that it's all about losing weight when in fact it's more of a lifestyle.« Eine Ernährungsumstellung beinhaltet demnach eine umfassende Änderung des Alltagslebens, weshalb eine adäquate Analyse auch sukzessive den gesamten Lebenszusammenhang in den Blick nehmen muss.

Das hierbei praktizierte iterative Vorgehen entspricht nicht nur einer experimentellen Logik, sondern auch dem in der Softwareentwicklung üblichen Arbeiten. Die softwaregestützte Körperanalyse ist für Quantified Bob die logische Fortsetzung seiner Programmiertätigkeiten, was Ausdruck in einer aus der Softwareentwicklung stammenden Formel findet, die er zum Motto seines Blogs macht: »Hack, track, analyze, optimize, rinse, repeat«. In seinen Selbstexperimenten, die er auch als »Biohacking«-Projekte bezeichnet, geht es demzufolge darum, ausgehend von einem grundsätzlichen Problemverständnis (»hack«) Auffälligkeiten aufzuspüren (»track«), diese zu analysieren (»analyze«), auf der Analyse basierend die Vorgänge zu optimieren (»optimize«), das Ganze »ins Reine zu bringen«[31] (»rinse«) – und unter neuen Bedingungen wieder von vorne anzufangen (»repeat«).

Vor diesem Hintergrund ist dann nur konsequent, dass Quantified Bob die sogenannte »BobAPI« programmiert. Eine API (engl. application programming interface) ist eine Programmierschnittstelle, die die Anbindung eines Datensatzes an ein Softwaresystem erlaubt. Quantified Bob versammelt durch diese API einen wachsenden Teil seiner zuvor auf diversen Servern, auf unterschiedlichen Geräten und in verschiedenen Dokumenten verstreuten Daten zu Herzfrequenz,

---

31 Das englische Verb »to rinse« ist eigentlich mit auswaschen oder durchspülen zu übersetzen, wird aber in Verbindung mit »repeat« als feststehendes Idiom verwandt: Die Wendung »lather, rinse, repeat« (»einseifen, auswaschen, wiederholen«) fand sich vielfach als Handlungsanleitung auf Shampoo-Flaschen, da bei früheren Produkten üblicherweise mehrere Haarwaschgänge empfohlen waren. In der vorliegenden Arbeit soll mit der Übersetzung »ins Reine bringen« auf einen Prozess angespielt werden, der – dem Pickeringschen »mangeln« nicht unähnlich – auf eine möglichst »glatte«, »schlanke«, funktionierende Version auf höherem Niveau zielt. In diesem Sinne ist möglicherweise auch die Namensgebung der App »Rinse« zu deuten, die der Analyse der iTunes-Mediathek dient und kontrolliert, ob beispielsweise Titelangaben korrekt, Duplikate vorhanden oder Cover fehlend sind – die App bringt die Musikdatenbank sozusagen ins Reine. In der Software-Programmierung wird weiterhin in Anspielung auf das Idiom »lather, rinse, repeat« mit dem »Shampoo-Algorithmus« eine Endlosschleife beschrieben, da der Algorithmus keine Abbruchbedingung definiert.

Temperatur, Gewicht, Aufenthaltsort, Blutdruck, Blutzucker, Blutsauerstoff, PH-Wert, Wohlbefinden, Schlafverhalten, Sportaktivitäten, Schrittanzahl und Hautleitfähigkeit unter einem Dach. Er selbst verfügt durch die Schnittstelle über ein sicheres Datenarchiv und zugleich erhalten Interessierte einen komfortablen Online-Zugriff auf seine teils über Jahre vermessenen, fortlaufend aktualisierten Daten. Darüber hinaus ermöglicht dieser Datenpool eine sukzessive Verrechnung aller zu Quantified Bobs Körper und Alltag erhobenen Daten. So ließen sich beispielsweise mit den in der BobApi versammelten Daten Korrelationen rechnen, um beispielsweise – wie Quantified Bob ausführt, »to do things like, say, determine and maintain the optimal temperatures and airflow in my bedroom throughout the night for best sleep quality«.

Dies beinhaltet, dass die digitale Selbstvermessung im Verständnis von Quantified Bob nach vorne hin offen angelegt ist und potentiell alle Lebensbereiche umfasst, wobei die Bulletproof-Diät ebenso wie seine zahlreichen weiteren Projekte – beispielsweise zum Stressempfinden, dem Energiehaushalt, der Luftqualität der Wohnung sowie den Effekten eines dreitägigen Wasser-Fastens – zu Einzelelementen einer größeren, stets erweiterten Experimentalanordnung in eigener Sache gehören. Jedes zu Beginn recht klar fokussierte Experiment wirft automatisch neue Fragen auf, deren Klärung nochmals auf ganz neue Pfade führen kann.

Abbildung 11 a): Blutwerte

	26-Oct-2012	12-Dec-2012	6-Feb-2013	5-Jun-2013	19-Aug-2013	13-Nov-2013	7-May-2014	Optimized Zone
Total Cholesterol (mg/dL)	191	294	270	294	234	268	172	(100-193 mg/dL)
LDL (mg/dL)	139	232	177	192	150	177	97	(<87 mg/dL)
HDL (mg/dL)	57	72	73	84	70	79	65	(60-200 mg/dL)
Triglycerides (mg/dL)	46	75	57	65	71	62	48	(<123 mg/dL)
Testosterone (ng/dL)	460	619	483	381		459	807	(548-1197 ng/dL)
Glucose (mg/dL)	93	93		87	85	94	97	(65-94 mg/dL)
Calcium (mg/dL)	9.1	9.6	9.5	9.7		9.5	9.6	(9.2-9.9 mg/dL)
Magnesium (mg/dL)	2.1	2.1						(1.8-2.3 mg/dL)
Creatine kinase (U/L)	123	179	644	248				(<204 U/L)
Vitamin B12 (pg/mL)	485	682	443					(295-638 pg/mL)
Folic acid (ng/mL)	13.1	13						(8-15.9 ng/mL)
Vitamin D (ng/mL)	46.4	45.4	51.4				76.2	(40-60 ng/mL)
Ferritin (ng/mL)	95	91	107			93	95	(51-150 ng/mL)
Hemoglobin (g/dL)	13.8	14	13.3	14.4		13.9	13.9	(14.6-17.7 g/dL)
Potassium (mmol/L)	4.3	4.3	4.4	4.3		4.4	4.5	(4-5 mmol/L)
Sodium (mmol/L)	141	138	140	140		140	139	(134-144 mmol/L)
Zinc (ug/L)	94	90						(70-130 ug/L)
Chromium (ug/L)	0.5	0.5						(<2.1 ug/L)
White blood cells (x10E3/uL)	2	2.4	1.9	2.7		2.4	1.9	(4-8.2x10E3/uL)
C-Reactive protein (mg/L)	0.4	0.5	1.11	0.58		0.53	0.72	(<3 mg/L)

Abbildung 11b): Neuberechnung der Cholesterinwerte

	26-Oct-2012	12-Dec-2012	6-Feb-2013	5-Jun-2013	19-Aug-2013	13-Nov-2013	7-May-2014	Optimized Zone
HDL to total cholesterol	0.30	0.24	0.27	0.29	0.30	0.29	0.38	> .24
Triglycerides to HDL	0.81	1.04	0.78	0.77	1.01	0.78	0.74	< 2
HDL to LDL	0.41	0.31	0.41	0.44	0.47	0.45	0.67	> .3 = Good, > .4 = Great

4. Epistemologie der reflexiven Selbstverwissenschaftlichung

Entlang der vergleichenden Analyse der Projekte von bietiekay, Ejourneys und Quantified Bob soll im Folgenden nun die Epistemologie der reflexiven Selbstverwissenschaftlichung mit Leben gefüllt werden. Die Annahme ist, dass die Selftracker ausgehend von individuellen Problemlagen in einer durch die Fragilität und Konflikthaftigkeit wissenschaftlichen Wissens bedingten Unsicherheitssituation unter Rückgriff auf digitale Medien in experimentellem Vorgehen nach einer wissenschaftsorientierten und zugleich pragmatischen Alltagslösung suchen. Die vergleichende empirische Analyse der Selbstvermessungsprojekte erfolgt im Folgenden entlang der erkenntnistheoretisch erarbeiteten Eckpunkte Unsicherheitsreduktion, Experimentalismus, technologischer Materialismus, Abstraktion, Verbesserung des methodischen Vorgehens, Subjektivität des Forschenden, konstruktivistischer Wissensbegriff und Intervention.

4.1. Ziel der Unsicherheitsreduktion

Die ernährungsbezogenen Selftracking-Projekte von bietiekay, Ejourneys und Quantified Bob zielen allesamt auf die Lösung einer alltagspraktischen Frage im Bereich der Ernährung, beginnen aber recht unterschiedlich: Ausgehend von einem als zu hoch empfundenen Körpergewicht beschließt bietiekay zu Jahresbeginn, baldmöglichst »Normalgewicht« zu erreichen. Aus Technikbegeisterung mit diversen

Selbstvermessungstechnologien ausgestattet, aber in Ernährungs- und Sportfragen weitgehend unerfahren, legt er gemeinsam mit seiner Frau einfach los: »Und so begann der Januar mit zaghaftem Sport und dem Protokollieren der Kalorienaufnahme«. Die im ernährungsbezogenen Tracken bereits erfahrene Ejourneys wiederum hat die Phase der Gewichtsreduktion (zum wiederholten Male) hinter sich und weiß, dass ihre eigentliche Herausforderung darin besteht, das reduzierte Gewicht dauerhaft zu halten, was die wegen ihrer Brustkrebserkrankung erforderliche Medikamenteneinnahme deutlich erschwert. Quantified Bob letztlich macht, obwohl er sich fit fühlt, basierend auf früheren Selbstvermessungsprojekten hinsichtlich spezifischer Blutwerte Optimierungsbedarf aus, welchem er mit der Bulletproof Diet nachzukommen sucht. Auch wenn sich die Startbedingungen der drei Projekte unterscheiden, stoßen die Selftracker jeweils früher oder später auf Unsicherheiten, auf »epistemische Dinge« (Rheinberger 2002: 24): Für bietiekay beispielsweise erweist sich das Herausfinden seines »Haltepunkts« als ein spezifisches Problem, Ejourneys modifiziert diverse Faktoren, um unter der Anastrozol-Einnahme weiterhin ihr Gewicht zu halten und Quantified Bob sucht unter anderem nach einem adäquaten Bewertungsraster für seine Cholesterinwerte. Ausgehend von diesen unbestimmten Situationen entsteht jeweils nach und nach ein mehr oder weniger strukturiertes experimentelles Arbeiten.

4.2. Experimentalismus

Dass die Vorgehensweisen der Selbstvermesser/innen als experimentell anzusehen sind, kommt im untersuchten Material mehrfach explizit zum Ausdruck: So spricht bietiekay beispielsweise davon, dass »kleinere Experimente statt(finden) wie: Ist Essen vor dem Sport eine gute Idee (nein). Oder: Wie wirken sich größere oder kleinerer Portionen am Vortag auf die Leistungsfähigkeit beim Sport aus?« Weiterhin ist das Erreichen des »Normalgewichts« seines Erachtens nach »genau der richtige Zeitpunkt die ersten Experimente zu starten wie man denn das fallende Gewicht halten könnte« und nicht zuletzt werden »die

Feiertage 2015/2016 zu einer ganzen Reihe von selbstlosen Experimenten genutzt«. Ejourneys hingegen bezeichnet ihr Handeln nicht explizit als experimentell, stellen jedoch den projektartigen Charakter heraus. Quantified Bob letztlich bezeichnet seine Projekte als »Self-Tracking and Biohacking Experiments«, beschreibt beispielsweise sein »5-Day-Experiment« und fordert mit den folgenden Worten zur Vernetzung im Social Web auf: »Follow one guy's quest for self knowledge, betterment, and optimization through experimentation and personal analytics«. Während der Ernährungs- und Bewegungsalltag zu Beginn zu den unbestimmten Elementen der Experimentalanordnungen von bietiekay und seiner Frau gehört, hat Ejourneys diesen bereits durch die »Mangle« (Pickering 1995) gedreht: Ihre Experimentalanordnung funktioniert bereits so verlässlich, dass sie in der Phase des Gewichthaltens zur Aufrechterhaltung des Status Quo nur noch fortlaufend ihr Experimentalsystem replizieren muss. Zugleich ist die zuverlässige Replikation Voraussetzung für das Durchführen der »differentiellen Reproduktion« (Rheinberger 2002: 76ff.) – das heißt, dem fortlaufenden Abgleich je variierter Experimentalsysteme über die Zeit – der (wieder) notwendig wird, als die Krebserkrankung von Ejourneys die Generierung neuen Wissens und somit eine »Neujustierung« ihres bislang funktionierenden Systems erfordert. Dies lässt sich für Quantified Bob in einem nochmals gesteigerten Ausmaß beobachten. Auch für ihn stellen die Ernährung und die Bewegung keine unbestimmten Forschungsgegenstände (mehr) dar. Die Kalorienwerte oder Nährstoffmengen der konsumierten Nahrungsmittel gelten ihm nach jahrelanger Selftracking-Erfahrung als verhärtete Wissensbestände. Während bietiekay und seine Frau bis zuletzt den Kalorientracker zum Einsatz bringen, reicht Quantified Bob zur Kontrolle seiner Ernährung ein stichprobenartiges Tracken an Einzeltagen: Die routinierte, berechenbare Ernährungsweise gehört demnach zu den »technischen Dingen« seines Experimentalsystems, die die Zurechnung von experimentell erstelltem Wissen auf spezifische Ursachen ermöglichen und so sie Grundlage der fortlaufenden, auf die Herstellung neuen Wissens zielende Durchführung von Variationen darstellen (Rheinberger 2002: 26).

4.3. Technologischer Materialismus

Ans Laufen kommen die Selbstexperimente jeweils durch unterschiedliche »Widerstandsavisos« (Fleck 1935: 16): So findet bietiekay beispielsweise in der ersten Phase der Orientierungslosigkeit Halt in den Kalorienvorgaben seiner Selbstvermessungstechnologie, das heißt, die Standardeinstellungen seiner App stellen zu Beginn seines Abnehmprojektes ein Geländer dar, an dem er sich entlanghangeln kann. Die Selbstvermessungstechnologien wirken demnach als »passive Koppelungen« (Fleck 1935: 56), die erst einmal einen sicheren Ausgangspunkt zur weiteren Erforschung des eigenen Metabolismus bieten. Die Maßzahl der Kalorie wiederum impliziert einen »Denkzwang, demgegenüber er sich passiv fühlen kann« (Fleck 1935: 124). Der auch von Ejourneys und Quantified Bob durchgehend praktizierte Rückgriff auf Maßeinheiten und Technologien lässt sich dabei als Ausdruck eines »epistemologischen Bruchs« (Bachelard 1988) verstehen. Angeleitet durch diverse Technologien, Tests, Formeln und Maße systematisieren, abstrahieren und ordnen die Selbstvermesser ihr Wissen, was eine spezifische Distanznahme, die »Flucht aus überwältigender Wirklichkeit« (Dewey 2013: 163) und somit den analytischen Blick auf die körperlichen Vorgänge überhaupt erst ermöglicht. Dabei werden die Novizen durch die Selbstvermessungstechnologien auf die »Gleise der Wissenschaft« (Fleck 1947: 164) gesetzt: Beispielsweise denkt bietiekay erst durch die Nutzung der Diet Tracker seine Ernährungsaufnahme primär in der Maßeinheit der Kalorie. Der von bietiekay berechnete Grundumsatz ist dann beispielsweise das, was Dewey in seiner Erkenntnistheorie als eine »Überzeugung« (Dewey 2016: 20) bezeichnet: ein so hinreichend geklärter Sachverhalt, dass er bereit ist, danach zu handeln.

4.4. Abstraktion

Die durch die Maßzahl der Kalorie gegebene Kommensurabilität, die beispielsweise bietiekay und seiner Frau das Verrechnen von aufgenommenen Nachrungsmitteln und sportlicher Betätigung ermöglicht, ist eine zentrale Voraussetzung für die Funktionsfähigkeit der analysierten Experimentalsysteme. Der Einsatz von Selftracking-Technologien macht somit Alltagshandeln berechenbar und führt zugleich zur Aufdeckung neuer Zusammenhänge. Generell stellen Abstrahierungen und Quantifizierungen somit »eine irreale, aber realistische Realität dar, gerade weil sie diese vereinfachen und auf eine Weise durchschaubar machen, die die reale Welt nie zulassen würde« (Esposito 2014: 57). Auf diese Logik verweist auch die Dokumentation des generierten Wissens. So fertigt Ejourneys über die zweieinhalb Projektjahre hinweg konsequent ihre Berichte jeweils für einen 30-Tage-Zeitraum an. Durch diese zeitliche Normierung auf 30 Tage ist – im Vergleich beispielsweise zu den Berichtszeiten von bietiekay, die durch den Monatsbezug zwischen 28 und 31 Tagen schwanken – rechnerisch eine noch größere Präzision sowie eine direkte Vergleichbarkeit zwischen den Berechnungen der einzelnen Berichte gegeben. Quantified Bob wiederum zieht eine Parallele von seinen Selbstexperimenten zu einer in der Computerbranche üblichen Vermarktungsmethode: Diese sieht in der Projektplanung keine lange Vorlaufzeit vor, sondern bringt ein Produkt möglichst früh als sogenannte Beta-Version auf den Markt, um dann entlang des eingehenden Feedbacks fortlaufend Verbesserungen vorzunehmen, was in der Nummerierung der Versionen als 1.0 etc. zum Tragen kommt. Quantified Bob agiert hinsichtlich seiner Bulletproof-Diät in dieser sukzessiven Logik, wenn er einen ersten Projektbericht noch in der Vorbereitungsphase, einen Bericht nach 30 Tagen und einen nach eineinhalb Jahren jeweils unter dem gleichen Titel, aber mit fortlaufender Versionenbenennung publiziert und – entlang des Feedbacks seines Körpers und anderer Blognutzer – das eigene System mit jedem Update nach und nach »hackt«. Die für dieses Vorgehen zentrale Abstrahierung ermöglicht eine analytische Komplexitätssteigerung – komplexe Phänomene werden durch Quantifizierungen berechenbar und planbar.

4.5. Verbesserung des methodischen Vorgehens

Dem fortlaufenden Experimentieren inhärent ist eine Verhärtung der fokussierten Wissensbestände, welche eine wachsende Funktionstüchtigkeit der Experimentalanordnung und somit letztlich eine Verbesserung des methodischen Vorgehens zur Folge hat. Die jeweils angestrebte Verbesserung der Methoden – und letztlich auch die Schließung des gegenstandsbezogenen Wissens – erfolgt somit im fortgesetzten experimentellen Prozess. Insbesondere am Beispiel der von Beginn an komplexen Experimentalanordnungen von Quantified Bob und Ejourneys lässt sich beobachten, dass zur Verbesserung des methodischen Vorgehens auch der bereits verhärtete Wissensbestand, das »technische Ding«, jederzeit (wieder) in Frage gestellt werden kann. Es wird demnach angenommen, dass selbst die »Tatsachen des Falls« (Dewey 2016: 136) keinen ontologischen Charakter (mehr) haben, was Bewegung ins möglicherweise festgefahrene Experimentalsystem bringen und so potentiell auch die eingesetzten Methoden verbessern kann. So stellt Quantified Bob beispielsweise die an sich als »technisches Ding« im experimentellen Setting verorteten Ergebnisse des Cholesterintests nach einer Weile in Frage und modifiziert diese durch als adäquater angesehene Neuberechnungen: Von den nicht auf sein spezifisches Ernährungsprogramm zugeschnittenen Angaben von InsideTracker wechselt Quantified Bob nach kurzer Verunsicherung zu den Berechnungen des funktionellen Mediziners, um diese (phasenweise) in sein Experimentalsystem »einzubauen«, bis sich alle betrachteten Cholesterinwerte im optimalen Bereich befinden. Quantified Bob agiert somit als Tinkerer, entwickelt sein Projekt entlang der materialen Gegebenheiten, fokussiert stets auf funktionierende Resultate und orientiert sich dabei an Zielen, die sich abhängig vom Projektverlauf jeweils verändern (Knorr-Cetina 1984: 65).[1] Dieses Vorgehen entspricht der »intelligenten Praxis«

1 Ein ähnliches Vorgehen können Greenhalgh et al. für den Gebrauch standardisierter Testergebnisse im klinischen Gebrauch beobachten: »When the scores and the clinical picture of the patient agreed, the scores were used to back up clinical opinion. However, when the scores and the clinical picture of the pa-

eines Experimentators: »Behandle erst die Sachen, die effektiv gehandhabt werden können, und benutze dann die Resultate, um mit komplexeren Angelegenheiten fertig zu werden« (Dewey 2013: 218). Letztlich folgen die untersuchten Selbstvermesser/innen den gleichen experimentellen Vorgehensweisen: Durch den konvergenten und kumulativen Effekt ihrer fortgesetzten Forschung verwandeln sie unbestimmte Situationen in solche, »die besser beherrscht und bedeutungsvoller sind« (Dewey 2013: 296). Das heißt, sie modifizieren jeweils solange ihr Experimentalsystem, bis dieses – zumindest in Teilen – »im grünen Bereich« ist.

4.6. Subjektivität des Forschenden

Ein produktives Experimentalsystem muss jedoch nicht nur in seiner Komplexität berechenbar und stabil, sondern zugleich auch so locker aufgebaut sein, dass prinzipiell auch noch unvorhersehbare Effekte auftreten können. Die technischen Randbedingungen eines Experimentes sind demnach zu fixieren, ohne dass zugleich Neuentdeckungen ausgeschlossen werden: »Im Abgleichen dieser beiden Anforderungen kommt die ›Erfahrenheit‹ des Forschers zum Ausdruck« (Rheinberger 1992: 54f.; Rheinberger 2002: 79ff.). Dass es beispielsweise Ejourneys letztlich gelingt, trotz Anastrozol-Einnahme ihr Gewicht zu halten, liegt dann einerseits in dem Vertrauen, das sie in die Funktionstüchtigkeit ihres standardisierten und bewährten Experimentalsystems hat und andererseits an ihrer »Erfahrenheit« (Fleck 1935: 126), ihrem »Körperwissen« (Keller/Meuser 2011) und dem routinierten Umgang mit den Selbstvermessungstechnologien. Sie kombiniert in versierter Weise Technologie und Intuition und handelt somit nach dem für Laborwissenschaftler typischen »Prinzip der einfühlenden Distanzierung« (Rheinberger 2002:

tient were at odds, clinicians gave primacy to their clinical impression in judging progress and sometimes adjusted the scores to fit« (Greenhalgh et al. 2008: 190).

246). Das experimentelle Vorgehen von Quantified Bob erinnert weiterhin an das Zusammenspiel aus abstrakten Kategorien und vage-intuitivem Zuordnen, das Fleck mit dem Begriff der »Krankheitseinheit« fasst: Im »ursprünglichen Chaos« macht Quantified Bob »irgendwelche Gesetze, Zusammenhänge, irgendwelche Typen höherer Ordnung« (Fleck 1927: 38) aus und verdichtet diese im Zusammenspiel mit »serologischem Fühlen« (Fleck 1939: 365) und »Erfahrenheit« (Fleck 1935: 126) nach und nach zu einer Diagnose. Hier wird deutlich, dass der menschliche Körper einerseits aus einer Unzahl einzelner Elemente besteht, »wo eine strikte Isolierung die spezifischen Charakteristika des Stoffes zerstören würde« (Dewey 2013: 218). Zugleich ist Quantified Bob jedoch andererseits durch sein »Apparate-Bewusstsein« (Bachelard 1971: 166) in der Lage, eben jene Komplexität des eigenen Experimentalsystems in fokussierten Zeitreihenexperimenten sequenziell abzuarbeiten. Das heißt, wie Reckwitz (2017: 227) ausführt, dass die in Technologien inskribierte Standardisierung und Universalisierung »die Hintergrundstruktur für die Fabrikation von Singularitäten« bildet. Unter Verwendung digitaler Selbstvermessungstechnologien erlangt das Subjekt somit »jenseits aller Typisierungen – die natürlich immer auch möglich sind und bleiben – eine anerkannte Eigenkomplexität« (Reckwitz 2017: 59).

Dieser Gedanke kommt im Bereich der digitalen Selbstvermessung in der Formel »N=1« zum Ausdruck. Das insbesondere in der Quantified-Self-Community populäre N=1-Paradigma verweist darauf, dass es beim digitalen Selbstvermessen primär um die experimentelle Wissensgenerierung zum eigenen Fall geht, das heißt, »the n of 1 suggests that knowledge can be gained at the scale of the individual« (Greenfield 2016: 125).Quantified Bob kommuniziert diesen Ansatz ganz explizit – er fokussiert seine Analysen auf sich selbst, um Schritt für Schritt den eigenen Fall in all seiner Komplexität in den Griff zu bekommen: »We need to realize that we are all different, and our paths to personal optimization are individualized. We are all ›N-of-1‹ single participant trials«. Das N=1-Paradigma verknüpft somit die Standards experimentellen Arbeitens (Standardisierung, Quantifizierung, Replikation, Zeitreihe etc.) mit der Fokussierung auf einen in all seiner

Komplexität wahrgenommenen, aber singulären Fall. Demnach ist unter dem Vorzeichen der Digitalisierung erstens im Forschungsprozess in hohem Ausmaß die Erfahrenheit und Intuition des Forschersubjekts gefragt und zweitens werden in besonderem Maße die individuellen Spezifika des Forschungsobjekts herausgestellt.

4.7. Konstruktivistischer Wissensbegriff

Die hier analysierten Selbstvermesser/innen praktizieren in ihren Selbstexperimenten einen pragmatischen Zugriff auf das je hergestellte Wissen: Dieses wird im experimentellen Prozess als Mittel angesehen, das der produktiven Fortführung des experimentellen Arbeitens dienen soll – in diesem Sinne ist das hergestellte Wissen instrumentell. Zudem steht das hergestellte Wissen in der direkten Konfrontation mit der anstehenden Alltagsbewältigung stets auf dem Prüfstand: Wenn beispielsweise bei negativem Kaloriensaldo keine Gewichtsreduktion stattfindet oder wenn trotz fortgesetzten Ernährungsprogramms keine Verbesserung der Cholesterinwerte einsetzt, entstehen recht unmittelbar Unsicherheiten – diese äußern sich dann beispielsweise in Zweifeln an etablierten Wissensbeständen, in der Kritik an eingeführten Maßzahlen beziehungsweise Formeln oder im Hinterfragen der genutzten Technologien. Durch die direkte Konfrontation mit den Effekten des selbstexperimentellen Vorgehens werden die Selbstvermesser so fortlaufend auf die Fragilität und Konflikthaftigkeit wissenschaftlichen Wissens gestoßen. Dabei lassen sich die Effekte experimentellen Vorgehens auch im Fall der digitalen Selbstvermessung nicht immer direkt beobachten. Anders als beispielsweise die gewichtssteigernden Effekte des silvesterlichen Ernährungsprogramms von bietiekay, gibt es beispielsweise bezüglich der experimentellen Modifikationen der Blutwerte von Quantified Bob nicht die Annahme, dass deren Effekte in einer von »außen« erkennbaren körperlichen Veränderung bestünden. Zwar interpretiert Quantified Bob die Werte für Hefepilz- und Bakterienbefall, Herpesviren und Borreliose-Antikörper als Belege für das Vorliegen chronischer Infektionen, diese Infektionen lassen sich aber nicht an spezifischen Symptomen festmachen: »So essentially, my immune system was shutting down [...] even though I showed no outward symptoms (I never get sick)«. Das heißt, die Blutwerte sind, im Vergleich beispielsweise zu den Effekten positiver Kaloriensaldi, in einem geringeren Maße als »in der externen Umwelt verankerte Urteile« (Knorr-Cetina 2002: 84) anzusehen.

Insofern lassen sich hier womöglich Parallelen zu den Wissenschaftspraktiken in der Hochenergiephysik ziehen (Knorr-Cetina 2002). Die mit einer gewissen Unzugänglichkeit der sie interessierenden Objekte konfrontierten Forscher, so Knorr-Cetina (2002: 85), stellen letztlich von der Objektbeobachtung auf eine »Analyse des Selbst um«. Das heißt, da keine externen experimentellen Effekte zu beobachten sind, steigern die Hochenergiephysiker zur Kalibrierung ihres Experimentalsystems ihre Selbstbeschreibungsanstrengungen. Das Erkenntnisinteresse zielt dann darauf, »die eigenen experimentellen Komponenten und Prozesse zu beobachten, zu kontrollieren, zu verstehen und zu verbessern« (Knorr-Cetina 2002: 85). Hierzu gehört ein umfassendes »Verstehenlernen« (Knorr-Cetina 2002: 88) der einzelnen Prozesse des Experiments, den über die Zeit auftretenden Veränderungen und deren Ursachen: »Verstehen lernen heißt, [...] ein Problem zu entfalten und festzustellen, was genau passiert ist« (Knorr-Cetina 2002: 90). Das ganze experimentelle Setting von Quantified Bob lässt sich unter diesem Dach analysieren: Ausgehend von den Bluttests stößt er Selbstverstehensprozesse an, geht den (ausbleibenden) Veränderungen seiner Blutwerte auf die Spur, entfaltet das Problem und sucht nach Ursachen. Als ein weiteres Beispiel für entsprechende Selbstverstehensprozesse nennt Knorr-Cetina in ihrer Studie die durch ein als »Historiker« bezeichnetes Instrument durchgeführte Archivierung von Experimentaldaten, die die erzeugten Ergebnisse zur zukünftigen Verbesserung des Experimentalsettings verfügbar macht. In diesem Sinne dient auch die Bob-API der Archivierung aller Trackingdaten, wobei Quantified Bob explizit ausführt, dass die Motivation zur Programmierung dieser Schnittstelle in einem Bedürfnis nach sicherer Archivierung und rückblickender Analyse liegt. Die erzeugten Messdaten stellen in diesen Konstellationen keine externen Bewertungen angenommener Zusammenhänge dar, sondern fungieren vielmehr als »Teilkomponenten und Stufen in einem Gesamtgeschehen, die erst dann nützlich werden, wenn sie in Interaktion mit anderen Elementen und Gegebenheiten des Experiments treten« (Knorr-Cetina 2002: 84). Entsprechende Aktivitäten dienen dazu, »das durch Tests, Untersuchungen, Kontrollen und Cross-checks erzielte Selbstverstehen und die kontinuierlichen Selbstbeobachtungen in die weiterführenden Analysen einzuspeisen« (Knorr-Cetina 2002: 94). Die Selbstbeobachtungen werden dann Teil des experimentellen Systems: »Diese Form des Reentry komplettiert den Kreis, in dem sie die Resultate der Sorge um sich in die experimentelle Tätigkeit zurückführt« (Knorr-Cetina 2002: 94). Die symptomlosen Blutwerte werden in dem komplexen Geflecht körperlicher Vorgänge dann als relevante Einzelfaktoren verstanden. Nicht nur der Wissensbegriff ist demnach konstruktivistisch, sondern die experimentelle Herstellung wissenschaftlichen Wissens erfolgt insgesamt in einer von den Selbstvermesser/innen selbst angelegten, sich fortlaufend verändernden experimentellen Anordnung. Durch die mit dem experimentellen Vorgehen verknüpften Interventionen lässt sich ein Experimentalsystem dann sowohl entlang direkt spür- und beobachtbarer Effekte als auch entlang interner Selbstbeschreibungen weiterentwickeln.

4.8. Intervention

Experimentelles Vorgehen ist die gesteuerte Modifikation unbestimmter Situationen, was fortlaufend zur »Neuanordnung des Wirklichen« (Dewey 2013: 295) führt. Das Experimentieren der Selbstvermesser/innen lässt sich entsprechend als sukzessive Intervention ins Alltagsleben beschreiben. Veranschaulichen lässt sich dies am Bericht von bietiekay, in welchem sich monatsweise strukturiert die Ausführungen, Daten und Visualisierungen zum Ernährungs- und Sportverhalten sowie die resultierenden Kalorien- und Gewichtsangaben finden. Das tabellarisch und grafisch dargestellte Zahlenmaterial impliziert einen epistemologischen Bruch, ermöglicht die analytische Komplexitätssteigerung sowie die Kalkulier- und Planbarkeit der konkreten Interventionen – insofern ist »die Befreiung, die der freie Symbolismus der Mathematik bietet, [...] ein Mittel zu einer späteren Rückkehr zu realen Handlungen, die eine auf andere Weise nicht erreichbare Reichweite und durchdringende Bedeutung haben« (Dewey 2013: 163). Auch wenn die Quantifizierungen im Zentrum des Experimentes stehen, bindet jede ernährungs- oder bewegungsmäßige Intervention das experimentelle Vorgehen somit zurück an die »Wirklichkeit«. Durch das Intervenieren kehrt der Forschende »von den abstrakten Gedanken zur Erfahrung zurück, mit vermehrter Bedeutung und mit gewachsener Fähigkeit, (die) Beziehungen zu ihnen zu regulieren« (Dewey 2013: 220).

Zumindest anfänglich handelt bieitekay in Ernährungsfragen in erster Linie als Autodidakt: Weder wissenschaftliche noch populäre Wissensbestände finden systematisch Berücksichtigung – und es ist auch nicht erkennbar, dass die teils warnenden und auf ernährungswissenschaftliches Wissen rekurrierenden Hinweise der anderen Forennutzer/innen angenommen würden. Im Gegenteil: Trotz aller Kritik hält er an seinem Vorgehen fest, da die Daten den Erfolg seiner Interventionen belegen und er sich zudem wohl fühlt. Vor diesem Hintergrund ist der Projektbericht mit dem Titel »So gehts auch« auch als Legitimation zu verstehen: Die erfolgreiche Gewichtsreduktion und das Ausbleiben eines »Jojo-Effektes« werden als Beleg dafür angeführt, dass es *so* – das heißt: im aufmerksamen Selbstversuch, durch konsequentes trial-and-error – eben auch geht. Dabei lässt auch bietiekay regelmäßig seine Blutwerte ärztlich prüfen, diese werden jedoch – anders als im Fall von Quantified Bob – (zumindest vorerst) nicht systematisch zu einem Bestandteil seines Experimentalsystems. Vielmehr versteht bietiekay seine Blutwerte als externe, nicht näher spezifizierte und auch nicht weiter verhandelbare Kontrollen des eigenen Experimentalsystems. Die im »So-geht's-auch«-Bericht« dokumentierten Interventionen von bietiekay zielen somit anfänglich auf eine einzige »Abhängige«: auf das Gewicht, das durch die Eingriffe in Ernährungs- und Bewegungsverhalten reduziert werden soll.

In diesem Sinne setzen die Selbstvermesser/innen mit dem je erzeugten Wissen stets etwas in Gang – sie machen, probieren aus und erfassen, was passiert. In diesem Sinne packen sie – in den Worten von Hacking (1996: 250) – den Löwen beim Schwanz: Um den im Zuge ihrer Projekte auftretenden Fragen auf die Spur zu kommen, wirken sie auf ihre Welt ein. Die Interventionen der Selbstvermesser/innen sind dabei weniger auf den alleinigen Wissensgewinn als vielmehr auf die konkrete »Beherrschung von Unsicherheiten ausgerichtet« (Rheinberger 2017: 232). Sie agieren demnach eher technisch als epistemisch orientiert, da das schrittweise Vorgehen letztlich vor allem auf die *Funktionstüchtigkeit* des generierten Wissens beziehungsweise der Experimentalanordnung zielt: »Ontologie ist für Techniker nicht interessant. Sie wollen wissen, was funktioniert« (Daston/Galison 2007: 419).

Die Interventionen von Quantified Bob zielen dabei von Beginn an auf ein Netzwerk aus auch untereinander abhängigen Faktoren. Quantified Bob erweitert fortlaufend sein Experimentalsystem beispielsweise um weitere Blutwerte, um Stuhltests, um Schilddrüsenuntersuchungen, um die Berücksichtigung von Natriumwerten etc. und schafft so aus zusammenhängenden Einflußfaktoren eine komplexe Experimentalanordnung, an der er sich sukzessive abarbeitet. Das Experiment setzt an einer epistemologischen Unsicherheit an und weitet sich dann – da körperliche Vorgänge »durch eine ungeheure Anzahl von Zusammenhängen miteinander verbunden« (Fleck 1927: 42) sind – entlang der Komplexität des Forschungsgegenstandes schrittweise aus. Seine Interventionen beziehen sich auf die Ernährung, auf die Bewegung, Medikation und allgemeine Lebenswelt – aber auch auf die Darstellung seiner Daten, die Verwendung von Maßzahlen oder den Einsatz der Selbstvermessungstechnologie. Die Effekte der Interventionen sind dabei teilweise – wie im Fall der symptomlosen Blutwerte – noch nicht einmal direkt spür- oder beobachtbar, zeigen aber indirekt beispielsweise Wirkung, wenn bis dato unentdeckte Entzündungsherde aufgedeckt, behandelt und wiederum zu Elementen in variierten Experimentalsettings werden. Auch die Neuberechnung des Cholesterinwerts durch Quantified Bob lässt sich dann als eine Intervention verstehen, die zur »Neuanordnung des Wirklichen« (Dewey 2013: 295) führt, da entsprechende Klassifikationen (bspw. als optimaler

Wert) keine Repräsentation vorhandenen Wissens darstellen, sondern als solche selbst das Ergebnis experimentellen Handelns sind.

Gerade im Fall digitaler Technologien ist die Festlegung dessen, worauf sich das eingreifende Handeln im Experiment konkret bezieht, schwierig. So kann auch das »Rumspielen mit Daten« oder das Herstellen einer als adäquat empfundenen Visualisierung als Intervention verstanden werden, die letztlich der Wissensgenerierung dient (Rheinberger 2017: 19). Don Ihde (2002) arbeitet in diesem Zusammenhang heraus, dass wissenschaftliche Technologien immer eindeutigere, präzisere und tiefgreifendere Daten lieferten. Zugleich sei die Herstellung wissenschaftlichen Wissens unter Rückgriff auf diese Daten jedoch immer stärker auf aktive Konstruktionsbeiträge, Interventionen und Transformationsleistungen angewiesen: »There is something of an inverse proportion law at play – the better the data [...], the more constructed it has been« (Ihde 2002: 136). Die den digitalen Medien eingeschriebenen Standardisierungs-, Normierungs- und Objektivierungsprozesse bringen demnach die Subjektivität des Selbstvermessers keineswegs zum Verschwinden – ganz im Gegenteil. Erstens wird die subjektive Haltung im Forschungsprozess durch die Verwendung der Technologien nicht überflüssig, sondern vielmehr gewinnen die Intuition, die Erfahrenheit, das Körperwissen und Apparate-Bewußtsein noch an Relevanz. Und zweitens kommt der Einsatz digitaler Medien nicht einer Formatierung und Standardisierung der Forschungsobjekte (beziehungsweise der beforschten Subjekte) gleich, sondern geht vielmehr mit einer »technologisch angeregten Singularisierung« (Reckwitz 2017: 227) einher. Insofern möchten die Selbstvermesser/innen unter Rückgriff auf Medientechnologien auch nicht nur wissen, was funktioniert. Vielmehr wollen sie ganz alltagspragmatisch wissen, was *für sie* funktioniert – und nähern sich dem in der selbstexperimentellen Intervention. Dabei impliziert die der Selbstvermessungstechnologie eingeschriebene Disziplinierung des Forschersubjekts eine Reproduktion des selbstexperimentellen Settings, was wiederum die Grundlage für eine auf der Erfahrenheit und Intuition basierende interventionistische Differenzierung des Experimentalsystems darstellt – und letztlich die sukzessive Herstellung von neuem, in-eigener-Sache-funktionierendem Wissens ermöglicht. In diesem Sinne bringt die digitale Selbstvermessung in einem Wechselspiel aus Objektivem und Subjektivem das unsichere Wissen der Wissenschaft für den individuellen Alltagsgebrauch je vorläufig zum Abschluss.

5. Ausblick: Die Veralltäglichung der Wissenschaft

Am Anfang der vorliegenden Studie steht die Behauptung, dass das wissenschaftliche Wissen in Alltagsfragen an Relevanz gewinnt – und sich zugleich aufgrund seiner Fragilität und Konflikthaftigkeit nur begrenzt zur konkreten Alltagsbewältigung eignet. Die reflexive Selbstverwissenschaftlichung stellt vor diesem Hintergrund eine Strategie der individuellen Unsicherheitsreduktion dar: Zur Herstellung alltagstauglichen Wissens machen die Menschen ihren digitalen Alltag zum Experiment. Die Merkmale einer solchen, vom Experimentalcharakter geprägten Alltagswelt wurden bereits 1929 in Deweys »Suche nach Gewissheit« erkenntnistheoretisch umrissen. Dewey schreibt, dass

> »wenn die Dinge, die um uns herum existieren, die wir berühren, sehen, hören und schmecken, als Fragen angesehen werden, auf die eine Antwort gesucht werden muss [...], dann hört die Natur, wie sie schon besteht, auf, etwas zu sein, das gerade so, wie es ist, hingenommen und anerkannt, ertragen oder genossen werden muss« (Dewey 2013:102f.).

Das heißt, wenn wir mit wissenschaftlich-experimentellem Blick unseren Alltag betrachten, wird das zuvor als naturgegeben Verstandene zum Gestaltungsobjekt, zu einem »Material, auf das man einwirken muss, um es in neue Objekte zu transformieren, die unseren Bedürfnissen besser genügen« (Dewey 2013:103). Dieses Wechselspiel aus experimentellem Ansatz und pragmatischer Alltagsbewältigung findet sich auch in den Praktiken des digitalen Selbstvermessens, welche sich im letzten Jahrzehnt technologisch, inhaltlich und methodisch weiterentwickelt und in der Gesellschaft Verbreitung gefunden haben. Eine Website für Selftracking-Novizen, die auf der Plattform der Quantified-Self-Community unter dem Titel »Get started« zur Verfügung steht, charakterisiert die digitale Selbstvermessung als eine Form der Alltagswissenschaft und richtet sich an »anybody who wants to use empirical methods to explore personal questions«.[1] Am empirischen Beispiel der digitalen Selbstvermessung lässt sich somit veranschaulichen, dass die Gegenwartsgesellschaft Experimentalcharakter erhält (Böschen et al. 2017; Bogusz 2018; Groß et al. 2005; Nowotny/Testa 2009; Lamla 2013, Liburkina/Niewöhner 2017). Das heißt, die digitale Selbstvermessung steht paradigmatisch für die Behauptung, dass wir »durch die Entwicklung unserer Techniken an einem Punkt (sind), der das Leben unserer Art sowie aller anderen Arten selbst zu einem Experiment werden lässt« (Rheinberger 2018: 208).

In einer solcherart vom Experimentalgedanken geprägten Welt, so behauptete wiederum Dewey (2013: 102), werden Alltagsdinge zu »Ausgangspunkten für die Reflexion und die Forschung«, woraus zugleich ein spezifisches Selbstverständnis der Forschenden resultiert: Die Herstellung experimentellen Wissens kann nicht durch ein passives »Betrachten von außen« erfolgen – vielmehr entsteht experimentelles Wissen durch die aktive »Teilnahme am Drama einer sich voranbewegenden Welt« (Dewey 2013: 291). Die von uns untersuchten Selbstvermesser/innen agieren entsprechend, indem sie in ihrem Alltag fortlaufend Daten produzieren, welche zu Mustern verdichtet das individuelle Weiterhandeln anleiten, das dann auf einer höheren Reflexionsstufe als neuerlicher Ausgangspunkt der experimentellen Wissensgenerierung sowie begründeten Alltagsintervention dient. Die reflexive Selbstverwissenschaftlichung strebt dabei durch den Einsatz digitaler Technologien nach analytischer Distanz – und lebt zugleich vom aktiven Engagement und Erfahrungsschatz der Forscher-in-eigener-Sache.

Durch die Verfügbarkeit digitaler Technologien hält demnach die experimentelle Herstellung von Wissen Einzug in das Alltags-

1 Die Seite findet sich unter der Adresse https://quantifiedself.com/get-started.

leben – und umgekehrt: Das Alltagsleben wird zum unmittelbaren Gegenstand der (Sozial-)Wissenschaft. So betont beispielsweise das Konzept der »Digital Sociology« (Lupton 2015; Mackenzie et al. 2015; Marres 2017), dass die Alltagsverwendung digitaler Technologien wie Facebook, Twitter, Google, Instagram oder YouTube das im Netz stattfindende Bewerten, Markieren, Verlinken, Recherchieren, Publizieren, Diskutieren, Vernetzen und Retweeten zugänglich macht für die soziologische Analyse und Interpretation (Marres 2017: 129; Lupton 2015: 65). In erkenntnistheoretischer Hinsicht folgt die digitale Soziologie dabei den Prämissen der experimentellen Wissensgenerierung. Die »Techniken der digitalen Mustererkennung im Bereich des Sozialen« (Nassehi 2019: 59) haben das Potential, der gesellschaftswissenschaftlichen Wissenserzeugung dienlich zu sein – und dies wiederum in experimenteller Anlage: Digitale Technologien, so Marres (2017: 62), »invite an experimental approach to sociality«. Insofern geht die Verwissenschaftlichung des Alltagslebens mit einer Veralltäglichung der Wissenschaft einher. In den etwas pathetischen Worten von Ludwik Fleck lässt sich diese durch digitale Technologien forcierte Wechselseitigkeit von Wissenschaft und Alltagsleben mit der Hoffnung verknüpfen, dass »die wissenschaftliche Wahrheit sich von etwas Starrem und Stillstehenden in eine dynamische, entwickelnde, kreative menschliche Wahrheit wandeln wird« (Fleck 1960: 180).

6. Literaturverzeichnis

Altman, L. K. (1987): Who goes first? The story of self-experimentation in medicine. New York: Random House.

Amsterdamska, O./Bonah, C./Borck, C./Fehr, J./Hagner, M./Klingberg, M./Löwy, I./Schlünder, M./Schmaltz, F./Schnelle, T./Tammen, A./Weindling, P./Zittel, C. (2008): Medical Science in the Light of a Flawed Study of the Holocaust: A Comment on Eva Hedfors' Paper on Ludwik Fleck. Social Studies of Science 38: 937-944.

Bachelard, G. (1971): Epistemologie. Ausgewählte Texte. Frankfurt a.M.: Ullstein.

Bachelard, G. (1978): Die Philosophie des Nein. Versuch einer Philosophie des neuen wissenschaftlichen Geistes. Frankfurt a.M.: Suhrkamp.

Bachelard, G. (1988/1934): Der neue wissenschaftliche Geist. Frankfurt a.M.: Suhrkamp.

Bachelard, G. (2016/1938): Die Bildung des wissenschaftlichen Geistes. Beitrag zu einer Psychoanalyse der objektiven Erkenntnis. Frankfurt a.M.: Suhrkamp.

Bammé, A. (2014): Erkenntnis durch Handeln: John Deweys Erneuerung der Philosophie. In: Lengersdorf, D./Wieser, M. (Hg.): Schlüsselwerke der Science & Technology Studies. Wiesbaden: Springer, 39-52.

Bauer, S./Heinemann, T./Lemke, T. (2017): Science and Technology Studies – Klassische Positionen und aktuelle Perspektiven. Berlin: Suhrkamp.

Bauman, Z. (2000): Die Krise der Politik. Fluch und Chance einer neuen Öffentlichkeit. Hamburg: Hamburger Edition.

Beck, S./Niewöhner, J./Sörensen, E. (2012): Science and Technology Studies. Eine sozialanthropologische Einführung. Bielefeld: transcript.

Beck, U. (1986): Risikogesellschaft. Auf dem Weg in eine andere Moderne. Frankfurt a.M.: Suhrkamp.

Beck, U. (2007): Weltrisikogesellschaft: Auf der Suche nach der verlorenen Sicherheit. Frankfurt a.M.: Suhrkamp.

Bloor, D. (1976): Knowledge and Social Imagery. Chicago: University of Chicago Press.

Bode, M./Kristensen, D. B. (2014): The Digital Doppelgänger Within: A study on self-tracking and the quantified self movement. In: Canniford, R./Bajde, D. (Hg.): Assembling Consumption: Researching actors, networks and markets. Oxon: Routledge: 119-135.

Bogusz, T. (2013): Was heißt Pragmatismus? Boltanski meets Dewey. Berliner Journal für Soziologie 23: 311-328

Bogusz, T./Reinhart, M. (2017): Öffentliche Soziologie als experimentalistische Kollaboration. Zum Verhältnis von sozialwissenschaftlicher Theorie und Methode im Kontext disruptiven sozialen Wandels. In: Selke, S./Treibel-Illian, A. (Hg.): Öffentliche Gesellschaftswissenschaften. Wiesbaden: Springer VS, 345-359.

Bogusz, T. (2018): Experimentalismus und Soziologie. Von der Krisen- zur Erfahrungswissenschaft. Frankfurt a.M.: Campus.

Borkman, T. (2004): Self-help groups. In: Burlingame, D.E. (Hg.): Philanthropy in America: A Comprehensive Historical Encyclopedia. Santa Barbara: ABC-Clio, 428-432.

Bosch, A. (2015): Unsicherheit, Krise und Routine. Zur Rolle der Dinge in der menschlichen Lebenswelt. In: Wulf, C./Zirfas, J. (Hg.): Unsicherheit – Paragrana. Internationale Zeitschrift für Historische Anthropologie 24(1). Berlin: 209-220.

Bowker, G. C. (2013): Data Flakes: An Afterword to »Raw Data« is an Oxymoron. In: Gitelman, L. (Hg.): »Raw Data« is an Oxymoron. Cambridge: MIT Press, 167-171.

Bowker, G. C./Star, S. L. (1999): Sorting Things Out: Classification and Its Consequences. Cambridge: MIT Press.

Box, G./Hunter, J./Hunter, W. (2005): Statistics for Experimenters. 2. Auflage. Hoboken: Wiley-Interscience.

Boyd, D./Crawford, K. (2012): Critical Questions for Big Data: Provocations for a Cultural, Technological and Scholarly Phenomenon. Information, Communication & Society 15: 662-679.

Böschen, S./Groß, M./Krohn, W. (2017): Experimentelle Gesellschaft. Das Experiment als wissensgesellschaftliches Dispositiv. Nomos.

Brown, K. S. (1995). Testing the most curious subject – oneself. The Scientist, 9 (24).

Brühmann, H. (1980): »Der Begriff des Hundes bellt nicht«. Das Objekt der Geschichte der Wissenschaften bei Bachelard und Althusser. Wiesbaden: Heymann.

Bude, H. (2014): Gesellschaft der Angst. Hamburg: Hamburger Edition.

Callon, M./Lascoumes, P./Barthe, Y. (2011): Acting in an Uncertain World. An Essay on Technical Democracy. Cambridge: MIT Press.

Canguilhem, G. (1979): Wissenschaftsgeschichte und Epistemologie. Gesammelte Aufsätze. Herausgegeben von Lepenies, W. Frankfurt a.M.: Suhrkamp.

Carifio, J./Perla, R. J. (2013): Not Just a »Fleck« on the Epistemic Landscape: A Reappraisal of Ludwik Fleck's Views of the Nature of Scientific Progress and Change in Relation to Contemporary Educational and Social Issues. Research in Science Education 43: 2349-2366.

Cartwright, N. (1999): The Dappled World. A Study of the Boundaries of Science. Cambridge: Cambridge University Press.

Cohen, B. (2005): The Triumph of Numbers: How Counting Shaped Modern Life. New York: W. Norton.

Cohen, R. S./Schnelle, T. (1986): Cognition and Fact. Materials on Ludwik Fleck. Dordrecht et al.: Reidel Publishing Company.

Collins, H./Evans, R. (2009): Rethinking Expertise. Chicago: University of Chicago Press.

Collins, H. (2014): Are We All Scientific Experts Now? Cambridge: Polity Press.

Cullather, N. (2007): The Foreign Policy of the Calorie. The American Historical Review 112: 337-364.

Daston, L./Galison, P. L. (2007): Objektivität. Frankfurt a.M.: Suhrkamp.

Desroisières, A. (2005): Die Politik der Großen Zahlen: Eine Geschichte der Statistischen Denkweise. Berlin: Springer.

Deutsche Gesellschaft für Ernährung (2016): Kontroverse Ernährungsthesen auf dem Prüfstand. 14. Dreiländertagung der DGE, ÖGE und SGE. Presseinformation der Deutschen Gesellschaft für Ernährung e.V., 06.10.2016.

Dewey, J. (2013/1929): Die Suche nach Gewissheit. Eine Untersuchung des Verhältnisses von Erkenntnis und Handeln. Frankfurt a.M.: Suhrkamp.

Dewey, J. (2016/1938): Logik. Die Theorie der Forschung. Frankfurt a.M.: Suhrkamp.

Diaz-Bone, R. (2008): Die französische Epistemologie und ihre Revisionen: Zur Rekonstruktion des methodologischen Standortes der Foucaultschen Diskursanalyse. Historical Social Research 33 (1): 29-72.

Duttweiler, S./Passoth, J. (2016): Self-Tracking als Optimierungsprojekt? In: Duttweiler, S./Gugutzer, R./Strübing, J./Passoth, J. (Hg.): Leben nach Zahlen. Self-Tracking als Optimierungsprojekt? Bielefeld: transcript, 9-42.

Egloff, R. (2007): Leidenschaft und Beziehungsprobleme: Ludwik Fleck und die Soziologie. In: Choluj, B./Joerden, J.C. (Hg.): Von der wissenschaftlichen Tatsache zur Wissensproduktion. Ludwik Fleck und seine Bedeutung für die Wissenschaft und Praxis. Frankfurt a.M.: Peter Lang, 79-94.

Egloff, R. (2011): Evolution des Erkennens – Ludwik Flecks Entstehung und Entwicklung einer wissenschaftlichen Tatsache. In: Pörksen, B. (Hg.): Schlüsselwerke des Konstruktivismus. Wiesbaden: Springer VS, 60-77.

Eknoyan, G. (1999): Santorio Sanctorius (1561-1636) – Founding Father of Metabolic Balance Studies. American Journal of Nephrology 19: 226-233.

Endres, E.-M. (2012): Genussrevolte. Von der Diät zu einer neuen Esskultur. Wiesbaden: VS.

Espeland, W./Stevens, M. (1998): Commensuration as a Social Process. Annual Review of Sociology 24: 313-343.

Espeland, W./Sauder, M. (2007): Rankings and Reactivity: How Public Measures Recreate Social Worlds. American Journal of Sociology 113: 1-40.

Espeland, W./Stevens, M. (2008): A Sociology of Quantification. European Journal of Sociology 49: 401-436.

Esposito, E. (2014): Die Fiktion der wahrscheinlichen Realität. Dritte Auflage. Frankfurt a.M.: Suhrkamp.

Fagan, M. B. (2009): Fleck and the Social Constitution of Scientific Objectivity. In: Studies in History and Philosophy of Science Part C 40: 272-285.

Fauvel, A. M./Lake, D. L. (2015): Tackling Wicked Food Issues: Applying the Wicked Problems Approach in Higher Education to Promote Healthy Eating Habits in American School Children. Faculty Peer Reviewed Articles. Paper 6 (online http://scholarworks.gvsu.edu/lib_articles/6).

Fleck, L. (1927): Über einige besondere Merkmale des ärztlichen Denkens. In: Schäfer, L./Schnelle, T. (1983) (Hg.): Ludwik Fleck: Erfahrung und Tatsache. Gesammelte Aufsätze. Frankfurt a.M.: Suhrkamp, 37-45.

Fleck, L. (1929): Zur Krise der »Wirklichkeit«. In: Schäfer, L./Schnelle, T. (Hg.): Ludwik Fleck: Erfahrung und Tatsache. Gesammelte Aufsätze. Frankfurt a.M.: Suhrkamp, 46-58.

Fleck, L. (1934): Zur Frage der labormedizinischen Analytik. In: Werner, S./Zittel, C. (Hg.): Ludwik Fleck. Denkstile und Tatsachen – Gesammelte Schriften und Zeugnisse. Frankfurt a.M.: Suhrkamp, 176-180.

Fleck, L. (1935/1980): Entstehung und Entwicklung einer wissenschaftlichen Tatsache. Einführung in die Lehre vom Denkstil und Denkkollektiv. Frankfurt a.M.: Suhrkamp.

Fleck, L. (1935a): Zur Frage der Grundlagen der medizinischen Erkenntnis. In: Werner, S./Zittel, C. (Hg.): Ludwik Fleck. Denkstile und Tatsachen – Gesammelte Schriften und Zeugnisse. Frankfurt a.M.: Suhrkamp, 239-259.

Fleck, L. (1936): Das Problem einer Theorie des Erkennens. In: Schäfer, L./Schnelle, T. (Hg.): Ludwik Fleck. Erfahrung und Tatsache. Gesammelte Aufsätze. Frankfurt a.M.: Suhrkamp, 84-127.

Fleck, L. (1939): Über spezifische Merkmale des serologischen Denkens. Eine methodologische Studie. In: Werner, S./Zittel, C. (Hg.): Ludwik Fleck. Denkstile und Tatsachen – Gesammelte Schriften und Zeugnisse. Frankfurt a.M.: Suhrkamp, 364-368.

Fleck, L. (1945): Briefwechsel mit Ludwik Hirszfeld (1945-1948). In: Werner, S./Zittel, C. (Hg.): Ludwik Fleck. Denkstile und Tatsachen – Gesammelte Schriften und Zeugnisse. Frankfurt a.M.: Suhrkamp, 574-586.

Fleck, L. (1947): Schauen, sehen, wissen. In: Schäfer, L./Schnelle, T. (Hg.): Ludwik Fleck. Erfahrung und Tatsache. Gesammelte Aufsätze. Frankfurt a.M.: Suhrkamp, 147-159.

Fleck, L. (1952): Über Leukergie. In: Werner, S./Zittel, C. (Hg.): Ludwik Fleck. Denkstile und Tatsachen – Gesammelte Schriften und Zeugnisse. Frankfurt a.M.: Suhrkamp, 419-434.

Fleck, L. (1960): Krise in der Wissenschaft. Zu einer freien und menschlichen Wissenschaft. In: Schäfer, L./Schnelle, T. (Hg.): Ludwik Fleck. Erfahrung und Tatsache. Gesammelte Aufsätze. Frankfurt a.M.: Suhrkamp, 175-181.

Fleck, L./Lutowski, J. (1950): Was ist Leukerigie? Wir sprechen mit Professor Fleck. In: Werner, S./Zittel, C. (Hg.): Ludwik Fleck. Denkstile und Tatsachen – Gesammelte Schriften und Zeugnisse. Frankfurt a.M.: Suhrkamp, 515-520.

Fox-Keller, E./Mandelbrot, B. B. (1983): A Feeling for the Organism: The Life and Work of Barbara McClintock. San Francisco: Freeman.

Fröhlich, G. (2018): Medienbasierte Selbsttechnologien 1800, 1900, 2000. Vom narrativen Tagebuch zur digitalen Selbstvermessung. Bielefeld: transcript.

Froschauer, U. (2009): Artefaktanalyse. In: Kühl, S./Strodtholz, P./Taffertshofer, A. (Hg.): Handbuch Methoden der Organisationsforschung. Wiesbaden: VS Verlag, 326-347.

Funtowicz S./Ravetz, J. (2008): Values and Uncertainties. In: Hadorn, G.H. et al. (Hg.): Handbook of Transdisciplinary Research. Dordrecht: Springer, 361-368.

Galison, P. (2015): The Journalist, the Scientist, and Objectivity. In: Padovani, F./Richardson, A./Tsou, J. Y. (Hg.): Objectivity in Science. New Perspectives from Science and Technology Studies. Dordrecht, Boston, Lancaster, Tokio: Reidel Publishing Company, 57-75.

Giddens, A. (1996a): Leben in einer posttraditionalen Gesellschaft. In: Beck, U./Giddens, A./Lash, S. (Hg.): Reflexive Modernisierung. Eine Kontroverse. Frankfurt a.M.: Suhrkamp, 113-194.

Giddens, Anthony (1996b): Risiko, Vertrauen und Reflexivität. In Beck, U./Giddens, A./Lash, S.: Reflexive Modernisierung. Eine Kontroverse. Frankfurt a.M.: Suhrkamp, 316-337.

Gitelman, L. (2013): »Raw Data« is an Oxymoron. Cambridge: MIT Press.

Glaser, B. G./Strauss, A. L. (1967): The Discovery of Grounded Theory. Strategies for Qualitative Research. New York: Aldine.

Greenfield, D. (2016): Deep Data: Notes on the n of 1. In: Nafus, D. (Hg.): Quantified: Biosensing Technologies in Everyday Life. Cambridge: MIT Press, 123-146.

Greenhalgh T./Stramer, K./Bratan T./Byrne E./Mohammad, Y./Russell J. et al. (2008): Introduction of shared electronic records: multi-site case study using diffusion of innovation theory. BMJ 337:a1786.

Groß, M./Hoffmann-Riem, H./Krohn, W. (2005). Realexperimente. Ökologische Gestaltungsprozesse in der Wissensgesellschaft. Bielefeld: transcript.

Groß, M./Krohn, W. (2005): Society as experiment: Sociological foundations for a self-experimental society. History of The Human Sciences 18(2): 63-86.

Habermas, J. (1998): Ganz allein. Wie sich der amerikanische Philosoph John Dewey 1929 auf »Die Suche nach Gewißheit« machte. Die Zeit 31/98: 27.

Hacking, I. (1996): Einführung in die Philosophie der Naturwissenschaften. Stuttgart: Reclam.

Han, P./Klein, W./Arora, N. (2011): Varieties of Uncertainty in Health Care: A Conceptual Taxonomy. Medical Decision Making 31(6): 828-838.

Harwood, J. (1986): Ludwik Fleck and the Sociology of Knowledge. Social Studies of Science 16: 173-187.

Hedfors, E. (2006): Reading Fleck: Questions on Philosophy and Science. PhD Dissertation: Stockholm.

Heintz, B. (1993): Wissenschaft im Kontext. Neuere Entwicklungstendenzen in der Wissenschaftssoziologie. Kölner Zeitschrift für Soziologie und Sozialpsychologie 45: 528-55

Heintz, B. (2007): Zahlen, Wissen, Objektivität: Wissenschaftssoziologische Perspektiven. In: Mennicken, A./Vollmer, H. (Hg.): Zahlenwerk. Kalkulation, Organisation und Gesellschaft. Wiesbaden: VS, 65-85.

Heintz, B. (2008): Governance by numbers. Zum Zusammenhang von Quantifizierung und Globalisierung am Beispiel der Hochschulpolitik. In: Schuppert, G. F./Voßkuhle, A. (Hg.): Governance von und durch Wissen. Baden-Baden: Nomos, 110-129.

Heintz, B. (2010): Numerische Differenz. Überlegungen zu einer Soziologie des (quantitativen) Vergleichs. Zeitschrift für Soziologie 39: 162-181.

Heyen, N. (2016): Selbstvermessung als Wissensproduktion. Quantified Self zwischen Prosumtion und Bürgerforschung. In: Selke, S. (Hg.): Lifelogging. Wiesbaden: Springer, 237-256.

Hine, C. (2015): Ethnography for the Internet: Embedded, Embodied and Everyday. London: Bloomsbury Academic.

Hoffmann, C. (2013): Die Arbeit der Wissenschaften. Zürich/Berlin: Diaphanes.

Hofmann, P. (2014): Ian Hacking: Auf der Suche nach der Realität der Naturwissenschaften. In: Lengersdorf, D./Wieser, M. (Hg.): Schlüsselwerke der Science & Technology Studies. Wiesbaden: Springer, 133-144.

Ihde, D. (2002): Bodies in Technology. Minneapolis: University of Minnesota Press.

Jacob, F. (1977): Evolution and Tinkering. Science 196 (4295): 1161-1166.

Jörke, D. (2003): Demokratie als Erfahrung. John Dewey und die politische Philosophie der Gegenwart. Wiesbaden: Westdeutscher Verlag.

Keller, R./Meuser, M. (2011): Körperwissen. Wiesbaden: VS Verlag.

Kertscher, J. (2015): Experimenteller Empirismus. John Deweys »Die Suche nach Gewissheit«. In: Pörksen, B. (Hg.): Schlüsselwerke des Konstruktivismus. Wiesbaden: Springer, 35-47.

Knorr-Cetina, K. (1984/2002): Die Fabrikation von Erkenntnis: Zur Anthropologie der Naturwissenschaft. Frankfurt a.M.: Suhrkamp.

Knorr-Cetina, K. (1998): Sozialität mit Objekten. Soziale Beziehungen in posttraditionalen Wissensgesellschaften. In: Rammert, W. (Hg.): Technik und Sozialtheorie. Frankfurt a.M.: Campus, 83-120.

Knorr-Cetina, K. (2002): Wissenskulturen. Ein Vergleich naturwissenschaftlicher Wissensformen. Frankfurt a.M.: Suhrkamp.

Kozinets, R. (2010): Netnography – Doing Ethnographic Research Online. London: Sage.

Krämer, S. (2012): Punkt, Strich, Fläche. Von der Schriftbildlichkeit zur Diagrammatik. In: Cancik-Kirschbaum, E./Krämer, S./Totzke, R. (Hg.): Schriftbildlichkeit. Wahrnehmbarkeit, Materialität und Operativität von Notationen, Berlin: Akademie Verlag, 79-101.

Krohn, W./Weyer, J. (1989): Gesellschaft als Labor: Die Erzeugung sozialer Risiken durch experimentelle Forschung. Soziale Welt 40(3): 349-373.

Krüger, H.-P. (2000): Prozesse der öffentlichen Untersuchung. Zum Potential einer zweiten Modernisierung in John Deweys »Logic. The Theory of Inquiry«. In: Joas, H. (Hg.): Philosophie der Demokratie. Frankfurt a.M.: Suhrkamp, 194-234.

Kuhn, T. S. (1962/1967): Die Struktur wissenschaftlicher Revolutionen. Zweite Auflage. Frankfurt a.M.: Suhrkamp.

Kutschmann, W. (1986): Der Naturwissenschaftler und sein Körper. Frankfurt a.M.: Suhrkamp.

Lachmund, J. (1992): Die Erfindung des ärztlichen Gehörs. Zur historischen Soziologie der stethoskopischen Untersuchung. Zeitschrift für Soziologie 21 (4): 235-251.

Lamla, J. (2013): Arenen des demokratischen Experimentalismus. Zur Konvergenz von nordamerikanischem und französischem Pragmatismus. Berliner Journal für Soziologie 23: 345-365.

Lamont, M. (2012): Toward a Comparative Sociology of Valuation and Evaluation. Annual Review of Sociology 38: 201-221.

Latour, B. (2006): Drawing Things Together. In: Belliger, A./Krieger, D. (Hg.): ANThology. Ein einführendes Handbuch zur Akteur-Netzwerk-Theorie. Bielefeld: transcript, 259-308.

Latour, B./Woolgar: (1979): Laboratory Life. The Social Construction of Scientific Facts. Beverly Hills: Sage.

Lee, V. R. (2014): What's happening in the »quantified self« movement? Proceedings of International Conference of the Learning Sciences, ICLS.

Lengersdorf, D./Wieser, M. (Hg.): Schlüsselwerke der Science & Technology Studies. Wiesbaden: Springer.

Lepenies, W. (2016): Vergangenheit und Zukunft der Wissenschaftsgeschichte – Das Werk Gaston Bachelards. Vorwort in: Bachelard, G. (2016/1938): Die Bildung des wissenschaftlichen Geistes. Beitrag zu einer Psychoanalyse der objektiven Erkenntnis. Frankfurt a.M.: Suhrkamp, 7-36.

Liburkina, R./Niewöhner, J. (2017): Einführung (Laborstudien). In: Bauer, S./Heinemann, T./Lemke, T. (2017): Science and Technology Studies – Klassische Positionen und aktuelle Perspektiven. Berlin: Suhrkamp, 173-197.

Link, J. (1997/2006): Versuch über den Normalismus. Wie Normalität produziert wird. 3. Auflage. Göttingen: Vandenhoeck & Ruprecht.

Löwy, I. (1988). Ludwik Fleck on the social construction of medical knowledge. Sociology of Health and Ilness, 10: 133-155.

Löwy, I. (2011): Labelled bodies: classification of diseases and the medical way of knowing. History of Science 49: 299-315.

Lueger, M. (2009): Interpretative Sozialforschung: Die Methoden. Stuttgart: UTB.

Lupton, D. (1996): Food, the Body and the Self. London: Sage.

Lupton, D. (2013): Quantifying the body: monitoring and measuring health in the age of mHealth technologies. Critical Public Health 23, 4: 393-403.

Lupton, D. (2015): Digital Sociology. Routledge.

Lupton, D. (2016a): Digital companion species and eating data: Implications for theorising digital data-human assemblages. Big Data & Society 3 (1).

Lupton, D. (2016b): The quantified self. A sociology of self-tracking. Cambridge: Polity.

Lynch, M. (1985): Art and Artifact in Laboratory Science: A Study of Shop Work and Shop Talk in a Research Laboratory. London: Routledge & Kegan Paul.

MacKenzie, D./Spears, T. (2014): The Organizational Embedding of the Gaussian Copula. Social Studies of Science 44: 418-440.

Mackenzie, A./Mills, R./Sharples, S./Fuller, M./Goffe, A. (2015): Digital sociology in the field of devices. In: Hanquinet, L./Savage, M. (Hg.): Routledge International Handbook of the Sociology of Art and Culture. London: 367-382.

Mämecke, T./Passoth, J.-H./Wehner, J. (Hg.): Bedeutende Daten. Modelle, Verfahren und Praxis der Vermessung und Verdatung im Netz. Wiesbaden: Springer VS.

Mämecke, T. (2016): Die Statistik des Selbst. Zur Gouvernementalität der (Selbst)Verdatung. In: Selke: (Hg.): Lifelogging. Wiesbaden: Springer VS, 97-125.

Manzei, A. (2011): Zur gesellschaftlichen Konstruktion medizinischen Körperwissens. Die elektronische Patientenakte als wirkmächtiges und handlungsrelevantes Steuerungsinstrument in der (Intensiv-)Medizin. In: Keller, R./Meuser, M. (Hg.): Körperwissen. Wiesbaden: VS Verlag, 2011, 207-228.

Marres, N. (2017): Digital Sociology: The Reinvention of Social Research. Cambridge: Polity Press.

Mau, S. (2017): Das metrische Wir. Über die Quantifizierung des Sozialen. Berlin: Suhrkamp.

Mudry, J. J. (2009): Measured Meals. Nutrition in America. Albany: State Unity of New York Press.

Nafus, D. (2016): Quantified. Biosensing Technologies in Everyday Life. Cambridge: MIT Press.

Nassehi, A. (2015): Die letzte Stunde der Wahrheit. Warum rechts und links keine Alternativen mehr sind und Gesellschaft ganz anders beschrieben werden muss. Hamburg: Murmann Verlag.

Nassehi, A. (2019): Muster: Theorie der digitalen Gesellschaft. München: C.H. Beck.

Neff, G./Nafus, D. (2016): Self-Tracking. Cambridge: MIT Press.

Nestle, M./Nesheim, M. (2012): Why Calories Count: From Science to Politics. Berkeley, Kalifornien: University of California Press.

Niewöhner, J. (2012): Von der Wissenschaftstheorie zur Soziologie der Wissenschaft. In: Beck, S./Niewöhner, J./Sorensen, E. (Hg.): Science and Technology Studies. Eine sozialanthropologische Einführung. Bielefeld: transcript, 49-75.

Novotny, J. A./Gebauer, K./Baer, D. J. (2012): Discrepancy between the Atwater factor predicted and empirically measured energy values of almonds in human diets. American Journal of Clinical Nutrition 96: 296-301.

Nowotny, H. (2016): The Cunning of Uncertainty. Cambridge: Polity Press.

Nowotny, H./Scott, P./Gibbons, M. (2004): Wissenschaft neu denken. Wissenschaft und Öffentlichkeit in einem Zeitalter der Ungewißheit. Weilerswist: Velbrück Wissenschaft.

Nowotny, H./Testa, G. (2009): Die gläsernen Gene. Die Erfindung des Individuums im molekularen Zeitalter. Frankfurt a.M.: Suhrkamp.

Olesen, S. G. (1997): Wissen und Phänomen. Eine Untersuchung der ontologischen Klärung der Wissenschaften bei Edmund Husserl, Alexandre Koyre und Gaston Bachelard. Würzburg: Königshausen & Neumann.

Orlikowski, W. (2000): Using Technology and Constituting Structures: A Practice Lens for Studying Technology in Organizations. Organization Science Vol. 11(4): 404-428.

Osterhammel, J. (2009): Die Verwandlung der Welt. Eine Geschichte des 19. Jahrhunderts. München: C.H.Beck.

Passoth, J. H./Wehner, J. (2013): Einleitung. In: Passoth, J. H./Wehner, J. (Hg.): Quoten, Kurven und Profile. Zur Vermessung der sozialen Welt. Wiesbaden: Springer VS, 7-26.

Pickering, A. (1984): Constructing Quarks. A Sociological History of Particle Physics. Edinburgh: Edinburgh University Press.

Pickering, A. (1995): The Mangle of Practice. Time, Agency, and Science. Chicago: Chicago Press.

Pickering, A. (2012): The Robustness of Science and the Dance of Agency. In: Soler et al. (Hg.): Characterizing the Robustness of Science. After the Practice Turn in Philosophy of Science. Dordrecht et al.: Reidel Publishing Company, 317-327.

Pink, S./Horst, H./Postill, J./Hjorth, L./Lewis, T./Tacchi, J. (2016): Digital Ethnography. Principles and Practices. London: Sage.

Polanyi, M. (1985): Implizites Wissen. Frankfurt a.M.: Suhrkamp.

Pörksen, B. (2015): Die Beobachtung des Beobachters. Eine Erkenntnistheorie der Journalistik. Heidelberg: Carl-Auer-Systeme Verlag.

Porter, T. (1995): Trust in Numbers. The Pursuit of Objectivity in Science and Public Life. Princeton: Princeton University Press.

Pravica, S. (2015): Bachelards tentative Wissenschaftsphilosophie. Wien: Passagen Verlag.

Rammert, W. (2008): Technik und Innovation. In: Maurer, A. (Hg.): Handbuch der Wirtschaftssoziologie. Wiesbaden: VS, 291-319.

Rammert, W. (2007): Technik – Wissen – Handeln. Zu einer pragmatistischen Technik- und Sozialtheorie. Wiesbaden: VS.

Rammert, W./Schubert, C. (2015): Technik. In: Gugutzer, R./Klein, G./Meuser, M. (Hg.): Handbuch Körpersoziologie (Band 2: Forschungsfelder und methodische Zugänge). Wiesbaden: Springer, 349-363.

Reckwitz, A. (2017): Digitalisierung als Singularisierung: Der Aufstieg der Kulturmaschine. Berlin: Suhrkamp.

Renn, J. (2006): Rekonstruktion statt Repräsentation. Der »pragmatische Realismus« John Deweys und die Revision des wissenssoziologischen Konstruktivismus. In: Soeffner, H.G./Herbrik, R. (Hg.): Wissenssoziologie (Soziologische Revue, Sonderheft 6), 13-38.

Rettberg, J.W. (2014): Seeing ourselves through technology: how we use selfies, blogs and wearable devices to see and shape ourselves. Basingstoke: Palgrave Macmillan.

Rheinberger, H.-J. (1992): Experiment, Differenz, Schrift. Zur Geschichte epistemischer Dinge. Marburg: Basilisken-Presse.

Rheinberger, H.-J. (2002, zuerst 1997). Experimentalsysteme und epistemische Dinge. Eine Geschichte der Proteinsynthese im Reagenzglas. Göttingen: Wallstein.

Rheinberger, H.-J. (2006). Epistemologie des Konkreten. Studien zur Geschichte der modernen Biologie. Frankfurt a.M.: Suhrkamp.

Rheinberger, H.-J. (2007): Historische Epistemologie zur Einführung. Hamburg: Junius.

Rheinberger, H.-J. (2017): Experimentalität: Hans-Jörg Rheinberger im Gespräch über Labor, Atelier und Archiv. Berlin: Kadmos.

Roberts, S. (2004): Self-experimentation as a source of new ideas: Ten examples about sleep, mood, health, and weight. Behavioral and Brain Sciences 27: 227-288.

Roberts, S./Neuringer, A. (1998): Self-Experimentation. In: Lattal, K. A./Perrone, M. (Hg.): Handbook of Research Methods in Human Operant Behavior. New York: Plenum.

Sadegh-Zadeh, K. (2008): The Prototype Resemblance Theory of Disease. Journal of Medicine and Philosophy 33: 106-139.

Schäfer, L./Schnelle, T. (1980): Vorwort zu Fleck, L. (1935/1980): Entstehung und Entwicklung einer wissenschaftlichen Tatsache. Einführung in die Lehre vom Denkstil und Denkkollektiv. Frankfurt a.M.: Suhrkamp, I-XLIX.

Schlünder, M. (2005): Flüchtige Körper, instabile Räume, widersprüchliche Theorien: Die produktive Vagheit der Erkenntnistheorie Ludwik Flecks und die Geschichte der Reproduktionsmedizin. In: Egloff, R. (Hg.): Tatsache – Denkstil – Kontroverse. Auseinandersetzungen mit Ludwik Fleck. Zürich: Collegium Helveticum, 57-62.

Schnelle, T. (1986): Ludwik Fleck and the Philosophy of Lwow. In: Cohen, R. S./Schnelle, T. (Hg.): Cognition and Fact. Materials on Ludwik Fleck. Dordrecht, Boston, Lancaster, Tokio: Reidel Publishing Company: 231-265.

Schubert, C. (2014): Andrew Pickering: Wissenschaft als Werden – die Prozessperspektive der Mangle of Practice. In: Lengersdorf, D./Wieser, M. (Hg.): Schlüsselwerke der Science & Technology Studies. Wiesbaden: Springer, 191-203.

Schulz, P. (2016): Lifelogging – Projekt der Befreiung oder Quelle der Verdinglichung? In: Selke, S. (Hg.): Lifelogging. Wiesbaden: Springer, 45-64.

Seising, R. (2007): Pioneers of Vagueness, Haziness, and Fuzziness in the 20th Century. In: Nikraves, M./Kacprzyk, J./Zadeh, L. A. (Hg.): Forging New Frontiers: Fuzzy Pioneers I. Heidelberg: Springer, 55-81.

Selke, S. (2014): Lifelogging. Wie die digitale Selbstvermessung unsere Gesellschaft verändert. Berlin: Econ.

Selke, S. (2016) (Hg.): Lifelogging. Digitale Selbstvermessung und Lebensprotokollierung zwischen disruptiver Technologie und kulturellem Wandel. Wiesbaden: Springer VS.

Shapin, S. (2011): The sciences of subjectivity. Social Studies of Science 42(2): 170-184.

Shapin, S./Schaffer, S. (1985): Leviathan and the Air-Pump: Hobbes, Boyle and the Experimental Life. Princeton: Princeton University Press.

Sheynin, O. B. (1982): On the History of Medical Statistics. Archives for History of Exact Sciences 26: 241-286.

Sismondo, S. (2010): An Introduction to Science and Technology Studies. Zweite Auflage. Chichester: Wiley-Blackwell.

Stehr, N. (2001): Moderne Wissensgesellschaften. Aus Politik und Zeitgeschichte 36: 7-14.

Stehr, N. (1994): Arbeit, Eigentum und Wissen: Zur Theorie von Wissensgesellschaften. Frankfurt a.M.: Suhrkamp.

Stehr, N. (2015): Die Freiheit ist eine Tochter des Wissens. Wiesbaden: Springer VS.

Stehr, N./Grundmann, R. (2010): Expertenwissen. Die Kultur und die Macht von Experten, Beratern und Ratgebern. Weilerswist: Velbrück.

Strauss, A. L./Corbin, J. (1994): Grounded Theory Methodology. An Overview. In: Denzin, N./Lincoln, Y. (Hg.): Handbook of Qualitative Research. Thousand Oaks: Sage, 273-285.

Strübing, J./Kasper, B./Staiger, L. (2016): Das Selbst der Selbstvermessung. Fiktion oder Kalkül? Eine pragmatistische Betrachtung. In: Duttweiler, S./Gugutzer, R./Passoth, J./Strübing, J. (Hg.): Leben nach Zahlen. Self-Tracking als Optimierungsprojekt? Bielefeld: transcript, 271-292.

Strübing, J. (2008): Pragmatismus als epistemische Praxis. Der Beitrag der Grounded Theory zur Empirie-Theorie-Frage. In: Kalthoff, H./Hirschauer, S./Lindemann, G. (Hg.): Theoretische Empirie. Frankfurt a.M.: Suhrkamp, 279-311.

Suhr, M. (2005): John Dewey zur Einführung. Hamburg: Junius.

Swan, M. (2013): The Quantified Self: Fundamental Disruption in Big Data Science and Biological Discovery. In: Big Data 1 (2): 85-99.

Timmermans, S./Epstein, S. (2010): A World of Standards but not a Standard World: Toward a Sociology of Standards and Standardization. Annual Review of Sociology 36: 69-89.

Toffler, A. (1980): Die Zukunftschance. Von der Industriegesellschaft zu einer humaneren Zivilisation. München: Bertelsmann Verlag.

Unternährer, M. (2016): Selbstquantifizierung als numerische Form der Selbstthematisierung. In: In: Duttweiler, S./Gugutzer, R./Passoth, J./Strübing, J. (Hg.): Leben nach Zahlen. Self-Tracking als Optimierungsprojekt? Bielefeld: transcript, 201-220.

van Helden, A. (2004): Santorio Santorio. The Galileo Project (online verfügbar: http://galileo.rice.edu/sci/santorio.html).

Vormbusch, U. (2012): Die Herrschaft der Zahlen. Zur Kalkulation des Sozialen in der kapitalistischen Moderne. Frankfurt/New York: Campus Verlag.

Vyas, D./Chisalita, C. M./van der Veer, G. (2006): Affordance in Interaction. Proceedings of 13th European Conference on Cognitive Ergonomics: 92-99.

Wansink, B. (2006): Mindless Eating: Why We Eat More Than We Think. New York: Bantam Books.

Wehling, P. (2017): Einführung: Die Soziologie wissenschaftlichen Wissens. In: Bauer, S./Heinemann, T./Lemke, T. (2017): Science and Technology Studies – Klassische Positionen und aktuelle Perspektiven. Berlin: Suhrkamp, 43-64.

Weingart, P. (2003): Wissenschaftssoziologie. Bielefeld: transcript.

Weisse, A. B. (2012): Self-Experimentation and its Role in Medical Research. Texas Heart Institute Journal 39: 51-54.

Werner, S./Zittel, C. (2014, zuerst 2011): Vorwort. In: Werner, S./Zittel, C. (Hg.): Ludwik Fleck. Denkstile und Tatsachen – Gesammelte Schriften und Zeugnisse. Frankfurt a.M.: Suhrkamp.

Widdowson, E. M. (1993): Self-Experimentation in Nutrition Research. Nutrition Research Reviews 6: 1-17.

Wulz, M. (2014): Technik im Wissen: Zur wechselseitigen Hervorbringung von Wissen, Technik, Geschichte und Gesellschaft in der französischen Wissenschaftsgeschichte und -philosophie. In: Lengersdorf, D./Wieser, M. (Hg.): Schlüsselwerke der Science & Technology Studies. Wiesbaden: Springer, 67-83.

Zillien, N./Fröhlich, G. (2018): Reflexive Selbstverwissenschaftlichung. Eine empirische Analyse der digitalen Selbstvermessung. In: Mämecke, T./Passoth, J.-H./Wehner, J. (Hg.): Bedeutende Daten. Modelle, Verfahren und Praxis der Vermessung und Verdatung im Netz. Wiesbaden: Springer VS, 233-249.

Zillien, N./Fröhlich, G./Dötsch, M. (2014): Zahlenkörper. Digitale Selbstvermessung als Verdinglichung des Körpers. In: Hahn, K./Stempfhuber, M. (Hg.): Präsenzen 2.0. Körperinszenierung in Medienkulturen. Wiesbaden: Springer VS, 77-96.

Zillien, N./Fröhlich, G./Kofahl, D. (2016): Ernährungsbezogene Selbstvermessung. Von der Diätetik zum Diet Tracking. In: Duttweiler, S./Gugutzer, R./Strübing, J./Passoth, J. (Hg.): Leben nach Zahlen. Self-Tracking als Optimierungsprojekt? Bielefeld: transcript, 123-140.

Zillien, N. (2017): Ludwik Fleck und die ›Verehrung der Zahl‹ – Beitrag zu einer Soziologie der Quantifizierung. In: Endreß, M./Lichtblau, K./Moebius, S. (Hg.): Zyklos 3. Jahrbuch für Theorie und Geschichte der Soziologie 3: 15-51.

Ziman, J. (1978): Reliable Knowledge: An Exploration of the Grounds for Belief in Science. Cambridge: Cambridge University Press.

Zinn, J.O. (2008): Heading into the Unknown: Everyday Strategies for Managing Risk and Uncertainty. Health Risk & Society Risk & Society (5):439-450.

Zinn, J. O. (2016): ›In-between‹ and other reasonable ways to deal with risk and uncertainty: A review article. Health, Risk & Society 18(7-8): 348-366.

Zirfas, J. (2015): Ohne Gewähr oder: Die unsichere Zukunft. Paragrana 24: 26-38.

Zittel, C. (2012): Ludwik Fleck and the concept of style in the natural sciences. Studies in East European Thought 64: 53-79.

Soziologie

Sybille Bauriedl, Anke Strüver (Hg.)
Smart City – Kritische Perspektiven auf die Digitalisierung in Städten

2018, 364 S., kart.
29,99 € (DE), 978-3-8376-4336-7
E-Book: 26,99 € (DE), ISBN 978-3-8394-4336-1
EPUB: 26,99 € (DE), ISBN 978-3-7328-4336-7

Weert Canzler, Andreas Knie, Lisa Ruhrort, Christian Scherf
Erloschene Liebe?
Das Auto in der Verkehrswende
Soziologische Deutungen

2018, 174 S., kart.
19,99 € (DE), 978-3-8376-4568-2
E-Book: 17,99 € (DE), ISBN 978-3-8394-4568-6
EPUB: 17,99 € (DE), ISBN 978-3-7328-4568-2

Juliane Karakayali, Bernd Kasparek (Hg.)
movements. Journal for Critical Migration and Border Regime Studies
Jg. 4, Heft 2/2018

2019, 246 S., kart.
24,99 € (DE), 978-3-8376-4474-6